上海与美国地方百年交往史丛书
上海市美国问题研究所 主编

沪风美雨百年潮

上海与美国地方教育交流

A Century of Educational Exchanges Between Shanghai and the U.S.

上海市教育科学研究院 编

上海人民出版社

总 序

沈国明

由上海市美国问题研究所主编、上海人民出版社出版的“上海与美国地方百年交往史”丛书，在2015年夏天与读者见面了。首先出版的是《沪风美雨百年潮——上海与美国地方文化艺术交流》，整套丛书共有8本，详尽梳理了自1843年至今，上海与美国在文艺、体育、教育、建筑、经济、金融、法律、科技等各个领域的交往交流历史，并从人文学术的高度，深化历史认识，总结历史启示，以对今日中美关系的健康发展及各方面的广泛交流提供积极有益的借鉴，这是很有意义的一项学术成果，值得庆贺。

中美两国关系是当今世界上最重要的双边关系。这套丛书的问世，正值中美关系处于历史性更新的时刻。在经历了150余年的雨洗风磨之后，中美关系在21世纪发生着深刻的变革，进入了建设合作伙伴关系、探索构建新型大国关系的新时代。朝着这一方向和平发展，中美两国、亚洲乃至世界的前景将是美好的。在这跨越以往的时刻，回眸以往岁月里上海与美国地方交往交流的起伏沉浮，有助于人们了解过去，认识历史发展的必然性，从而放眼未来，以更加自觉自信的姿态，珍惜和重视中美交流及与世界各国的交流，更加坚定不移地贯彻我国对外开放的基本国策。

上海与美国地方之间的交往交流，在150余年的两国关系中占有特殊重要的位置，堪称是中美交流足具代表性的窗口与缩影。1842年的《南京条约》和1844年的《望厦条约》，使上海成为向英美等列强开放的五大通商口岸之一，而处于长江入海口、面向太平洋的地理优势，以及背靠江南腹地的经济与人文优势，很快使上海成为五大通商口岸中最有吸引力的热土。在炮舰和不平等条约的裹胁下被迫打开国门，无疑是中国近代史的屈辱，然而结束了封建落后的闭关自守，也使中国融入到近代世界的发展大潮之中，马克思主义开始传播到中国，代表西方文明的科学技术、文化教育、文学艺术、工业制造、商业经营、金融服务、城市管理等均逐渐为国人所接受，由此开启了中国近代化发展的历程，也推动了中华民族争取独立、自由、民主、富强的革命奋斗浪潮。正是在这一过程中，上海作为中外交流的主要桥梁，造就了活跃、开放、多元的城市环境，形成了海纳百川、兼容并蓄的城市精神。虽然在 19 世纪后半叶的中西文明相遇早期，美国的影响力在西方列强中并不十分突出，在此后的漫长岁月里中美关系也曾潮起潮落，甚至冰封，而后又解冻，但是第二次世界大战之后作为最强势的西方国家，美国从经济到文化的输出曾经对上海城市的方方面面乃至市民风俗产生过深刻影响。从 1979 年元旦中美建交以来的 36 年，处于改革开放前沿的上海与美国的交往交流日益繁盛，尤其在跨入 21 世纪后，上海与美国地方交流无论是深度、广度、规模、实效，还是政府的有序主导和民间的积极参与，都远远超越了以往任何时期，展现了焕然一新的气象。现在，本套丛书对这一段不乏曲折但又屡现精彩的历史进行全面的客观的梳理和总结，可以说是填补了上海城市历史研究中的一个空白。

历史是一本丰盛的教科书。回顾和审视上海与美国地方交往交流的历史，我们能够得到诸多十分有益的启示。

坚持对外开放，是上海城市发展的最大优势与特色。中国近代历史的发展，赋予了上海作为中外交流、交融与合作的窗口的特殊地位，也赋予了上海“海纳百川、追求卓越”的城市性格。历史证明，每当上海充分发挥对外开放的优势时，城市生态就呈现盎然的活力，服务于全国的功能也就格外彰显。20 世纪曾有长达 30 年的岁月，由于国内外的种种因素，我国与美国等西方发达国家隔绝交流，其结果是上海失去沟通中外的定位与作用，城市功能、城市发展、城市影响因之衰退。而当改革开放之后，上海则在与包括美国地方在内的全球范围的交流合作中再度一跃而起，重新焕发了城市魅力，成为世界瞩目的亮点。未来上海的成功发展，仍必须扩大对外开放的核心优势，发扬兼容并蓄的历史传统。

对外交流的目的，在于丰富上海自身的城市创造能力。他山之石，可以攻玉，在上海与美国地方交往交流的历史中，引进大洋彼岸的进步文明，催动本土本民族的革新和发展的成功事例不胜枚举。以文化艺术为例，19世纪末在上海的美国学校的大学生率先演出莎士比亚戏剧，为中国话剧的诞生作了人才等各方面的准备，进而这种新的戏剧形式演变成辛亥革命和五四新文化运动的宣传武器。20世纪三四十年代美国电影的对华倾销，促使进步文化人边抵制边学习，发展自己的民族电影，在上海谱写了中国早期电影史上恢宏的一页。值得指出的是，当年上海文化人在域外文化长驱直入时坚守独立的品格，撷取先进元素，促进本土本民族文化的更新，以跟上时代大潮并服务于社会和大众的现实，这种可贵的传统在今日的中外和上海与美国地方的交流中仍需要继承光大。

恪守平等互补，才能构建对外开放交流的双赢局面。纵观中外和上海与美国地方的交流史，在20世纪的上半叶始终处于不平等状态，西方以强势之态大举输入，中国被动地菁芜俱收，其间虽然也附带产生过进步的历史作用，但却以国家主权的沦丧作为代价。这种屈辱的状况在新中国诞生后彻底改观。随着中国的崛起，如今中外和上海与美国地方之间实现了全方位对等交流的历史性突破，从科技到经济，从教育到文化，一个个交流合作的平台相继建立，跨越重洋在双方彼岸开拓发展的机构与人士川流不息。历史证明，没有国家的强盛与国际地位的提高，就不可能赢得别人的尊重；没有深化改革带来的社会机制的科学化与现代化，就不可能招致远悦近来的合作。平等与对等，互补与互动，这一历尽风雨而创立的对外交流格局来之不易，我们应该倍加珍视，以高度的自信，在吸收包括美国在内的世界各国的优秀文明的同时，努力将自己国家和民族的传统精华和创造成果介绍推广到全球各地。

今天的上海，正处在一个关键的历史发展交汇点上。上海已经确立了建设社会主义现代化大都市的发展目标，与之相匹配，上海还将建设成为能与当今主要世界级城市比肩的国际文化大都市。上海的全体市民将实现这一目标融入了中华民族伟大复兴的中国梦，正在为此竭诚努力，勤奋劳动。毫无疑问，我们的城市将进一步开放胸怀，欢迎和吸收全人类的优秀文明与智慧结晶，与此同时，世界也关注着上海，如何在当今全球一体化的浪潮中，将自己独特的历史背景、城市文脉、市民精神融入21世纪的发展之中？如何走出一条既有中国特色、上海风采，又有国际风范、现代气质的都市建设之路？这些，都向我们提出了挑战。世界城市的文明史表明，一座伟大城市的终极贡献在于文明的贡献。文明中心城市的相继替换是一个历史规律。在中国崛起的今天，需要有中国城市担当起国际文明交流与传播的责任，150余年来始终处于中外文明交汇点上的上海对此责无旁贷。这就要求我们在深入研究和总结历史的基础上，登上新的高度，展望未来，响应未来，创造未来。

“上海与美国地方百年交往史”丛书于是应运而生。在上海市美国问题研究所的牵头下，全市相关的政府部门、学术机构、史学研究者和出版工作者历尽多年，为丛书的编纂出版付出了大量艰辛的努力，从而使一套史料翔实、论述严谨、观念有诸多拓新的丛书得以问世。感谢大家所做的卓有成效的工作。

2015年3月1日

（本文作者为上海市社会科学界联合会党组书记、专职副主席）

序　言

王荣华

在中美建交40周年前夕，由上海市美国问题研究所组织编写的上海与美国地方百年交往史丛书之教育卷——《沪风美雨百年潮——上海与美国地方教育交流》的出版，正逢其时。

党的十八大以来，我国教育事业发展进入了一个加速期，党的教育理论进入了一个丰收期，习近平教育思想是中国特色社会主义教育理论发展的最新成果。习总书记指出，我们要扎根中国，融通中外，立足时代，面向未来，办中国特色的社会主义教育。因此，研究上海与美国地方教育交流的历史、现状与发展，具有积极的意义。

我们今天生活在一个充满竞争、迅速变革而又相互依存、休戚与共的世界，生活在一个正建设富强民主文明和谐美丽的社会主义现代化强国的中华大地，也生活在建设卓越的全球城市和社会主义现代化国际大都市的上海。自1843年开埠170多年来，上海同祖国母亲一样，经历了巨大的变革阵痛，有屈辱也有骄傲，有曲折也有成功，有反省也有自信。170多年里，上海从一个江南不起眼的滨海县城崛起为一座高度国际化的都市。在上海的崛起与发展历程中，有两个显著的特征是不能忽视的。第一个特征，上海是一座高度开放的城市。近代以来不仅五湖四海的国内各类人群来此谋生创业，而且欧美各国从无业游民到各界精英均乐意到上海闯荡开拓，给上海不断输送世界最新潮的思想和技术、产品，以及先进的管理制度。第二个特征，上海不仅是一个工商业大都市，也是一个文化的“大码头”。长期的华洋共处、中西融合，造就了上海这座城市海纳百川、注重实用、求新求变、追求卓越的品格，塑造了一代又一代的上海人。这也造就了近代以来上海各类新式人才荟萃，文化教育事业繁荣。今天上海的繁荣发达，离不开这两个重要特征。而这两个重要特征，也深深影响了上海的教育。上海是近代中国新式教育的重要发祥地之一，上海的发达教育也支撑了上海这座城市成为中国最大的工商业中心和文化都市。

近代以来上海新式教育的发展，是欧美教育闯入冲击与中国封建教育体系的退化解体双重作用力的结果。而欧美教育影响中，来自美国的影响更加凸显。因为美国作为一个后起的资本主义国家，相对欧洲老牌帝国更具创新性，引领世界教育的变革，当然其文化品性也更具扩张性。美国对上海近代以后的教育影响方式包括美国教会兴办的新式学堂，中国学生通过上海赴美留学，以及美国教育思想和模式登陆上海并进行本土化实验等，这些影响都把上海教育带到世界教育体系之中，也把上海推到了中国教育的最前沿，使上海教育从近代到当代都始终成为中国教育改革发展的风向标和开拓者。当然也不可否认，上海在获得来自美国先进的教育思想、学校教育的同时，伴随着的是美国居高临下的教育压迫、宗教和文化渗透，乃至中国教育主权的丧失。

1978 年，也就是整整 40 年前，中国改革开放大潮再一次把上海推到了教育改革开放的潮头。上海没有错失这个时代提供的历史性机遇，敞开胸怀拥抱世界。而与美国地方教育交流交往成为上海教育对外开放的突破口和主要通道。今天上海与美国地方教育平等互鉴的交流交往都是旧时代不可比拟的。

纵观上海与美国地方教育交流交往 170 多年的历程，不难得出这样一些重要结论：一是上海与美国地方教育交流交往的内容，囊括了上海教育近代化和现代化进程的几乎所有领域，涵盖了教育思想、教育管理、学校建设、留学生教育，乃至教师教育、教学方式、体育美育教育等宏观、中观、微观各个领域，因此上海与美国地方教育交流交往成为上海教育近代和现代化进程中的重要推动力。二是上海与美国地方教育交流交往不是孤立地存在的，这是中美两国教育交流交往的一部分。当然上海在两国教育交流交往中扮演了先导、桥梁和窗口的特殊角色。同时上海与美国地方教育交流交往又在相当程度上受制于两国的政治关系，伴随着两国关系的变化而跌宕起伏。三是上海与美国地方教育交流交往的态势，经历了前期弱势地位下的崇美学美，中期新中国成立后的疑美批美，再到改革开放以来自信平等地赶美超美，这就使得上海与美国地方教育交流交往的历史曲线波峰与谷底落差悬殊，大起大落，蕴含着丰富的历史内涵和现实意义。总体上看，上海在与美国地方教育170年的交流交往中，总体上是处于“逆差”状态，也就是学习多、输入多、模仿多。但上海有着兼容并蓄和“崇洋而不媚外”的文化特质，在学习借鉴美国先进教育经验过程中，上海教育人始终在探索本土化的改革试验，形成了一系列顺应世界潮流而又立足国情市情的教育发展模式。今天，上海教育已经站在了世界教育的“聚光灯”下，“上海教育的秘密”成为美国乃至世界共同探究的热门课题。上海教育所取得的成就证明了传承文明和知识、促进人类进步、创造美好生活，教育是根本的途径。

本书负责人吴强同志长期在上海市教卫工作党委、市教委担任研究室主任，熟悉上海教育发展的历史和全局。2015年，吴强同志在任上海教育科学研究院党委书记时接受了编撰整理近代以来上海与美国地方教育交流交往史并汇编成书的任务，组建了以上海教育科学研究院高教所和史志办科研人员为骨干的撰写团队。在编撰过程中，吴强同志转岗到上海政法学院工作，但本书的撰写团队始终紧密团结如初，继续一丝不苟、孜孜不倦地查询史料，考证史实，听取专家意见，梳理核心观点，反复讨论修改书稿框架和书稿文本。应该说，书稿撰写完成非常不易，因为书稿时间跨度从1843年一直到2017年，纵贯175年，史料收集量大面广。史料来源有专著、论文，还有上海《申报》等历史文献，以及个人访谈、口述史等一手资料。撰写风格注重史论结合、以史立论，并注重通俗易懂、图文并茂、雅俗共赏。

读史是为了启智明理。本书在史实叙述中特别注重用正确的价值导向进行分析，将历史中的重要事件放在当时的历史背景中进行多视角的分析评判，避免所谓的“价值中立”或简单以今天的标准来评判历史事件。相信读者在此书的阅读中，可以感受历史与现实的对话、中国与美国的对话、学理与史料的对话、教育与社会的对话、精英人物与芸芸众生的对话，从而更全面深入地了解上海教育的发展历程，理解教育对国家和民族发展所具有的基础性、全局性和先导性的重要地位，理解中国为什么必然要建设教育强国，必然要走教育现代化之路，必然要以强烈的道路自信、理论自信、制度自信、文化自信走进世界文化教育舞台的中心。我相信，本着促进和而不同、兼容并蓄文明交流的原则，上海与美国地方教育交流合作一定会取得更丰硕的成果。

2018 年 3 月

（本文作者为上海市教育发展基金会理事长，上海市第十届政协副主席、原上海市教育卫生工作党委书记）

目 录

总 论

风雨百年 从师美崇洋走向互鉴合作

2010年，以“城市，让生活更美好”（Better City，Better Life）为主题的中国上海世界博览会，最受欢迎的无疑是中国馆，其象征“东方之冠、鼎盛中华、天下粮仓、富庶百姓”的造型充满着中国文化精神与气质。2012年，中国馆华丽转身，成为以展示“中国近现代美术史”和“世界美术史”为主的“中华艺术宫”，每天吸引着众多上海市民以及来自全国与世界各地的人们来到这里，从经典艺术作品中了解上海，瞭望中国，回望历史，前瞻未来。

进入中华艺术宫主展区，人们可以看到这样两件雕塑作品：一件名为《憧憬与迷惘——19世纪留美幼童》（*Vision and Absence-Children Studying in the U. S. A in 1800s*）。这幅雕塑作品配有这样一段介绍的文字：

> 1872年到1875年间，由容闳倡议，在曾国藩、李鸿章的支持下，清政府先后派出四批共一百二十名学生赴美国留学。第一批幼童于公元1872年8月11日由上海出发，跨越太平洋，在美国旧金山登陆。这件雕塑以留美幼童合影为蓝本，成功地将平面图像转换为立体雕塑。……上海作为幼童赴美的起点，为

上海世博会中国馆留美幼童雕塑

幼童们打开第一道通向世界的门。

另一件作品《南洋公学》，再现了上海交通大学的前身南洋公学的教学讨论场景。雕塑中的教师是一位西装革履的外国人——他拿着手杖，似乎是在提问。而所有的学生脑袋后都留着长长的辫子，或坐或站，围在这位洋人教师两侧静静地思考着。这位洋人的原型就是南洋公学聘请的监院、美国专家福开森先生。

雕塑旁的说明：

> 南洋公学为盛宣怀1896年（光绪二十二年）创建于上海徐家汇，为中国近代历史上中国人自己最早创办的大学，是今天上海交通大学和西安交通大学的前身。南洋公学有着优良的学风，学校聘请中外名师，水平很高，对学生的管理严格，因此毕业生大都较为优秀。南洋公学在当时享有极高的知名度。

中华艺术宫的这两件雕塑作品，为人们直观地展现了中国近代以来特别是上海开埠早期与美国地方教育交流中两个重要事件。

翻开中国近现代教育发展跌宕起伏的历史长卷，始终有一个形影不离的外部力量，深刻影响着中国教育发展的路径选择和行进步伐。这个重要

上海世博会中国馆的南洋公学教学讨论场景

外部力量就是美国。从19世纪40年代跨入近代社会以来，中国教育发展就是以美国教育为主要参照坐标之一；或者说，以美国教育作为中国教育自我认知和变革的一面镜子，或崇拜模仿，或质疑抵制，或合作融合，或追赶、竞争、超越。而在中美教育互动的170多年历史中，上海这座东方大都市则成为一个重要的连接点。这个连接点具有双重含义，一重含义是在地理空间上，上海作为最早的开埠城市和沿海国际化大港，成为连接美国与中国教育交流的一条空间长廊；另一重含义是在历史空间上，上海是中国几千年传统教育与美国等西方近现代教育之间的连接点，造就了上海中西合璧、兼容并蓄的海派教育风范。上海是中国最早引入源于美国等西方国家的近现代教育体系，并最早探索了西式教育的本土化转型，逐步确立了中国特色的教育发展之路，令西方世界刮目相看。这也决定了，在中国教育近代和现代化的历史进程中，上海始终是开风气之先，扮演着探索者、领跑者、示范者的角色。

第一节　中国教育在开放融合中成长并雄立于世

一、中国古代教育在多元融合中形成和发展

任何一个文明国家，毫无例外都必须仰赖教育和学习来存续民族历史的血脉，并为开辟新的文明源源不断提供新的思想和一代代社会精英。中华民族五千年的文明生生不息，屹立于世界大国之林，就是受惠于中国源远流长、博大精深并且不断顺时变革前进的教育发展。

从世界教育发展的轨迹及其规律来看，任何一个发达教育体系的形成，都不是靠个体单枪匹马、特立独行地打拼和建构，而是在与不同文明体之间的交流交往、合作互鉴中成长成熟起来的。一部世界教育发展史，实际上就是一部族群之间、国家之间、文明体之间持续而深度互动的历史，其中既有政府、学校、教师、学生等各类教育主体之间的互动，也有各种差异性甚至完全异质性的教育思想和模式之间的碰撞、交流、合作与交融。同时，由于不同文明体之间发展阶段不同，有的处于先进位置，有的则发展相对滞后；即便是两种文明体基本处于相同的发展阶段，也因各自的历史和现实条件不同，仍然会存在诸多的差异，呈现各具神采的文明样式。

日本《东征传绘卷》描绘的遣唐使乘船赴唐的景象

由此，不同文明体之间的教育互动呈现出两种不同的形态。第一种形态，是不同文明体之间存在绝对的势差。作为强势文明体的一方，凭借其经济、政治、军事、文化和科技等综合优势，向弱势文明体一方单向度地输出自己的教育理念和模式。而弱势文明体一方，或因被逼无奈，或因自觉意识到必须变革图强，从而打开国门让强势文明体的教育模式和教育资源进入本国，加速自己的教育发展形态的转变。第二种形态，是不同文明体之间相对平等的教育交流互动，彼此相互学习、取长补短、合作共赢。这种形态并不要求文明体之间是绝对的零势差，而是更强调文明体之间“和而不同”，彼此尊重、平等合作，具有互不替代的特色、优势与核心竞争力。

中华文化的基本特征就是多元一体。追溯历史，中华文化的基因中既有炎黄先帝开始的远古各部落文化的融合，也有秦汉、魏晋南北朝至唐宋，中原汉文化与西域各民族及印度佛教文化等的相互交融。中华文化的自强不息而又海纳百川的气度，孕育了中国璀璨博大的教育传统，也造就了孔子、孟子等一批光耀世界的伟大教育家。

同时中国自汉唐以来，雄踞东方，文化昌盛而泽被天下，为世界各民族所景仰。中国教育也传播至古代周边各国乃至中东和欧洲。在亚洲东部的朝鲜、日本、越南等深受中华文化影响的国家都普遍使用汉字，接受儒家思想、汉传佛教和中国的律典，仿效中国科举制，开办官学，兴办私塾乡学，培养和造就了一代代浸润着儒家文化精髓的治国才俊和文化贤达。

2009 年 10 月 25 日，在韩国首尔景福宫勤政殿前，再现古朝鲜时代科举制考试现场

隋唐时期，朝鲜（高句丽、百济、新罗）、日本、越南（交趾）等国争相派遣大批聪慧子弟来华求学，其中日本的遣唐使就来了 13 批。他们中有的还在中国参加科举考试。大唐还专设了宾贡科，支持留学生及周边诸族士子参加科举考试，大食（阿拉伯）人李彦升，波斯人李珣，新罗人金云卿、崔致远，日本人阿倍仲麻吕（汉名晁衡）等都通过宾贡考试而得以在中国入仕为官。他们崇尚中国文化，有的“形夷而心华”，在中国受到礼遇和重用。

意大利传教士利玛窦与明朝科学家徐光启

中华文化也曾经通过中东传入欧洲，同时西方基督教文化也传入了中国。有碑文记载的基督教在中国的存在，是唐朝的景教，但基督教在中国并未得到传播。明代嘉靖

年间（1522—1566），欧洲传教士开始把西方文化带入中国，揭开了“西学东渐”的序幕。17世纪初的明代，意大利籍传教士利玛窦为融入中国并传播西学，潜心学习中国的文字、语言，研究儒家经典和文化历史，由此赢得了中国士大夫的好感，被尊称为“西儒”。明代大学士徐光启与他交友，不仅信奉了基督教，还与他合作翻译介绍，西方科技成果的著作，让中国开始接触欧洲科技和文化，为中国传统科学向近代科学转变培植了幼芽。除利玛窦之外，欧洲还有一些富有才华的人士来华做官、绘画、修皇历，并为圆明园修建了模仿凡尔赛宫的喷泉。他们还把中国以儒释道为主的文化传播到了西方，对西方的启蒙运动产生了重要影响。有美国学者认为，在17世纪和18世纪初叶，“中国考试制度和儒家伦理观给欧洲留下的印象，较之欧洲的科学和数学给中国留下的印象，要深刻得多”，[①] 特别是中国的科举制度传播到欧洲，对西方文官制度的形成产生了重大影响，被视为对世界文明的贡献可与“四大发明”相媲美。但此时的清帝王依然沉醉于“万国来朝”“四夷宾服”的天朝大国虚幻之中。清雍正帝发布禁教令，基督教在华的传播被中止。朝廷又实行了“海禁”，视西方人为“犬羊成性”“非我族类”的野蛮人，中国由此与西方文明相互隔绝，甚至连西方大国的地理位置和国名都分辨不清。中国在夜郎自大、因循守旧中与欧洲文艺复兴和工业革命失之交臂。

二、中国近代教育在屈辱和反省中打开国门

1840年的鸦片战争，西方列强用坚船利炮打开了中国紧闭的国门。中国遭遇了数千年未遇之强敌、数千年未有之变局。虽然之前的历史上，华夏大地也曾经历过少数民族的统治，但这些民族入主中原后很快都融入中华文化，成为中华民族不可分割的一部分。而鸦片战争带给中国的巨变，则是把中国推到了世界体系的边缘，面临着国家生存和独立的巨大危机。自此以后，中国被列强强行拖入了世界体系，以不平等的身份参与到世界竞争之中，成为任人欺侮宰割的羔羊。

西方强势的军事、经济和科技的冲击，加上对自己备受列强欺侮的痛

---

① ［美］斯塔夫里阿诺斯：《全球通史》，北京大学出版社2006年版，第364页。

苦反省，让中国的有识之士开始放眼世界，对中国的文化和教育制度进行反思。他们抱定要“以夷为师”，积极引进西学，以图自强救国。他们相信“自强首在储才，储才必先兴学”（洋务运动代表人物盛宣怀语），倾力兴办新式学堂，培养优秀人才。与此同时，日本、德国、英国、法国、美国等列强的教育思想、教育制度，以及教育界人士蜂拥进入中国，奔走各地传播西式教育、举办新式学校。由此，中国传统教育体系被撕开了一个巨大的裂缝，支撑这个体系的陈旧教育思想、制度和士大夫阶层纷纷垮塌下来。到 19 世纪末 20 世纪初，中国传统教育体系已难以维继。用中国近代启蒙思想家严复的话说：“中国自甲午一创于东邻，庚子再困于八国，海内憬然，始知旧学之必不足恃。”①

进入 20 世纪，清政府陆续出台了一系列教育新政。1905 年，清政府正式废除在中国延续了 1300 多年的科举制度，借鉴西方学制，建立了新学制。中国教育在与西方文化和教育制度的冲突碰撞后不断自我调适，在教育各个层面向欧美学习，尝试各种教育救国之道，痛苦而艰难地向近现代教育转型，这个进程一直延续到新中国成立。但中国教育的落后面貌并没有因此而改变。1949 年，我国文盲、半文盲占总人口的 80%，小学毛入学率为 20%，初中毛入学率为 6%，高中毛入学率为 1.5%，高等教育毛入学率为 0.3%。

三、中国当代教育在独立自主中大步走向世界、迈向现代化

1949 年新中国成立至改革开放，中国教育伴随着国家的独立和新民主主义、社会主义制度的建立，坚决捍卫了教育主权，一方面清洗了半殖民地半封建社会留给中国教育的印迹；另一方面对外开展了独立、平等的国际教育交流交往。

受制于当时特定的国际政治格局和国内政治环境，新中国成立初期主要是学习苏联，与社会主义阵营国家开展了密切教育交往。从 1950 年到 1960 年，中国共派出留学生 1 万多人，其中派往苏联的占 80% 以上；同时中国也接受了大批以社会主义国家为主的留学生。随着 60 年代中苏关系的

---

①《严复集》，中华书局 1986 年版，第 152 页。

破裂，中国留学苏联和东欧社会主义国家的学生全部撤回，中国教育基本处于对外封闭状态。1966 年开始，教育成为“文革”的首发地和重灾区，教育秩序受到严重破坏，与国际教育发展趋势基本脱轨。70 年代初，伴随着中国与西方外交关系的逐步解冻，中国与欧美、日本等国家的教育交往开始恢复，在有限范围内开展。

改革开放之后，中国教育全面拨乱反正，主动顺应世界教育发展潮流，以开放促改革，以改革促发展，实现了教育事业的优先发展、创新发展和开放发展。1978 年，邓小平作出扩大派遣留学生的指示，当年底中国第一批公派留学生踏上旅途。从 1979 年到 2000 年，中国教育部门向西方各国派出的留学生达到 45 万多人，同时自费留学也形成高潮。中国各级各类教育立足国情、紧跟世界潮流，加快了教育普及和质量提升。根据教育部 2015 年对《国家中长期教育改革和发展规划（2010—2020）》实施五周年开展的中期评估结论，我国各级各类教育发展均取得重大进展，教育事业总体发展水平居世界中上行列，其中学前三年毛入园率达到中高收入国家平均水平，义务教育普及率高于高收入国家平均水平，高中阶段毛入学率高于中高收入国家平均水平，高等教育毛入学率超过中高收入国家平均水平。

面向实现“两个一百年”中华民族伟大复兴的历史使命，中国教育面临着两大历史性任务，一是加快实现教育现代化，建设教育强国，保障人民群众幼有所育、学有所教的权利，办好人民满意的教育，让世界最大教育体系整体进入现代化。二是扩大中国教育在世界教育体系中的竞争力、影响力和话语权。为此中国正积极发展中外合作办学，充分利用外部资源，促进教育改革，提升教育质量。2010 年以来，我国引进了一批世界高水平大学资源，获教育部批准的本科及以上层次的中外合作办学项目达 600 多个。一些有实力、有特色的大学也开始走出国门，在海外办学。各高校大力引进海外优秀人才，实施各类人才引进计划，提高师资的国际化程度。中国大力发展双向留学生教育，目前在境外深造的中国留学生达 108 万人，其中 2016 年就有 54 万名学生出国留学。同时有 37 万名外国留学生在华学习。中国政府既支持出国留学，又鼓励留学后回国，截至 2016 年底，我国留学回国人员总数已达 265 万多人，形成了近代以来中国最大规模的海归潮。中国还与国外大学等机构联合设立孔子学院和孔子课堂，至 2017 年，中国已在世界142个国家和地区设立516所孔子学院和1076个中小学孔子课堂，累计培养各类学员700多万人，全球学习汉语和参与中国文化活动受众超过1亿人次。中国教育已经成为中华文化走向世界的一张亮丽名片，成为国家软实力的重要支柱。

第二节　中美两国近代以来跌宕起伏的教育互动

一、中美教育交流交往的主要历史阶段

1784年（乾隆四十九年）8月28日，也就是距离美国1783年从英国殖民统治下取得独立刚刚一年，从纽约出发的美国“中国皇后”（the Empress of China）号商船经过2万多公里的漫长航行，终于驶入了广州黄埔港，这是美国来华的第一艘商船。

中美贸易往来展开后，两国教育交往则要延迟至19世纪。中美漫长的教育交流交往史大致可分为五个阶段：

第一阶段，从19世纪40年代至60年代。这是中美教育交往的萌芽状

美国商船“中国皇后”号

态。由于鸦片战争失败，中国被迫开启国门。美国教会以举办学堂为主要方式开始进入中国传教，也传播西方科学文化。但此时的中国官民特别是士大夫阶层对西学非常陌生，并有着本能的抵触。因此美国人在华举办的学堂只能以中国社会底层群体为主要招生和教育对象，办学层次较低。他们在遭遇中国传统文化的非议和科举制度的冲突中艰难地办学。

第二阶段，从19世纪60年代至20世纪初。随着洋务运动的兴起，以及中国在一次次对列强战争中遭遇惨败、蒙受屈辱，中国急需变法图强，通过新式教育学习西洋“长技”，培养新式人才，把中国拉出积贫积弱的沼泽地。同时西方列强在华的经营、文化、外交、传教等活动大幅度增加，也急需培养大批学贯中西的新式人才。于是中国的教育大门洞开，以美国教育为主体的西学在中国得到迅速的扩展，逐渐占据中国教育的主导位置。

第三阶段，从20世纪初至1949年。清末民初，随着科举制度寿终正寝、庚子赔款留学生的派遣，以及仿效美国学制而制定的中国新学制实施，美国教会举办的学校成为新式学校的示范，美国主导的西式教育从“半官半民”状态变为官方正式的教育思想和制度体系，并成为社会精英培养的主要路径。

第四阶段，从1949年至1978年。在中美两国全面对抗的政治关系下，美国在华的教育机构全部被收归国有并被改造和调整，两国教育关系基本处于相互隔绝和彼此隔空的对抗状态。1972年以后，随着中美两国政治关系逐步解冻，中美两国教育界交往开始起步，但中国教育的封闭状态并没有根本改变。

第五阶段，从1978年至今，中国全面实施教育对外开放政策，中美两国教育交流交往领域不断扩大，合作日趋密切，成为两国谋求建立合作互利共赢关系最成功、最稳定，也是两国人民从中获益最多的领域。

二、美国传教士在华兴办学校开启了两国教育交流交往的序幕

在最初的中美两国教育交往中，传教士扮演了开拓者的角色。美国传教士大多具有较高的文化素养。根据美国传教士卫三畏（Samuel Wells Williams，1812—1884）1855年的统计，在此前来华的110名美国传教士中，绝大多数受过高等教育，其中有23位获得博士学位，约占总数的

20%。[①] 美国在华传教士中的自由派鉴于中国传统儒学与西学之间存在严重壁垒的现实，不赞成在中国直接向个人布道，而主张“以学辅教”，即通过办学来传播西方文化，改造中国文化和社会，进而改造中国人的信仰体系，将中国纳入世界基督教文明体系。

早期的美国传教士依附于英国传教组织，在马六甲、新加坡、中国澳门和广州等华人聚集区通过举办学校的形式进行传教，教授华人英文，培养教会所需的翻译和中国籍助手或传教士。美国最早在华办学可以追溯到1830年的美国传教士裨治文（Elijah Coleman Bridgman，1801—1861）在广州开办贝满学校（Bridgman School），收留中国穷孩子读书。他还在中国编写了第一本汉语教材《广东方言读本》，1841年在澳门出版。1839年英国传教士马礼逊（Robert Morrison，1782—1834）在澳门办学，由美国传教士布朗（Samuel R. Brown）夫妇执教。学堂开设英文科的天文、地理、数学、初等机械学、生理学、化学等课程，这是在华传播西学的第一所洋学堂。但在科举制度下，中国人对西洋学堂抱有怀疑态度，因而入学者寥寥。到1841年只有六名学生。1847年布朗夫妇返回美国，随行带去了三名志愿赴美留学的学生——容闳、黄宽和黄胜，他们成为中国第一批留美学生。三位中国少年进入了当时美国最好的大学预备学校之一的马萨诸塞州孟松学校。后来黄胜因身体原因回到国内，黄宽转赴英国爱丁堡大学留学，成为中国第一位留学欧洲的学生。容闳则在美国坚持了下来，并在1849年考入了著名的耶鲁大学。容闳日后积极倡导中国学生赴美留学，促成了近代中国的留学生运动，被称为“中国留学教育之父”。

美国教会最初在中国举办的“洋学堂”，一般规模并不大，层级也不高，主要是语言训练、宗教教育和职业生活技能培养，后发展成为正规的小学或中学教育。客观上说，美国教会在中国办学初创阶段并不容易，中国封建科举制度与西方教育在理念和功用上存在天然的冲突，不论是士大夫还是民间都排斥西式教育，加之当时教会学校教师主要以传教士、牧师为主，专业性低，流动性大，许多传教士一面教学，一面还要传教，并在

---

① 卫三畏：《太平天国起义前后外国传教士在华活动的几项资料》，史其志译，载北京太平天国历史研究会编：《太平天国史译丛》第2辑，中华书局1983年版，第131—144页。

商行、使馆等处任职。中国民众对教会学校也充满怀疑，入学者大多是读不起书、付不起学费的穷苦儿童。教会学校不仅免其学费，还要提供书籍、住宿用餐，甚至给家长提供资助。相应地，教会学校学生一般学业质量不高，流动性也大，一有其他学习机会就退学，难以实现教会办学目的。

19 世纪 60 年代，美国人在华举办学堂出现一个高潮。1868 年，从美国公使职位上卸任后成为清政府全权特使的蒲安臣（Anson Burlingame），代表大清政府与美国签订了中美《蒲安臣条约》(the Burlingame Treaty，又称《中美天津条约续增条约》)，规定“两国人民均可在对方进入大小官学，并设立学堂”。表面上看，这是一份对等的条款，但不言自明，处于弱势一方的中国实际是被动地接受美国人在中国办学的条款。

从此美国传教士得以在中国自由办学。在中国国内，这一时期，洋务运动兴起，一定程度上改变了国人对西学的偏见，而此时美国也从国内南北战争中脱身，开始大规模向外输出影响。美国教会办学重点开始逐步转向高等学校，创办教会大学进入鼎盛期，其中最知名的大学包括苏州东吴大学、北平燕京大学、山东联合大学、广州岭南大学、华北协和女子大学，

广州岭南大学课堂

以及上海的圣约翰大学和沪江大学等。这一时期美国教会大学数量超过了中国人自办的大学。即便是中国人自办的大学，也热衷于聘请美国人来管理或任教。无怪乎西方传教士普遍认为：差不多中国全部大学都是由美国人创办、由美国人主持的。由于美国在华创立的教会大学，直接与国际高等教育接轨，又进行了本土化和世俗化改造，因而成为中国近现代高等教育的开路者。

表 1　1912 年基督教在华办学统计

国别	小学（所）	学生数（人）	中学和大学（所）	学生人数（人）
美国	1992	44352	286	23040
英国	1346	31217	221	6761
西方	3708	86241	553	31384

资料来源：王立新：《美国传教士与晚清中国现代化》，天津人民出版社 2008 年版，第 13 页。

20 世纪 20 年代前后，伴随着中国新一代爱国知识精英的崛起和全社会的民族意识觉醒，中国政府开始实施收回教育主权运动，教育界也出现了“非基督教运动”，这在一定程度上冲击了美国教会举办的学校。燕京大学于 1929 年率先向北京政府提出注册，除了上海圣约翰大学等个别学校外，绝大多数教会大学在政府规定时限内完成了立案程序。这样美国教会大学不再游离于中国国家教育体制之外。

三、赴美留学造就了一代中国早期的社会精英

鸦片战争之后，以曾国藩、李鸿章等为代表的洋务派敏锐地意识到，西方列强强盛的军事和经济实力背后，是科技和制造业的强大。中国要仿效列强实现自强，最紧迫的就是选拔聪颖子弟到西洋留学，学成后能够回来，“使西人擅长之技，中国皆能谙习，然后可以渐图自强”（曾国藩语）。

于是 1872 年第一批中国留美幼童奔赴遥远的太平洋彼岸，之后又有三批赴美留学幼童，总数达 120 人，其中年龄最大的 16 岁，最小的 10 岁，平均年龄 12—13 岁。他们之中，最多的来自广东，其次是上海（当时隶属于江苏）。这批中国幼童在美国深得美国同学好感，被赞“皆品学兼优，又

清华学堂的前身“肄业馆”

擅长运动交际”。但这批身着长袍、留着长辫的官派幼童到了美国后很快接受了美国文化。他们有的不愿读孔孟、穿马褂、留长辫，有的信奉了基督教，还热衷于体育运动，因而受到清政府内部守旧派的攻击。加之此时美国国内掀起了排华浪潮，导致1881年留美幼童被清政府提前强制召回。美国各界对此感到震惊和惋惜，美国著名作家马克·吐温曾为此积极奔走活动，美国前总统格兰特也致函李鸿章进行斡旋。然而，从这批留学生中还是诞生了一批日后的中国政界、学界、实业界等各界精英。中国官派留学生中断后，由美国在华教会资助的赴美留学活动仍在继续。

中国真正大规模的赴美留学活动，始于1909年设立的庚款奖学金。1900年（中国农历庚子年），英美等八国联军侵入北京，清政府被迫于1901年与列强签订《辛丑条约》，向列强赔偿4.5亿两白银，分39年还清，年息四厘，本息共计9.82亿两白银，这就是所谓的“庚子赔款”。其中美国分得3295万两白银，合2444万美元，远远超出了战争的实际开支。此时，由于美国掀起排华恶浪，使中国留美学生人数锐减，已不足300人。而中日甲午战争后，中国不少知识分子认为要富强还是要师从日本，于是出现了留学日本的热潮。美国基于其在华的长远战略利益考虑，于1908年通过法案，决定退回庚子赔款中1078万美元，于1909年至1940年间按月交还中国，指定用于办理留美预备学堂和派遣中国留学生之用。为此，

庚子赔款留美学生合影

1911年清政府设立了留美预备部，即清华学堂，并在此基础上于1928年成立了国立清华大学。其间，清华共派遣了留美学生1279人，人数之多，居同期官费留美学生之首。从进入清华学堂到赴美留学，一般要经过8年左右系统严格的教育，因此清华留美学生素质高、声誉好，成才者众多。由于美国领了头，英国、法国、比利时等国也纷纷效仿，退还了部分庚子赔款。

庚款留学生带动了20世纪上半叶中国留学美国的高潮。据统计，在20世纪20年代，美国共有72所大学和20所中学招收中国学生，其中，中国留学生人数排名前五的学校依次是：哥伦比亚大学、哈佛大学、康奈尔大学、耶鲁大学、芝加哥大学。据《归国留美学生名录》中对1917年的340名留美中国学生所作的调查发现，他们回国后主要在两个领域就业：教育和政府机构，前者占39%，后者占32%。①

留美学生学成后大批回国，也给民国初期的中国思想文化界带来了广泛而深远的影响。新文化运动高举民主（德先生）与科学（赛先生）两面大旗。在当时，拥护民主，即“德先生”，在很大程度上（特别是在留美学生中）是以美国为样板的。所谓民主就是指共和制与代议制，这在晚清一些人的文章中就是以美国为效法的榜样。至于提倡科学，即“赛先生”，虽

① 叶维丽：《为中国寻找现代之路——中国留学生在美国（1900—1927）》，北京大学出版社2012年版，第60页。

西南联合大学

然不能说是以美国为样板，但它首先是在美国留学生中提出来的。①

抗日战争期间，美国在中国举办的学校办学活动受到严重影响，有的被迫停办，有的南迁或西迁内地，让中国高等教育延续发展。抗战初期由北大、清华、南开三校联合创办的西南联合大学，170 多名教授中有 100 多人是在美国获得的博士学位。美国也给西南联大教师提供了赴美深造的机会。1939 年 11 月，西南联大组成部分之一的清华大学恢复留美考试，名额虽仅 20 个，但报名者竟达 400 余人，其中后来成为著名科学家的包括汪德熙、黄家驷、杨振宁等。②1944

1944 年美国副总统华莱士访问成都内迁的中国大学

① 罗荣渠：《论美国与西方资产阶级新文化输入中国》，《近代史研究》1986 年第 2 期。
② 陶文钊、梁碧莹主编：《美国与近现代中国》，中国社会科学出版社 1996 年版，第 128—129 页。

年美国副总统华莱士访华，在新疆、重庆、成都等地参观了各类学校，包括内迁的南开中学、金陵大学、中央大学、中央农业大学，以及重庆大学、儿童保育院等，与师生进行了交谈，并发表了演讲，对抗战中艰苦办学的中国教育界予以了鼓励。

抗战后期，国民政府开始将战后建设人才的培养提上议程。1943 年，国民政府改变了限制留学教育的政策，制定长程留学教育计划，正式宣布“废止以前之限制，对于有志出国深造青年，不论其所习何种科目，均酌量予以扶植，并鼓励之”。之后陆续举行了自费和公费留学考试。抗战胜利后，留学美国出现了高潮，1946 年 7 月，教育部在南京、上海、重庆、北平等九地各设考点，同时举行公费留学考试。第二届自费留学生考试与公费生考试同时举行，共录取自费生 1900 人，其中赴美留学者至 1947 年 10 月已逾千人。1948 年 1 月，国民党政府以外汇支绌为由，宣布暂停留学考试。从 1945 年至 1949 年，赴美留学中国学生在 5000 人以上。

四、思想文化的交流深刻影响了中国教育的近代化进程

20 世纪初叶，美国最有影响力的教育家纷纷来华传播他们的教育思想，吸引了一大批追随者。其中影响最大的当属被蔡元培先生誉为“西方的孔子”杜威。1919 年 5 月至 1921 年 7 月长达两年多时间中，杜威先生的足迹遍及中国 11 个省份，作了 200 多场演讲，广泛传播了实用主义（学术界也称为进步主义）教育思想。他所倡导的“实用主义”和“教育改良”成为这一时期中国教育界的流行语。此外，以黄炎培先生为首的中华职业教育社也积极推动借鉴美国式的职业教育模式在中国实践，建立中国式的实业教育。这一时期美国的教育制度也深刻影响了中国现代学制的创建。1922 年中国政府以美国学制为基础制定了中国的新学制（即小学 6 年、初中 3 年、高中 3 年、

杜威来华讲学，与南京少年中国学会会员合影

大学 4 年），这一学制虽历经政局变迁，基本延续至今。

由于美国教育体制和教育思想对中国教育的影响日渐加深，也引发了 20 世纪 20 和 30 年代，美国模式和欧洲模式哪一种样式更适合中国的激烈争论。1931 年，南京国民政府邀请以欧洲教育专家组成的国际联盟教育考察团来华考察。考察团在上海、南京、北平、杭州、广州等地考察了两个多月，形成的考察报告，批评中国教育移植美国学校制度，认为中国教育更应该向欧洲的教育制度学习。但这种意见并没有影响美国教育对中国教育的主导性影响。当时欧美思想文化进入中国，给中国带来了思想启蒙，但这是在一种强烈的救国图强的忧患意识驱动下形成的热潮，总是迫切地期待从欧美搬来几样现成的新思想来中国立即开花结果、广种丰收，但实际效果往往并不尽如人意。当然，也有一批中国教育家在反思，立足中国实际进行不懈的教育改革的实验和探索。

第二次世界大战结束后，美国国会基于冷战需要，于 1946 年 8 月通过了阿肯色州民主党参议员富布莱特（William Fulbright）提出的法案，把美国在海外剩余的战时物资就地变卖，以其所得经费充当美国与该国的国际教育交流费用。1947 年 11 月 10 日，国民政府外交部长王世杰与美国大使司徒雷登在南京签订《中美教育交换协议》，随后在南京设立美国在华教育基金，这是世界各国中最先成立的富布赖特基金会。但由于当时中国正值激烈内战，富布莱特计划在中国只进行一年就暂停实施。1957 年美国政府与败退台湾的国民党当局签约，在台湾地区恢复实施该计划。

五、汉学（中国学）在美国大学的兴起

在鸦片战争后整整一个世纪中，美国的教育在源源不断地向中国输出，但同时美国的大学也逐渐形成对中国文化和中国事务的关注。这些大学从中国引进中文教授、传授中国语言和文化，逐步形成美国汉学（后演变成中国学）研究，并为世界中国学研究中心从欧洲转移到美国奠定了基础。

相对于欧洲的汉学研究，美国的汉学研究起步较晚。1877 年耶鲁大学聘请了在华工作生活了 40 年并精通汉语的传教士卫三畏（Samuel Wells Williams，1812—1884）为中国语言及文学教授，他也成为美国历史上第一位职业汉学家。他出版了《中国总论——中华帝国的地理、政府、教育、

卫三畏牧师

费正清教授

社会生活、艺术、宗教及其居民概观》等重要著作，他也因此被称为美国的“汉学之父”。在哈佛大学，此时也有在华经商的美国商人建议开设中文课程，以便培养对华交往的人才。商人们捐款8750美元用于聘请中国教师。1879年哈佛大学聘请了在英国驻宁波领事馆工作的中国文人戈鲲化，在哈佛大学开设了为期三年的中文课程，创立了哈佛大学的中文教育。戈鲲化成为走上西方大学讲台的第一位中国教师。此后，美国各大知名大学陆续开设中文专业，聘请中国专家赴美讲学。如中国著名语言学家赵元任先生就曾在哈佛大学任教。同时，中国官方也开始在美国开设中文学校，清政府于1908年派人到美国设置中文学校。1928年美国哈佛大学燕京学社成立，并派出一批学生来华留学，培养了较早的一批美国本土汉学家。但总体上说，直至“二战”，美国大学的中国学研究非常薄弱，来华传教士的著作成为当时最主要的中国研究成果。

到“二战”前后，美国的汉学（Sinology）开始转向中国学（China Studies），其代表人物是哈佛大学教授费正清（John King Fairbank，1907—1991），他是真正意义上的美国中国学“创建之父”。他于1955年创办了费正清中国研究中心，是美国第一家中国研究中心，也是世界顶尖级的中国研究中心之一。他培养了一大批中国问题专家，这一代学者研究领域也从中国传统文化转向中国当代的政治、经济和外交政策研究，他们的成果及其广泛传播，对美国社会认识中国和美国政府制定对华政策产生了深远的影响。费正清先生就曾经鲜明地指出，战后美国在亚太地区的一系列政策失误，包括朝鲜战争和越南战争，都归因于对中国的误解和偏见。但这一代学者受限于冷战和中美对立，缺乏中国研究的第一手信息和研究资料，难以亲身来中国考察交流，对中国的研究有一定的局限性。

中国改革开放后，美国各大学、研究智库中的新一代中国学和汉学学者开始崛起，研究范围覆盖了中国政治、外交、经济、社会、国防和历史等各个领域，成为美国高等教育领域的“显学”。目前美国最著名的中国问题研究机构和智库包括：哈佛—燕京学社（Harvard-Yenching Institute）、哈佛大学费正清东亚研究中心（Fairbank Center for East Asian Research）、耶鲁大学雅礼协会（Yale-China Association）、哥伦比亚大学东亚研究所（East Asian Institute）、普林斯顿大学东亚系、康奈尔大学“东亚研究计划”（East Asian Program）、加州大学伯克利分校中国研究中心、加州大学洛杉矶分校中国研究中心、加州大学圣地亚哥分校中国研究中心、夏威夷大学中国研究中心，以及斯坦福大学胡佛战争、革命与和平研究所（Hoover Institution on War，Revolution and Peace）、密歇根大学中国研究中心等。①

六、新中国重建教育主权与两国教育交往冻结

1949 年中国共产党接管北平后，曾邀请原燕京大学校长、时任美国驻华大使的司徒雷登（John Leighton Stuart，1876—1962）参加燕京大学校庆，但遭到美方拒绝。此时，中共并没有完全禁止教会学校与美国教会之间的往来，燕京大学等解放区的美国教会学校仍然可以接收到从美国转来的办学经费。

新中国成立之初，党和政府对教育改造既坚决又慎重。周恩来总理在 1950 年全国高等教育会议上的讲话中要求，“教育改革不能漫无计划，兴之所至乱搞一气，要区分轻重缓急，分阶段有步骤地进行”，“在有的问题上要善于等待”，“文化教育既是先锋也是殿军”，对于接受外国津贴举办

① 朱政惠：《美国主要的中国学研究机构》，《社会科学报》2006 年 7 月 27 日。

的学校面临的财务困难，政府要予以资助。[1]但随着两大阵营对峙的加剧、美国奉行敌视新中国的政策，新生的人民政权必须把巩固新制度放在优先的位置，在对外政策上实行了向社会主义阵营“一边倒”和“打扫干净屋子再请客”的政策，对美国在中国教育界的影响进行了彻底清算。其间实行了三项重大政策：

一是对接受美国津贴的教育机构实行完全自办，并逐步由新中国政府统一接管。朝鲜战争爆发后，美国政府宣布冻结中国在美国的财产。新中国政府采取了针锋相对的政策，其中就包括断绝教会学校与美国之间的经济往来。中国教育部从 1951 年开始先后接收了全部美国教会学校。这些学校在 50 年代初被合并或改造，留华的美国及西方籍的教师陆续离开了中国。

二是开展对美国教育思想的批判，彻底清除国内教育界的亲美、崇美、恐美的心态。首当其冲的是清算在中国教育界有着广泛影响的杜威教育思想，以及深受杜威影响的胡适的思想。当时的要求是集中火力“肃清美帝文化侵略的影响，夺取美帝在中国的文化侵略阵地”。

1955 年钱学森从美国返回祖国在“克利夫兰总统号”上与家人合影

三是争取留美学生和访问学者回国参加新中国的建设。新中国成立之初，全美国的中国留学生约有 3500 多人。1949 年建国后不久，中国政务院文化教育委员会成立了“办理留学生回国事务委员会”，中国科协等机构也积极在留美学生中开展宣传，介绍新中国诞生后

① 《周恩来选集》下卷，人民出版社 1984 年版，第 20 页。

1950 年 8 月 31 日，100 多位中国留美学生乘坐“威尔逊总统号”邮轮离开旧金山返回祖国

各种建设急需各方面专业人才，期盼在美留学生“火速回国参加工作”。由于当时中美关系处于对立状态，特别是朝鲜战争后，美国国内反共气焰嚣张，美国政府不仅把在中国大陆启动的富布莱特计划支持项目全部移至台湾，还借口“保护中国学生的安全”，阻挠留学生回国。但一大批对新中国建设满怀憧憬的留学生还是克服种种阻碍，有的绕道欧洲回国，有的坚持争取美国政府放行。1949 年至 1954 年，有 937 名美国留学生回到了祖国，其中包括华罗庚、钱三强、钱伟长、黄昆、邓稼先等。1955 年至 1970 年中美两国在第三国举行了 136 次大使级会谈，其中中国政府多次要求让在美国的中国留学生回国。经过不懈努力，钱学森等一批杰出科学家相继回到祖国参加社会主义建设。

当然其间还有一大批中国学生和学者因种种原因滞留美国，他们在美国各个领域取得卓越成就，也为促进中美关系的发展发挥了不可替代的特殊作用。

中美两国教育文化等领域的直接交往处于中断状态，但美国教育专家的著作作为内部研究和“批判”资料在中国一定范围内有所阅读。美国高校专家的科技研究成果传播范围相对更大一些。1962年，当时还在湖南一所农校任教并从事水稻育种研究的袁隆平，从《参考消息》上获悉美国哈佛大学教授沃森和英国科学家克里克因发现DNA双螺旋模型获得诺贝尔奖的消息，专程赶往北京向有关部门求助，直接阅读了相关英文文献，由此成就了他在杂交水稻领域的卓越成就，为大幅度提高中国粮食产量和解决人类饥荒作出了杰出的贡献。

七、中美教育交流交往恢复发展助推中国教育现代化并走向世界

1971年，中美两国政治关系的坚冰逐渐融化，中美之间的文化教育交流开始启动。1973年8月，美中学术交流委员文化教育代表团访华，这是新中国成立后第一个美国教育代表团访华，标志着两国民间教育交流正式开始。12月，由8名成员组成的中国教育代表团访问美国，考察英语教育工作。1972年至1976年大约有1.2万名美国各界人士访华，他们中相当大一部分来自美国的大学，其中包括1974年美国教育代表团和美国大学校长代表团、1976年美国教育家代表团等访华。

1977年中国开始全面恢复教育制度，教育的对外大门开始敞开。1978年7月，美国总统科学技术顾问、科技政策办公室主任普雷斯博士率美国科技代表团访华，中美双方就互派留学生问题达成初步共识。10月，中国教育代表团访美，宣布互派留学生和访问学者，双方鼓励两国大学、研究机构和学者之间进行直接接触。1983年邓小平提出“教育要面向现代化、面向世界、面向未来”的重要指示，进一步开启中国教育改革开放的大门。这一时期，中美两国的教育交流交往开始加速，其中就包括于1979年恢复的富布赖特项目。2010年中美两国建立了人文交流高层磋商机制，双方在差异中求包容、在交流中求发展，中美教育交流的覆盖领域不断拓展。两国教育部不定期举办部际磋商，举办了多期中美省州教育厅长对话和多轮中美教育政策研讨会。截至2017年初，中美合作开设的本科层次办学机构和项目达到259个，其中包括上海纽约大学、昆山杜克大学、温州肯恩大学三所中外合作大学，不具有独立法人资格的教育机构17个，项目239个。

1978年6月，邓小平在听取清华大学工作汇报时，明确提出“我赞成加大派遣留学生的数量，要成千上万地派，不是只派十个、八个”。[①]12月26日，首批52名中国留美学生赴美，开启了新中国留学西方的序幕，并迅速形成留学浪潮。中国政府对出国留学始终坚持“支持留学、鼓励回国、来去自由”的政策。之后中国赴美留学人数持续快速增长。美国是全世界最大的留学生流入国，而中国是美国最大也是增长最快的留学生输出国。据统计，1996年中国留美学生近4万人，占美国留学生总数的8.7%。2007年达6.8万人，占美国留学生的11.6%。2008年之后进入高速增长期，2016年增加到27.4万人，留美学生几乎占了全国出国留学生总数的60%，也占了在美国大学就读的国际学生总数的约31%，稳居第一位。

与此同时，美国则成为中国第二大留学生来源国，仅次于韩国，2014

表2　美国国际教育研究所（IIE）发布2015/2016年度美国国际学生统计

排序	来源地	学生数（人）	占比（%）
1	中国	328547	31.5
2	印度	165918	15.9
3	沙特阿拉伯	61287	5.9
4	韩国	61007	5.8
5	加拿大	26973	2.6
6	越南	21403	2.1
7	中国台湾	21127	2.0
8	巴西	19370	1.9
9	日本	19060	1.8
10	墨西哥	16733	1.6

资料来源：http://www.iie.org/Services/Project-Atlas/United-States/International-Students-In-US。

① 中共中央文献研究室：《邓小平思想年谱（1975—1997）》，中央文献出版社1998年版，第71页。

年达到 2.4 万人。2009 年，美国总统奥巴马访华时宣布实施“十万强计划”（100000 Strong Initiative），即 4 年时间向中国派遣 10 万名留学生。2010 年 5 月，美国国务卿希拉里在首届中美人文交流高层磋商会议上正式启动了该计划。同时中方给予美国学生 1 万个中美人文交流专项奖学金名额的资助。总体上，目前中国与美国相互之间的留学生教育还有落差，这既体现在数量上相差十多倍，更主要的是留学质量的悬殊。目前中国留美学生主要是攻读学位，特别是硕士和博士学位。2014 年中国留美学生的学科分布：商业和管理 28%，工程 19.8%，物理学和生命科学 8.9%，而美国在华学生主要是短期为主，2013 年占 55%；学习，且以语言、文化、中医和与商业相关的科目为主，工程、数学、信息技术的项目为数不多。2015 年中国政府启动“百千万”学生交流项目，在未来 5 年里，邀请 100 名美国青年精英访华游学；邀请 1000 名美国优秀大学生来华学习，支持 1000 名博士赴美重点高校留学；每年公派 1 万人赴美学习研修。① 伴随着留学美国热潮的持续高涨，中国中学生参加美国大学的入学考试，特别是 ACT（全称 American College Testing，中文名称为美国大学入学考试）和 SAT（全称 Scholastic Assessment Test，中文名称为学术能力评估测试）等考试的人数也在持续增长。

近年来，伴随着中国综合国力和全球影响力的迅速崛起，中央又明确提出“聚天下英才而用之”的战略目标，加快构建具有全球竞争力的人才制度体系，国家、地方和高校等用人单位引才项目竞相推出，为留学归国人员提供大量就业机会和政策便利，大批留学人才特别是高学历、高层次人才加速回流中国创新创业。根据教育部发布的统计数据显示，年度出国对回国人数比例从 2006 年的 3.15∶1 下降到了 2015 年的 1.28∶1。1978 年到 2015 年底，已有 221.86 万人完成学业后回中国发展，占已完成学业群体的七成。在两院院士、重大项目负责人、高校学科带头人中，具有留学美国经历的海归专家所占比重最大。

2004 年中国与美国马里兰大学合作成立了美国第一所孔子学院。至 2015 年，全美国共设立了 108 所孔子学院和 451 个孔子课堂，是全球设立

① 袁贵仁：《为构建中美新型大国关系作出新贡献》，《中国教育报》2015 年 6 月 19 日。

美国中小学校长在北京购买中文教材

孔子学院和孔子课堂最多的国家。孔子学院和孔子课堂推广了中文教学、宣传了中国文化，为促进中美两国民间交流发挥了重要的作用。当前，中美两国全方位、宽领域、多层次的进一步交流合作已经呈现美好的前景，必将更好地造福于两国人民。

伴随着中国的和平崛起和中美各领域交流的加深，美国全国掀起了学习中文的热潮。2017 年 6 月 1 日美国国际教育委员会发布报告，全美报名在校学习中文的中小学生人数近年来出现爆炸性增长，达到 22.71 万人，汉语成为美国第四大外语，居于拉丁语之前。美国国际教育委员会主席丹・戴维森表示，近年来美国中小学生“对汉语的兴趣超过其他任何一门外语”。他认为，中文教学在美国中小学走红，是家长、孩子、老师和社区共同推动的结果。[①] 在中文热潮的形成中，美国政府也在推波助澜。2001 年，美国发生 9・11 恐怖袭击事件，美国政府将语言战略列入国家安全重大战略，2006 年时任美国总统布什发布了《国防语言计划》。这项由美国国务院、教育部、国防部、中情局联合发起的项目，提出美国公民应当加强学习关键语言，为此将致力于在美国教育体系中，加强从幼儿园到大学的外语教学和人才培养。白宫要求国会在 2007 年财政预算中批准特拨 1.14 亿

① 《美国、俄罗斯兴起“汉语热”：学习汉语学生出现爆炸性增长》，《光明日报》2017 年 7 月 25 日。

美元，用于启动该项目，扶持学校对关键外语的教学，派遣美国学生到海外学习语言。在所罗列的优先支持的八种“关键语言”中，包括阿拉伯语、汉语、印地语、朝鲜语、俄语、波斯语和土耳其语。汉语在美国国家战略中的地位进一步凸显，也进一步刺激了美国学习中文的热潮。①

第三节 上海在与美国地方深度互动中成为中国教育的领头羊

一、美国教育登陆上海滩

上海开埠前是典型的江南传统社会，教育的基本形式是传统的书院，其最为著名的包括申江书院（现敬业中学）、龙门书院（现上海中学）、云间书院（现松江二中）等，教育的功能是服务科举制度。

1842 年鸦片战争后中英《南京条约》，确定上海为五个通商口岸之一。美国进入开埠之初的上海时，相比英国、法国等西方老牌列强略显低调些。因为当时美国毕竟建国不久，国力和世界影响力远远逊色于英法等老牌帝国。当英国和法国在上海黄金地段大肆圈地、建立租界时，美国的租界则设立在苏州河北岸经济和文化并不繁华的虹口区域，以致美国在上海有实力的人士宁愿居住在英租界，后英美租界合并成为公共租界。但这并不影响美国在上海教育领域的高调行事，在西方列强中扮演着老大的角色。

美国女传教士与上海学童

① 《美启动“国家安全语言”计划，汉语成为“关键”外语》，中国新闻网，2006 年 1 月 6 日。

最初把美国教育带入上海的同样是美国的传教士。19 世纪 50 年代，他们首先在上海举办了男、女学塾，吸引底层民众前来就学，并陆续创办了各类小学、中学（女中）、盲聋哑学校、护士产科学校，以及享有“东方的哈佛”“外交人才的养成所”“江南教会第一学府”等声誉的圣约翰大学书院（1905 年改名圣约翰大学），以及 1906 年创办的浸会大学（1915 年改名沪江大学）。此外，美国教会在苏州创办东吴大学，1915 年又在上海创设东吴大学法学院，突出讲授“英美法系”内容，培养了一大批现当代著名的法学专家，被誉为“华南第一流的而且是最著名的法学院”。继美国教会学校之后举办新式学堂的是洋务派举办的学校。这类学校虽然是中国人自己举办，但也大多以美国大学为标杆，引进美国教学制度、管理制度和教学内容，并高薪聘请美国大学的高管和教师，或聘请美国留学归国专家。洋务运动领袖盛宣怀创办的南洋公学（上海交通大学的前身）就聘请美国专家福开森为南洋公学监院（相当于副校长），同时重金聘请外籍教师教授西学，吸取和借鉴西方办学的经验。当然，美国教会学校也从初创时期的免费面向社会底层群体转向社会精英阶层，且收费高昂。据对民国时期上海各大学学生的学籍卡分析，圣约翰大学学生家长中商人占 59%，官员占 6%，专业技术人员占 25%；沪江大学学生家长中商人占 68%，官员占 8%，专业技术人员占 18%；东吴法学院学生家长中商人占 57%，官员占 12%，专业技术人员占 20%。这些数据都是上海各大学中比例最高的。抗战前这几所教会大学每年学费达到 100—150 元，而学生实际开支更高。据 1935 年调查，圣约翰大学学生超过 2000 元，而当时上海行业男工年平均总收入在 250 元左右。①

二、近代上海教育开风气之先

中国学生赴美留学，上海是主要发祥地。在中国第一位赴美留学生容闳的积极鼓动下，1872 年第一批留美幼童从上海出发。在先后四批留美幼童中上海学子有 17 人。由于守旧派担心留学生数典忘祖、动摇国脉，十年

---

① 梁晨、任韵竹、王雨前、李中清：《民国上海地区高校生源量化刍议》，《历史研究》2017 年第 3 期。

美国在沪教会学校为中国女学生开设家政课

后留美学童全部撤回到上海。但这并没有因此终止中国学生留学浪潮。庚款留学美国促成了中国留美高潮，而第一批获得庚子赔款奖学金的学生大部分来自美国等西方国家举办的教会学校。1910 年在上海举行的庚子赔款奖学金考试中录取的 31 名考生中，26 名是圣约翰大学的学生。1907 年上海派出了第一批女留学生赴美求学，其中就有宋庆龄、宋美龄姐妹。

随着大批赴美留学生学成回到国内、回到上海，他们对中国社会各个领域均产生了深刻的影响。在民国初年的中国外交，具有举足轻重影响的人物，相当一部分就是留学美国，并来自上海或有深厚上海情结的外交官，如唐绍仪、颜惠庆、顾维钧、王正廷等。同时杜威等美国教育大家登陆上海，美国各种教育思潮纷至沓来，相应的各种教育探索实验纷纷落户上海，并与中国及上海的本土教育探索相结合，把上海推向了中国现代教育研究和实践探索的最前沿。可以说，上海教育引领了中国的教育，并且与欧美教育革新遥相呼应，其中的代表人物包括教育家陶行知、陈鹤琴、黄炎培、李登辉、黄自、孟宪承等，探索的领域涉及学前教育、基础教育、高等教育、职业教育，以及平民教育等，努力探索教育救国安民之道，实现“学校无不用之才，社会无不学之职业，国家无不教之民，民无不乐之生”。当然上海是一个海纳百川之地，教育界并非美国模式一家独大，深受欧洲教育影响的马相伯先生先后创立震旦大学和复旦大学，但他聘用了美国耶鲁大学毕业的李登辉先生。此后李登辉先生担任了复旦大学校长，使复旦大学的办学同样深受美国大学教育思想的影响。

此外，还有一批上海出生或在上海就学的学子赴美留学后继续留在美国发展他们的事业，并取得杰出的成绩。他们中有两位获得了诺贝尔科学奖。一位是 1926 年出生于上海的物理学家李政道教授。他在 1957 年与杨振宁教授一起获得诺贝尔物理学奖。另一位是 1933 年出生于上海金山并在上海念了小学的物理学家高锟。他被誉为“光纤之父”“光纤通讯之父”，2009 年获诺贝尔物理学奖。

李政道教授 14 岁时摄于上海

高琨教授

美国电脑大王王安博士

美国加州大学伯克利分校校长田长霖博士

美国电脑大王王安先生，1933年考入上海中学，1936年16岁的王安又以入学考试第一名的成绩进入上海交通大学。1945年考取公派赴美国留学资格，就读于美国哈佛大学物理系，1948年获哈佛大学博士学位。毕业后任职于哈佛计算机研究所。1951年，王安创办了“王安实验室”（Wang Laboratories），1955年王安实验室更名为“王安电脑有限公司”。1976年，王安电脑推出了电子文字处理机，很快王安电脑成为当时世界最大的文字处理机生产商。20世纪80年代，王安电脑发展达到顶峰，王安也成为美籍华人首富，并一度成为美国第五大富豪。还有一位杰出的华裔科学家田长霖博士，他1935年出生于湖北武汉，1939年为躲避战火而逃难到上海，在上海读了小学和中学，后移居台湾。1956年赴美国留学。1990年到1997年担任加州大学伯克利分校校长，成为美国一流大学中第一个华裔校长。其胞兄田长焯为美国波音公司总设计师之一，其父亲田永谦曾在1946年后担任过上海市财政局局长，兼任上海市银行董事长。

上海教育界和上海市民受美国教育影响较多，但这丝毫不影响上海青年学生和广大知识分子对自己祖国的忠诚。1925年五卅惨案中，圣约翰大学等教师学生奋起抗议，因不满校方压制而愤然出走，成立了中国人自己的大学——光华大学。淞沪抗战期间，沪江大学与东吴大学、圣约翰大学和之江大学组成了上海基督教联合大学，成为上海支持抗战的坚强堡垒，时有“上海抗大”之称。曾留学美国的沪江大学校长刘湛恩主持联大校政，还被推举为上海教育界救亡协会主席和中国基督教难民救济会主席。他于1938年遭暗杀，由此书写了上海抗战的悲壮一页。抗战结束后，美国在上海举办的学校陆续恢复办学，并且根据国民政府的要求登记注册。

20世纪三十四年代，上海出现了一群特殊的移民群体。此时大批欧洲犹太人为躲避纳粹迫害而逃难来到上海。向来重视教育的犹太难民在上海举办了犹太学校（如虹口的嘉道理学校），这些学校中的优秀生被保送进美国的大学继续升造，更有一大批学生在战后移民到美国，日后成为美国各界的精英，其中包括卡特政府时期的美国财政部长迈克·布卢门撒尔。他们都对上海怀有深厚的情感。

抗战胜利后，由于美国执行的扶蒋反共的政策日趋丧失民心，上海大学生中的反美情绪日趋高涨。1946年圣诞之夜，一名北京大学（预科）女学生被两名美国士兵强奸，由此激怒了中国青年学生，上海学生纷纷走上街头举行反美游行，期盼着新中国黎明的到来。

三、当代上海教育在中美教育交流中的桥梁和窗口作用

1949 年 5 月中国人民解放军进军上海，毕业于美国康奈尔大学的上海代市长赵祖康先生，将市政府管理权和平移交给中国共产党和人民解放军，由此开启了上海这座城市发展的新纪元。

新中国成立前夕，美国杜鲁门政府急于撇清扶蒋反共政策失败的现实，发表白皮书大谈“对华友谊”，为其对华政策进行美化和辩护。1949 年 8 月毛泽东主席发表《“友谊”，还是侵略？》的檄文，抨击美国政府标榜的对华友谊政策，特别指出，美国的对华教育输出，“教育中国学生”是“从事精神侵略”，并点了圣约翰大学、东吴大学等美国教会大学的名。① 这就意味着，在沪的美国教会学校在新制度下迟早要走向消亡。1951 年 4 月，由美国津贴支持的伯克利中学成为第一个被政府接办的学校。之后圣约翰大学、

1978 年 12 月 16 日，复旦大学副校长谈家桢与在复旦任教的美国学者西门·修查特共庆中美建交公报发表

① 《毛泽东选集》第 4 卷，人民出版社 1991 年版，第 1443 页。

华东师范大学与美国中阿肯色大学合作的孔子学院举办中国文化体验活动

沪江大学等大学伴随着高校调整而被撤并，成为新中国教育体系的一部分。由此开始，上海与美国教育在之后的20年中处于完全隔绝和对立状态。

进入20世纪70年代，中美关系开始趋向缓和，两国之间的人员往来开始恢复。1971年美籍华裔科学家、诺贝尔奖获得者杨振宁教授飞抵上海，回到了阔别26年的祖国，见到了在复旦大学任教的父亲杨武之教授。杨振宁教授成为新中国第一个回国访问的美籍科学家。1972年另一位美籍华裔诺贝尔奖获得者李政道教授回国，在上海参观了复旦大学、上海芭蕾舞学校。他对当时中国大学和教育的现状忧心忡忡，撰写了建议书《参观复旦大学后的感想》，提出从孩子抓起重视基础科学研究、重视基础科学人才的培养的建议。毛泽东主席和周恩来总理高度重视李政道教授的建议，并亲自接见了他。1972年尼克松总统访华，并在上海签署了著名的《上海公报》，在美国大学迅速形成了“中国热”。美国校长、教授等纷纷组团访华。这些代表团大多到访上海，参观上海的大学。

1977年开始，上海各级各类教育全面拨乱反正，恢复教育秩序，上海教育对外关闭的大门也逐渐开启。1978年邓小平指示，利用上海交大与美国交大同学会的关系，请他们回来讲学。上海交大很快组团访问美国27所大学及一批科研机构，签订了一系列合作协议，这是中美教育交流合作的破冰之旅。之后，上海与美国的教育交流交往全面推进、不断深化。

20世纪90年代以来，上海按照“一流城市、一流教育”的要求，不断加快教育现代化和教育综合改革的进程。上海教育改革发展重大政策的制定，大多把美国特别是纽约等大都市作为主要参照，从中找出体现世界一流、符合国情市情的教育改革新思路。根据中央部署，2014年上海市和北京大学、清华大学共“一市两校”开展教育综合改革试点，为此上海组织各专项组进行研究。为破解上海高校普遍存在的办学同质化等矛盾，上

1998年克林顿总统在上海图书馆与复旦大学美国问题研究中心青年学者吴心伯交谈

海考察研究了美国加州和德州的大学通过制定大学发展规划并加以立法的方式构建完善大学体系的经验，研究制定《上海高等教育布局结构与发展规划（2015—2030年）》，构建了高校分类发展和分类管理体系；制定《上海高等教育促进条例》，推进上海高校办出特色和水平，防止同质倾向，从习惯上按层次排序的一列纵队转变为坚守各自方阵追求一流的多列纵队。上海的高考制度改革借鉴了美国SAT等考试和大学录取制度，按照“分类考试、综合评价、多元录取”的原则实施高校招生制度的改革。上海又率先借鉴美国等发达国家成熟的高中课程改革经验，开展了高中中外融合课程试点，包括引进美国中学的STEM课程（科学、技术、工程和数学），促进科学精神与人文素养的培养，给予学生充分的自我发展空间。

上海各高校与美国多所高校举办了各种形式的办学机构。上海交大2000年与美国密歇根大学合作办学，2005年建立上海交大密歇根学院，成为上海与美国高校合作的成功范例。2006年，美国纽约大学在华东师范大学设立了上海中心，在此基础上，2011年经教育部批准由上海市教委、浦东新区政府、华东师范大学与美国纽约大学合作，联合举办独立法人机构上海纽约大学，着力打造国际化高水平大学。2014年上海七宝中学与美国

2017 年 9 月，上海市公安局为美国诺贝尔物理学奖获得者、上海交大李政道研究所所长维尔泽克（Wilczek）教授颁发五年期人才签证

德怀特中学合作举办的上海德怀特高中成立，这也是中国第一个中外合作办学的高中。同时，上海有 10 所高校和一批中小学先后参与了美国孔子学院和孔子课堂的建设，居上海在国外举办孔子学院和孔子课堂总数的第一位。

改革开放以来，上海各高校以美国为主要目标积极引进各类领军人才。有中共中央组织部主导设立的国家“千人计划”、教育部设立的“长江学者”奖励计划等，以及上海市政府设立的上海“千人计划”，市教委主导设立的“东方学者”“海外名师”项目等，各高校也自设了众多引智项目，引进了大批优秀海外人才到上海高校工作，在上海，不少高校海外引进的领军人才来自美国。还有越来越多的美国“老外”开始青睐上海高校的学术氛围和创新机会，选择在上海高校担任特聘教授、兼职教授、讲习教授，甚至辞去美国教职，全职加入上海高校团队。上海从 2008 年开始，每年选派中小学校长赴美培训，在美国学校担任“影子校长”，全身心浸润到美国基础教育现场。

美国来沪留学生规模也在不断扩大。至 2016 年底，上海共吸引了来自 180 多个国家的 6 万余名外国留学生，分布在上海 40 所高等院校与科研机构，占全国来华留学生的七分之一。来自美国的留学生共有5600多名，其中6个月以内的短期生2630名，6个月以上的长期生3047名，留学生人数仅次于韩国，居在沪留学生总数的第二位。上海目前正努力打造“亚太地区最受欢迎的留学目的地城市之一”和国际化教育交流中心城市，正在加快吸引全球留学生来沪学习，美国来沪学生数量将持续增加。

上海作为中国教育最发达的地区，正以建设世界一流教育为目标率先走向世界。2009年和2012年，上海两次参加了世界经济与合作组织（OECD）开展的国际学生评估项目（Programme for International Student Assessment，PISA），上海15周岁学生在两次测试中的数学、阅读、科学三项测试中，在65个国家和地区中获全球第一，而且高分、均分和低分值均远远高于西方国家，而美国学生成绩居于中游。测试结果令美国政府和各界十分震惊。

2014年，上海又参加了OECD组织的教师教学国际调查（Teaching and Learning International Survey，TALIS）项目，调查结果：上海初中教师在参加调查的38个国家和地区中的10多个指标位列第一，成绩远远超出国际平均水平，从而为上海PISA成绩高居世界榜首作了最好的阐释，并得到国际组织和世界各国的高度肯定。2016年5月，世界银行在上海举行了“公平与卓越：全球基础教育发展论坛”，来自全球30多个国家的130多名教育官员出席论坛。世界银行在会上发布了《上海是如何做的》报告，指出上海市教育体系是世界上最为强大的教育体系之一，因其将精明的教育政策转化为优异的学习成果。上海经验也进一步得到世界各国，当然也包括美国教育界、新闻界、政界的认可。美国哈佛大学出版社出版了《超越上海》（*Surpassing Shanghai*）一书。美国《纽约时报》著名作家弗理德曼（Thomas Friedman）专门来到上海，深入到一所名不见经传的普通学校蔷薇小学，撰写并发表了文章《上海教育的秘密》，[①]这些著作和文章都从不同的视角探究了上海基础教育成功的“独门秘籍”，从而把上海教育带入美国乃至全球教育的焦点位置。

---

① ［美］托马斯·弗里德曼：《上海教育的秘密》，《第一财经周刊》2013年第42期。

四、上海与美国地方教育互动全面助推上海建设世界一流教育

面向未来，上海与美国教育的交流交往必将向新的深度和广度推进。根据中央对上海的发展定位，上海正在努力当好中国改革开放排头兵、创新发展先行者，服务“一带一路”倡议，讲好中国教育故事，到 2020 年基本建成国际经济、金融、贸易、航运中心和社会主义现代化国际大都市，形成具有全球影响力的科技创新中心基本框架，在科技创新、创新驱动发展方面走在全国前头、走到世界前列。到 2040 年，建成卓越的全球城市。在实现这一宏大战略目标中，上海教育的国际化承担的责任和使命日益重大。要通过教育国际化，提升上海教育的国际影响力和竞争力，加快培养国际化人才，提升城市的创新能级，优化城市发展的软环境。具体目标就是要建成与社会主义现代化国际大都市相适应的教育对外开放体系，建成亚洲最受欢迎留学目的地城市和国际教育交流中心城市，推动创办上海特点、中国特色、世界水平的现代化教育。

上海教育国际化战略将着力于六个领域：一是积极推进双向留学工作。按照“扩大规模、优化结构、规范管理、保证质量”的来华留学工作方针，加快发展来华留学教育，力争到 2020 年，在沪就读的国际学生总量达到 12 万人，其中 50% 以上为学历生。坚持“支持留学、鼓励回国、来去自

美国华裔神探李昌钰博士受聘上海政法学院名誉教授并发表演讲

由、发挥作用”的出国留学工作方针，优化出国留学服务，完善留学人员来沪创新创业政策。健全在沪国际学生教育质量保障和社会服务体系，健全上海学生赴海外学习的支持服务机制。二是加强和改进涉外办学。构建国外教育资源引进的准入标准和退出机制。支持有条件的上海教育机构开展境外办学，鼓励教育服务输出。全面提升中外合作办学质量，稳步推进境外办学和孔子学院建设。三是深入开展教学科研国际合作。全面提升各级各类学校教师队伍国际竞争力，加强教学科研国际合作，提升高校人才培养和科研创新能力，支撑高校“双一流”建设，服务具有全球影响力的科技创新中心建设。四是加大教育对外人文交流力度。依托中外人文交流机制，丰富内涵、扩大规模，全方位、多层次开展教育国际合作交流。鼓励支持学校开展多种形式的教育对外交流，拓展城市间教育交流合作，支持开展多种形式人文交流，形成教育国际交流品牌。五是加强教育国际合作和全球参与。支持上海高校加强与国际组织交流合作，引进借鉴国际组织的教育专业服务，主动参与标准开发、质量评测和教育创新。积极参与国际教育合作，利用国际组织平台，在全球教育发展议题上提出新倡议新方案，扩大上海教育的国际影响力。搭建“一带一路”教育合作平台，加强国际组织人才培养，吸引现有国际组织落户上海，探索牵头设立新的国际专业组织。六是完善教育对外开放治理机制。加快完善教育对外开放治理机制，提升教育对外开放治理能力与治理水平。

可以预见，上海与美国的教育交流交往也将在上海教育国际化发展的进程中不断得到加强。

第四节　中国上海与美国地方教育交往从历史走向未来

滔滔的历史洪流从过去奔腾到今天，必将无可阻挡地奔向未来。纵览中国上海与美国 170 多年教育交往跌宕起伏的历程，可以看到其中内含的历史逻辑，这是由历史、文化和现实各种因素综合作用所决定的。

一、上海与美国地方教育交流交往的文化相通与利益互动

上海与美国都是近代化进程中的后起之秀，都是以移民为居民主体，

以多元开放、追求卓越为文化特征，双方的教育交流交往较少心理隔阂，并有着相互兼容的互动诉求和利益动力。

美国是西方强国中的新秀。美国的崛起是在极其短暂的时间中完成的，其中既有其特定的历史政治和经济背景，也有其特有的文化基因。有学者将其概括为四大特质：第一是“拓荒者的精神”（prioneer spirits），第二是喜欢独立而不愿意依赖他人，第三是乐观进取的精神，第四是好奇、喜变动。① 这样的特质成就了美国，使其逐渐成为世界产业、文化、科技、教育等各领域创新的中心。同时美国还极具文化扩张性，相信美国是世界的中心，有责任把美国模式复制到世界各个角落。

美国的教育源于欧洲大陆，尤其是作为其殖民时代的宗主国英国，其教育体系从初创开始就带着欧洲大陆国家所具有的浓重国际化色彩。而美国人具有的天然优越感也体现在教育方面，他们本能地自视为世界教育的制高点，应该主动向世界各国特别是欠发达民族输出自己的教育理念和教育模式。

反观上海，鸦片战争之后，上海成为第一批开埠的通商口岸，并设立了多国租界。这既是最早地被动向西方列强开启大门，也是最先有机会深度触摸和感受西方文明。正是置身于高度国际化的环境中，上海很快从一个传统社会的市镇被西方文明带入到国际性的工商业大城市之列。新的业态蓬勃发展亟需各类通晓西方管理、技术、语言等各个领域的人才，西方列强也急需培养一批了解西方、亲近西方的本土专业人才，由此促成官方、教育界和工商业界，以及西方人士在沪大量举办西式学校，移植西方教育，培养专业人才。由此也促成上海近现代教育的多样化发展。

开埠之后的上海，新式学校的举办者主要有四类：外国教会、租界当局、华界中国地方当局、个人。四者之间互不隶属，学制也不统一，使上海教育近代化的起步呈现无序状态。但不论是哪一方，举办的学校都以西式学校为主。上海第一所由外国教会举办的学校是法国天主教会 1849 年的徐家汇圣依纳爵公学（也称徐汇公学，今徐汇中学）。1886 年由法国租界

---

① 胡适：《读程天放先生的〈美国论〉后记》，载《胡适文集》第 11 卷，北京大学出版社 1998 年版，第 831 页。

公董局设立“法文书馆”，以后更名为“中法学堂”“中法中学”（即今光明中学），这是法租界当局在上海设立的第一所学校。另有1907年德国人举办的上海德文医学堂（即今同济大学），以及美国教会举办的各类学校。另一类是中国人举办的按照西方模式、传授西方科学知识的学校。如格致中学就是中国近代史上最早由中国人自己举办、系统传授西方自然科学知识的学校。一大批在西式教育中成长起来的年轻知识精英，深刻冲击了中国传统教育制度，促使这种传统教育制度存在的社会基础瓦解。

同时上海也有着得天独厚的地理和文化背景。上海位于中国黄金海岸长江水道交汇点，东临大海，比邻江浙，背靠辽阔的长江腹地，素有“江海之通津、东南之都会”之称。这种地理位置加之开埠后的工商业繁荣、中国社会的连年战乱，也促成上海成为一座移民城市，中华大地四面八方的人怀揣各种梦想在上海落脚生根、谋生创业。同时世界各地的移民也纷至沓来，使近代上海成为远东第一大城市，到1937年达到385万人，更重要的是上海也因此成为一个华洋共处，中西文化和各区域文化密集汇聚、深度融合之地，海派文化也因此而生。上海曾经被冠以各种称谓，既因为是时尚之都，被称为“东方的巴黎”；也因为商业繁荣，被誉为“东方的纽约”。[①] 近代在中国传播的介绍西方科技和文化的出版物，大多出自上海，占了全国的70%—80%，而晚清的外语人才几乎全是上海培养的，当全国其他地方还把去外国当公使这一差使看作汉奸时，上海人为了在市场上获得更多竞争力，都已放弃科举攻克外语了。[②] 当然，上海也因此成为清末民初中国时尚和发达的现代的标志，凡称赞当地繁华和先进，往往被誉为“小上海”。文化的多样性涵养了上海对各种文化其中也包括西方教育观念和模式持开放心态，对一切先进、新颖的思想和经验都高度敏感，学习模仿得快，也吸收转化迅速。特别是到20世纪二三十年代，上海多元并存的文化大都市，已经呈现一种高度开放的“世界主义”文化大格局。这一时期世界上流行的任何主义、思潮、流派、风格，都可以在上海得到回应

① 贝尔纳·布里赛：《上海：东方的巴黎》，上海远东出版社2014年版，第2页。

② 熊月之教授演讲，选自《海派文化是如何成为上海城市文化一部分的》，《青年文学家》2017年第34期。

和呼应，上海文化的生产能力、组织能力和辐射能力，都远在亚洲其他城市之上。[①] 上海的教育形态也不例外，呈现出五彩斑斓的色彩，充满生机活力。也正因为如此，美国教育界也乐于把上海作为推广美国模式的实验场所。

在上海城市近代化和现代化的进程中，特别是在产业崛起、人才涌出，以及兼容并蓄、追求卓越的城市品格的形成中，上海教育发挥了基础性和先导性的作用。通过新式教育的率先发展，早在 20 世纪初的二三十年，上海市民的教育普及程度就远高于全国，1929 年至 1934 年，上海的初等学校有 895 所、中等学校 149 所、高等学校 32 所，还有相对较完整的职业教育体系。上海教育的整体质量也远优于外埠，不仅有声誉卓著的大学，中小学总体教学质量也明显高出全国。20 世纪 20 年代，上海中学的理化教学要求超过教育部颁行标准 43.75%，数学教学超过 56.25%，国文教学超过 76.92%，外语教学更超过 100%。[②]

2016 年 8 月，上海市市长杨雄参观美国斯坦福大学国家加速器实验室

① 周武：《论上海文化的三重构造》，《文汇报》2013 年 1 月 21 日。
② 许敏：《上海通史第 10 卷：民国文化》，上海人民出版社 1999 年版，第 136 页。

上海教育在1949年之前，虽然很大程度上成为中国教育的中心城市，发展水平走在中国前列；但毕竟当时整个中国处于长期战乱、积贫积弱的状态，上海教育的普及度有限，特别是妇女的文盲率在70%以上。教育主权非常有限，对外国在沪举办学校的管控能力非常有限，美国在沪举办的个别学校甚至长期处于非法办学状态。同时众多教会学校英语成绩不及格不许毕业，而中文不及格则不受影响。上海本土众多怀揣“教育救国”梦想的仁人志士，最终还是归于失败。

今天的上海早已今非昔比，正朝着综合性的全球城市的目标大步迈进，力争成为国际经济、金融、贸易、航运、科技创新中心和国际文化大都市。这也意味着上海城市功能要加速提升、创新动力要强势释放。教育承担着人才培养、知识创新、社会服务和文化传承的社会责任，在城市转型发展中的基础性、先导性和全局性的地位将进一步凸显。正因为如此，上海教育必须秉持历史积淀形成的海纳百川、追求卓越的城市品格，以更宽广的视野和胸襟向全世界开放，力争率先实现教育现代化，更深度地参与国际教育合作与竞争，为中国赢得教育话语权。这一目标追求也为上海和美国的教育深化合作交流开辟了新的空间。

二、上海与美国地方教育互动态势从单向输入走向对等合作竞争

近代资本主义的崛起迅速改变了世界民族国家之间的关系。诚如马克思和恩格斯在《共产党宣言》中所指出的，资产阶级“奔走”于全球各地，到处落户和开发，毫不妥协地推行资产阶级的生产方式和生活方式，传播现代文明。经过资产阶级的不懈努力和奋斗，一切民族甚至最野蛮的民族都被卷进现代文明之中，以至于农村从属于城市、未开化和半开化的国家从属于文明的国家、农民的民族从属于资产阶级的民族、世界东方从属于西方。[①] 近代之后中国与美国教育交流交往生动诠释了两国交流交往中不平等的本质属性。从1843年到1949年新中国建立，美国凭借政治影响和军事优势，在对华关系中占据主动，并决定着两国经济和文化教育关系的走向。中美教育关系呈现的基本特征，就是美国著名汉学家费正清教授所指出的

① 《马克思恩格斯选集》第1卷，人民出版社1995年版，第274页。

"美国冲击—中国回应"的状态。美国处于教育文化上的强势位置，在中美之间当然也是上海与美国地方教育交流交往中处于主导甚至是垄断的位置。

美国的这种强势垄断地位对近代之后中国尤其是上海教育的影响具有双重属性。一方面，美国对中国及上海的教育输出，是一种高势位的强制侵入，中国及上海完全处于不平等的地位，基本的教育主权受到严重侵害。最典型的事例就是圣约翰大学19世纪末即在上海办学，1906年在美国华盛顿州注册，但在中国居然长期无视中国政府的法令而没有办理办学程序，最后拖延至1947年。美国在上海教育输出，也是基于其文化帝国主义扩张的需求，通过办学来输出其宗教和西方意识形态。如东吴大学法学院创建之初，就将宗教训练视为必修科目，学生每周日必须到教堂做一次礼拜，否则以缺课论。因此，教会大学将培养知美亲美的知识精英和政治权贵视为重要办学目标。但另一方面，教育作为文化的一种形态，又并非简单纯粹地依附于政治，文化中包含着时代的创造，具有人类的共享性。近代以来美国的文化和教育处于快速上升期，居于世界领先位置。美国教育的进入，客观上冲击了腐朽没落的中国封建教育制度，给中国带来了先进的教育思想和教育制度，把中国从封建教育带入到西方资本主义文化主导的世界教育体系之中，给中国培养了一大批专业人才，促进了教育的近代和现代化进程。那些把西方教育带入上海的美国宗教界、文化教育界人士，也为上海教育的变革和发展、为培养新式专业人才付出了巨大心血，他们的贡献不可否认。还必须看到，中国教育之门的洞开，既是中国在列强"坚船利炮"胁迫下的无奈之举，也是中国有识之士的主动选择，他们意识到要改变国家积贫积弱的局面，必须向西方学习，要"藉西方文明之学术以改良东方之文化，必可使此老大之帝国，一变为少年新中国"（容闳语）。

每个国家和民族的历史传统、文化积淀、基本国情不同，其教育发展道路不可能简单照搬复制其他国家。近代中国命运多舛、危机四伏，不少中国教育界的仁人志士一方面试图用西式教育为国家民族开出一剂救世良方；另一方面又不能对西式教育蜂拥而入而袖手安坐、无动于衷。他们在引进学习西学之时，也植根中国土壤上进行深耕试验、总结反思。在20世纪20至30年代，中国教育界形成了一场全国范围的"新教育中国化运动"，他们强调中国教育改革要立足中国国情，吸取中外教育经验，使从西

中国上海与美国高中生创新创业项目交流

方引进的新教育中国化。其代表人物、美国哥伦比亚大学哲学博士庄泽宣先生尖锐批评中国的新教育实质就是“美国化”。他所倡导的新教育中国化需要符合四个条件：一是合于中国的国民经济力；二是合于中国的社会状况；三是能发扬中国民族的优点；四是能改良中国人的恶根性。进而提出了教育中国化的四项原则：从各国新试验里找，从专家研究里找，从本国实例找，从本国需要找。① 著名教育家陶行知、黄炎培、晏阳初、梁漱溟、陈鹤琴等在积极引入西式教育的同时也坚决反对全盘教育西化，他们在探索中国式的教育发展之路上取得公认的成就。

新中国成立后，中国教育界独立自主地开展了教育改造和发展建设，形成了比较完善的世界最大规模的教育体系，走出了自己的发展道路。改革开放后，中国教育开始自主而平等地向美国开放、向世界开放，使中国教育纳入世界教育发展潮流，与世界教育同步共振。时至今日，中华民族正前所未有地接近于伟大复兴的目标，中美两国的综合国力差距正在缩小。相应地，中国把加快推进教育国际化作为加速教育现代化的重要引擎，以海纳百川的气度接受世界先进教育思想的滋养。但教育国际化要择善而从，不能跟风撵潮，必须始终坚持全球化思考、本土化行动。我们必须承认，在当今世界教育体系中，美国总体的优势并没有丧失，中国在与美国教育

① 庄泽宣：《如何使新教育中国化》，民智书局 1929 年版，第 23 页。

交流交往中的“逆差”局面还没有根本改变，但两国间落差已经大幅度缩小，以上海、北京等区域为代表的教育强省强市，已经具备跨入世界一流教育、与美国比肩的条件，并在局部领域超越美国。中国对自己的教育已经具有充分的自信，坚信中国教育的现代化绝不是教育的“西方化”，更不是教育的“美国化”。

中国教育的现代化进程中必须始终坚守教育主权，坚定走立足国情的教育发展之路，建设中国特色的现代化教育。从 2013 年开始，上海高中开设国际课程试点，引入国际先进课程，推进基础教育课程改革，同时鲜明提出举办国际课程班的“四不”准则：不是外国大学的预科班，不是国际教育机构的招生办，不应该成为中介机构的广告牌，不是教育产业化的渠道。还进一步明确所有国际课程班学生必须学习语文、政治、历史、地理四门必修学科，每一位学生必须学习中国文化、知晓中国知识，培养中国之心。这也充分体现了中国对教育开放改革道路的自尊和自信，也体现了中国教育的现代化不能成为“失去灵魂的卓越”。

三、上海与美国地方教育交流交往的价值超越了教育领域和城市空间

在近现代中美关系中，政治关系毫无疑问是居于主导和支配位置的，教育关系的基本态势始终受制于两国政治关系的大格局，导致 170 多年来两国教育关系大起大落，在曲折中前进。

美国高校毕业典礼上的“中国面孔”

但教育关系对政治关系的从属性并不是绝对的，这首先与美国的教育制度相关。自殖民时代开始，美国从小学、中学到大学基本由教会举办，或是由教会与地方政府合作举办。美国教育的行政管理体制又是地方分权，美国联邦政府对教育管理的资源和手段非常有限。这就决定了相比其他西方国家，美国对华教育活动的官方直接介入并不特别明显。

但这并不意味着两国教育交流交往没有浓厚的政治色彩。其实在美国政府对华关系中还是善于运用教育手段来增强并保持在华的影响力。从1949年之前的“庚子赔款”留学生计划到富布赖特计划的实施，新中国成立后利用阻挠中国留学生回国来显示其对华政治态度。中美关系破冰之后，美国政府首先鼓励教育界专家学者来华访问以加速政治关系的解冻。这些都体现了美国政府在对华关系中始终在使用教育外交。

在美国的外交政策体系中，政府官方外交与民间公共外交是一体两翼。公共外交的方式主要有两种，一是利用广播、影视、互联网、报刊等快速媒体（fast media），迅速传播本国的价值观和官方信息；二是促进教师、学者、学生等跨境流动，以及学术交流等慢速媒体（slow media），来吸引外国精英群体和民众对本国的亲近感，产生对本国的好感，进而增加本国对教育输出国的影响力。

今天中美关系已经成为全球多边治理结构中最为重要的双边关系。两国正致力于构建“新型大国关系”。这种新型大国关系的内涵，不仅在于彼此有效管控对抗冲突，避免新的冷战，更重要的是要建立平等互信、包容互鉴、合作共赢的新关系，这种新型关系的建立，有赖于两国教育深度合作交流作为重要基础。事实上，当前两国间意识形态和国家利益上的差异，两国战略互信的赤字难以消弭，双边关系呈现出摩擦冲突与合作融合相互交织交替的态势。但中美两国之间的人文交流已经逐步发展成为最具独立性、稳定性、成长性、惠民性的双边关系，很大程度上降低了两国关系在大风浪中的颠簸起伏，成为两国关系的“压舱石”。2015年，两国人员往来475万人次，其中相当大比例来自教育交流，特别是随着中国普通民众日益富裕、中产人数增多、受教育期待提高，送子女留学美国成为许多普通家庭的行为，使中国留美学生出现从少数精英到普通学生、从青年人留学到低龄留学的转变，中美教育交流交往已经渗透到人民的日常家庭生活之中。

上海与美国的教育交流交往是中美教育关系史的一个支脉，但这个支脉有着特殊的使命。纵览上海与美国地方教育交流交往的整个历程，不难看出上海与美国的教育交流交往实际已经超越地区范围，是两国教育交流交往的缩影。上海成为两国教育交流的桥梁、引进美国教育先进经验并实现本土转化的试验田，也正在成为中国教育全面实现现代化并与美国比肩乃至超越的先锋力量。进一步把上海与美国地方教育交流交往放大到两国关系，实际上已经超越了教育本身的价值范畴。在日趋全球化的体系中，城市成为国际关系最重要的节点，城市的对外教育文化交往成为国家外交的重要手段、国家软实力的重要体现。事实上，上海教育一直是中美两国人文交流和政治互动的重要渠道。近代以来，中美两国的政治文化交流，上海都是主要的窗口和桥梁，教育交流成为主要方式和主题。新中国成立后，中美两国关系一度陷入僵局，但在上海依然保持着两国民间文化交流的管道，上海教育界在其中扮演着交流使节的角色，发挥了“四两拨千金”的重要作用。

今天，中华民族正在重新崛起，以坚定道路自信、理论自信、制度自信和文化自信走向新的时代，努力实现“两个一百年”的中华民族伟大复兴中国梦。上海使命光荣，要继续当好全国改革开放排头兵、创新发展先行者，建设好国家历史文化名城，建设国际经济、金融、贸易、航运、科技创新中心，建设成为创新之城、人文之城、生态之城，卓越的全球城市和社会主义现代化国际大都市。因此，上海与美国地方教育交流交往的深度和广度都是以往任何时候所不可比拟的，这就更需要上海在与美国地方之间开展和而不同、兼收并蓄的文明交流和教育互动，相互尊重、取长补短、合作共赢，不断拓展区域性双边关系，并通过上海教育这个窗口，更好地把中国教育和中国文化带到美国、走向世界，更好地讲好中国故事、传播中国声音。

正如刘延东副总理所言，中美两国可以超越文化、国情和制度的差异，登高望远，求同存异，携手合作。构建中美新型大国关系是一项具有开拓性的事业，遇到一些困难和挑战在所难免，关键是以什么样的态度面对困难，以什么样的方法解决问题。只要有相互尊重包容的大胸怀、着眼长远发展的大智慧、致力人类进步的大担当，中美两国就能“逢山开路、遇水搭桥”，迎来更加美好的明天。

第一章

创设学堂　西学萌芽与新式教育占据主流

上海与美国的教育互动，起始于美国传教士在上海举办的各类西式学校。上海开埠后美国传教士登陆上海，很快发现要让信奉佛教和儒学的中国人接受基督教教义，办学是最有效的方式。在这之后一百多年中，美国在沪举办的学校经历了巨大的转变，从只招收十多人的学堂转变为有上千人规模的学校，从举办非正规的语言、技能等训练转变为正规的教育，从重心在初级教育延伸转变为中等和高等教育，从面向社会底层转变到更多面向社会精英子女的教育。其间大致可以划分三个主要阶段：第一阶段是1843年上海正式开埠到19世纪70年代。这一时期美国传教士开始在沪举办各类学堂，初创时期的学堂办学规模小、层次不高，但这是中国最早的西式学校，且生源多为社会底层群体，并开了女子教育的先河。第二阶段是19世纪80年代至20世纪初，伴随洋务运动兴起，西学逐渐被中国官民所接受，美国教会举办的正规西式学校迅速扩大，逐步形成与中国传统教育并行的教育体系。为避免与中国传统教育直接冲撞，这一时期教会创办的学校往往采用中国学校的名称“书院”，如圣约翰书院等。第三阶段是20世纪初到1949年。其中20世纪的头20年，伴随着中国封建科举制度的瓦解和上海成为国际化的工商业大都市，新式学校体系取代官学书院和私塾体系，成为中国教育体系，也成为社会精英培养的主渠道。美国在上海办学进入鼎盛时期，举办的高等教育发展尤为迅速。20年代末至1949年上海解放，经过新文化运动和西学的熏陶，中国人的教育观念和教育制度已经有了重大转变，现代教育制度和学校体系逐步建立，相应地，美国教会在中国及上海教育体系中的比重有所下降。与此同时，20 世纪 30 年代开始的抗日战争及中国内战，使美国在上海办学连续遭到重创，并因此由盛而衰。除了美国教会创办的招收中国学生的学校外，美国还在上海举办了招收美国在沪侨民的上海美童公学，同时一批美国专业人士在中国人举办的新式学校中承担管理和教学任务，还有留学美国的中国人在上海举办的各类学校。

第一节　上海滩的西潮漫涌——“洋学堂”(1843—1880)

一、美国传教士登陆上海初办学堂

1843 年美国传教士来到上海，上海逐渐成为美国在华传教活动的大本营。通过办学进行传教、培养基督教人才，成为教会的重要任务。1845 年美国圣公会中国布道区第一任主教文惠廉（William Jones Boone，1811—1864）携妻子和传教士团队一行 11 人抵达上海，由此，上海成为美国圣公会的在华传教中心。文惠廉早年曾在印度尼西亚爪哇等地学习汉语（闽南语），经办当地的教会华人学校。他认为办学是传教的最有效的方式，唯有教会学校的毕业生才能真正将基督教福音立基于中国。1846 年文惠廉在南市董家渡王家码头创办了第一所男童寄宿学校（Boarding school for boys），也就是男塾，学校后迁往虹口。学校主要课程是国文、英文、天文学、几何学等。学生入学时需与教会订约，需读满 10 年才能离校，教会担心学生略懂英文便去商行谋职。中国基督教史上的重要人物吴虹玉牧师 13 岁时入读于此，后留学美国，参加了南北战争。战争结束后回到上海，参与创建了上海同仁医院。[①]

文惠廉画像

① 徐以骅:《吴虹玉与中国圣公会》,《复旦学报（社会科学版）》1997 年第 3 期。

1864年文惠廉主教去世时，学校因美国国内南北战争等原因而导致资金困难，学校几近解散。但文惠廉的继承者不甘心，战争结束后，广泛向教友筹集捐款，并招收教友子女入学，使学校开始得到恢复，1876年，学校改名为度恩书院（Duane Hall and Divinity school）。1873年文惠廉的弟子创办培雅书院（Baird Hall for boys），并以上海商人子弟为主要招生对象。

1847年，美国南方浸信会怀恩堂在上海创办怀恩小学，这是新教在上海地区最早开设的学校，后发展为怀恩中学。此后，又相继成立了裨文女塾、文纪女校，以及美国基督教长老会传教士范约翰创办的清心男塾、清心女塾等教会学校。这些学校是美国教会在华尝试办学的起步。

但美国传教士在上海办学面临重重困难，有传教士对此做了如下记载：

> 吾西教士之辞别祖国，渡海东来者，皆出于一团热忱，思有以救斯亿万生灵，脱离魔鬼之羁绊，享天赐之永福。然至中华，则又每苦于风土人情之不谙，语言文字之隔膜，望洋兴叹，自觉无能为力。(《上海清心中学滥觞记》)

这些传教士自认为他们来中国是“救斯亿万生灵，脱离魔鬼之羁绊”，可是他们怎么也想不到，中国老百姓都把他们当成“洋鬼子”。在普通老百姓的眼中，他们的高鼻子、蓝眼睛、黄头发、白皮肤，与中国人显然不是同一种族。特别是在士大夫心目中，鸦片战争就是洋鬼子们觊觎中华的阴谋。因此，被视为“洋鬼子”同类的传教士，碰壁是不可避免的。

禅治文和夫人格兰特

二、初创的女校

1. 裨文女校

裨文女校的创办者是格兰德（Eliza Gillette）。她1843年受美国圣公会派遣来到中国，她也是首位来华传教的女传教士。后与美国基督教公理会传教士裨治文结婚，脱离圣公会。

1872 年裨文女校师生合影
（上海档案信息网）

1850 年 4 月 15 日，格兰德在上海西门白云观附近（今方斜路）兴建校舍，设立裨文女塾，这是上海第一所教会举办的女子学校，也是中国第二所女校。

裨文女塾第一批学生有 20 人，均为走读，秋季改为住宿。1871 年格兰德去世后，美国妇女联合布道会（女公会）接办，改称裨文女校（Bridgman Girl School）。办学之初，学校主要招收社会底层群体的孩子，由于教育质量较高，学生毕业后出路很好，不少社会名流开始把孩子送来学习。宋庆龄的母亲倪桂珍出生于基督徒的家庭，14 岁时就读于该校，她擅长钢琴、英文、数学，并且受西方思想影响，追求个性自由，拒绝缠足。她毕业后曾留校任教。

1881 年学校并入圣玛利亚女校。1931 年原校重新注册改名为裨文女子中学。

2．文纪女校

1845 年来华传教的琼司女士（Emma Jones）于 1851 年在虹口文监师路（Boone road，租界当局为纪念文惠廉开辟美租界而命名）百老汇路口（今塘沽路大名路口）虹口礼拜堂开设了圣公会第一所女子寄宿学校——文纪女校（Emma Jones School）。开办之初学生仅有 8 人，多为穷人家女儿。

中国社会长期有着男尊女卑的观念，女性在封建政权、神权、族权、夫权等多重束缚下实际被剥夺了受教育的权利。琼司举办的女校不收取学

学习中的文纪女塾学生
（2017 年 6 月 11 日《上海沃画报》）

费，还“给以衣，备加优待”，且均留校住宿，但学生仍然寥寥无几。由于当时的百姓对于外国传教士不信任，家境稍好的人家一般不会将女儿送进教会学校。一些家境极贫困者，为了让孩子有口饭吃，才把孩子送进教会学校。

琼司开设的学校初期教学内容有：讲读《圣经》，同时学“四书”、《女儿经》，但最主要的还是让女孩学习女红和家政，即纺织、刺绣、园艺、烹饪等，因此学校办学中并没有受到封建士大夫的竭力反对和阻挠。

其后遇到荒年，逃荒的饥民路过，见学校收留女孩子，便把女孩留下。学生增加后便不再以学习程度而以年龄为限，凡学生年满 18 岁，不论学业程度高低均毕业离校。

1855 年时文纪女校的日常教学活动有：

上午 6 点到 7 点用上海方言阅读四福音书
早餐整理内务及打扫宿舍
8 点半祷告
9 点到中午用上海方言上阅读课和书写课
中午 12 点午餐

下午1点到2点绣花课

下午2点到4点半针线课

下午5点晚餐

课外活动晚祷

1855年文纪女校学生人数增加到40人。①

文纪女校与裨文女校后一同并入圣玛利亚女校。

三、范约翰创办清心男塾和女塾

范约翰（John Marshall Willoughby Farnham，1829—1917），是美北长老会派往中国的传教士。1860年3月，范约翰和妻子范玛利到达上海。他到上海后便倾全力筹办学校，目的是培养可从事传教的中国人。

他创办的清心男塾选址在南市陆家浜地区。最初就在一间不太大的房屋，既当教室，又当宿舍。当时南市地区街头流浪儿童很多。范约翰就收留这些穷苦孩子入学，“凡来就学者，供其衣食”，当然男孩子则要边读书边垦荒。范约翰自述办学之初的艰难：“当沪南之初办学堂也，召集生徒，诚非易事，必于宗教书籍之外，兼授经史，而后踵门求进者，尚稍有其人。不然，则竟至无人过问。然此尚指男校而言也。至于创办女校，则障碍愈多，而提倡尤难。”

范约翰夫人于1861年开办清心女塾（the Mary Farnham Girls' School，今上海市第八中学），这是当时中国仅有的5所女子学校之一。清心男塾和女塾由范约翰夫妇分别负责主持，两校同一校址，同门出入，只不过在校舍内隔一个篱笆。

不久，太平天国运动兴起。为躲避战乱，大批浙北、苏南的难民儿童涌入上海。范约翰顺势大量招募学生，扩大了办学规模，新建了校舍、宿舍和礼拜堂。

范约翰极富个性，不太听从美北长老会总部和其他上司的指令，后来

---

① 徐永初、陈瑾瑜：《圣玛利亚女校（1881—1952）》，同济大学出版社2014年版，第24页。

干脆脱离了北长老会而成为一名独立的传教士。范约翰也因此被称为上海传教士中的“一怪”。但这也导致清心男女塾建立后得到教会的支持并不充分，致使学校办学不时出现财务困难。1861 年后，由于美国南北战争爆发，教会经费支持更加困难。于是，范约翰将学堂改为半工半读，创办了清心书馆。该印刷机构在上海很快确立了品牌，所刊行的中文画报和中文铜版画在近代中国颇有名望。著名的出版物有《小孩月报》和《画图新报》等。该馆专门招收教士子弟和贫困少年学生入学，至 1910 年学生累计达 600 多人。

范约翰办学中还遇到了一位热心人士——美国组织远东救济会的娄离华女士。她自上海返回美国后，组织了一个襄助清心男女塾的协会，发动各界人士捐助巨款，这就保证了初创时期的学校经费。为了纪念与感恩娄离华女士，清心男塾也称娄离华学堂（Lowrie Institute，今上海市市南中学）。1880 年清心男塾和女塾改名为清心书院。

范约翰创立清心书院，强调营造家庭气氛。“当时校中规模颇有家庭气氛，以全堂学生分为数部，选其年龄最长者推为班长，以督率其余，以尊长爱幼之道，食同席，寝同室，游同方，相敬相助，俨若一家。”范约翰办学与开授课程的理念是：“人生于世贵能自立。”学生从清心男女塾毕业、走上社会应当有了一种谋生之技能。所以“所定之课程，亦力求切实有用”，除开设国文、天文、地理、格物、算术等课程外，清心男女塾还开设工艺课，男生学栽种，女生学纺织。清心书院的课程设国文、英语、算术；学校注重半工半读，大量培训铅印技术人才，毕业后推荐到美华书馆工作，毕业生中有人独资创办文瑞书馆、竞新书馆等。

1883 年学校分设普通、师范、实业、商业四科。1929 年经上海市教育局核准立案，改校名为清心中学。抗日战争爆发后，学校暂借惠中中学上课。抗战胜利后学校迁回陆家浜路原址。

四、美国传教士在上海广方言馆担任洋教习

为适应涉洋事务的本土翻译人才急剧增加的形势，1862 年，清政府批准在北京设立京师同文馆，1863 年在上海设立同文馆，后改名上海广方言馆，馆址在上海城内旧学宫的西边。广方言馆直接受两江总督和上海道管

辖，上海道兼任学馆监督。这是上海地方政府创办的第一所新式学校，也是上海最早的外语学校。当时所谓的“方言”，即“泰西语言文字”，也就是西方语言。上海广方言馆毕业生经过考核，成绩优秀者，可任官职，或送京师同文馆深造。当时的江苏巡抚李鸿章认为，上海为洋人汇聚之地，中外交涉繁杂，各国驻沪领事馆均设有翻译官，而中国方面却缺少这样可以信赖的翻译人才，所以在中外交涉中难免要误事、吃亏。因此急需在上海设立外语人才培养学校。

上海广方言馆这所官方所举办的专门学习外国语言的学校，招收“身家清白”的14岁以下学生，后改为15岁以上、20岁以下，由有名望的官绅保送后报名，经上海道台面试后择优录取。一经录取，免费住读就学，伙食费也由馆方提供。广方言馆根据学生不同程度分级教学，课程按专业编排。学习期限分为两种，一种3年制，一种5年制。广方言馆开班时，学生定额为40人，以后不断增多，鼎盛时全馆共有学生200人。但当时通过参加科举考试步入仕途仍然是读书人的首选，因此不少学生仍热心于背诵四书五经，到科举考试日前放弃广方言馆的外语和西学课程。为此，广方言馆于1879年规定，学生如不听劝告，不安心学习西学、只攻科举者，一律裁退。

广方言馆聘请了美国传教士林乐知（Young J. Allen，1836—1907）、美籍英国人傅兰雅（Fohn Fryer），分别教授英语和法语。美国人金楷理（Carl T.kreyer）教授德语，其中林乐知在上海同文馆任教了13年。广方言官还教授经学、史学，以及算学、军事、法律、机械等各类课程，学生可按个人志趣和水平任选一门课程。因此广方言馆的人才培养一开始就不局限于学习西方语言，这比同一时期的学校更具有先进的办学理念。

上海广方言馆教育质量上乘。在北京同文馆招录的学生中，上海广方言馆学生成绩均名列前茅。据《同文馆题名录》所记学生大考榜单，光绪五年（1879年）大考，英文馆第一名是汪凤藻，第三名是徐广坤。汉文算学第一名是席淦，第二名是汪凤藻。洋文天文第一名是徐广坤，第三名是黎子祥。光绪二十四年（1898年）大考法文第一、二、四、五名获得者都是上海广方言馆送去的。广方言馆培养的人才遍及外交、教育、科技等各界，其中汪凤藻任驻日公使，吴宗濂驻意大利公使等。

广方言馆的师生还翻译了数以百计的西方书籍，介绍与传播科学技术知识，其中涉及数学、物理、化学、电学、天文、地理、动植物、生理解剖、机械，以及航海、军事、法律、政治、历史等学科，这些书籍对戊戌变法时期维新人物产生了深刻影响，康有为、梁启超接触西学，相当部分就是从上海出版的译书开始，这些翻译者大多是广方言馆的师生。

1868年江南机器制造总局开办翻译馆，这是清朝官办的翻译出版机构，翻译格致、化学、制造等西方科学书籍。鉴于翻译馆功能与广方言馆“事实相类”，第二年上海广方言馆并入江南及其制造局，外文教习入馆后半天教书，半天译书。翻译馆成为中国近代译书最多、影响最大的翻译机构。

五、施约瑟创建圣约翰书院

圣约翰大学的创办者是美国圣公会传教士施约瑟。施约瑟认为只有在中国创办一所教会大学，培养华人传教士，才能改变在华传教被动和效果不佳的局面，他认为：“第一，中国人是一个有智力的民族；第二，也许他们比其他民族更珍视教育的价值。”①

1875年，施约瑟着手筹办教会大学，因此他回到美国，进行募捐活动。1877年施约瑟成为圣公会上海传教区的主教。1879年他以6500两银

1900年圣约翰书院校门

① 石建国：《卜舫济传记》，社会科学文献出版社2011年版，第25页。

子向英商兆丰洋行购买沪西梵王渡84亩地（即现在万航渡路华东政法大学校区），建筑两层楼的中国式斋舍一所、住宅四所。

1879年9月10日学校正式开学，共有学生39人，是从原有的培雅书院、度思书院等转学而来。学生中90%来自教徒家庭，学生衣、食、住、书籍、文具、生活用品全部免费。10年后增至70多人，1895年达到127人。①

办学初期设西学、国学和神学三门课程，用国语和上海方言授课。1880年起，圣约翰书院开始教授英文。施约瑟亲任校长，颜永京牧师等任中文教师。施约瑟将其私人所藏的中文书数十部及圣公会之西文书和文惠廉主教住宅内所藏的美国圣公会的英文宗教图书，存放于图书室内，这是圣约翰书院图书馆的雏形。之后学校正式建成图书馆，命名为圣约翰大学罗氏图书馆，以纪念美国纽约罗氏兄弟捐款建造，这是上海创办最早的大学图书馆。

1866年美国圣公会传教士在上海虹口创办"同仁医院"。1880年美国圣公会任命文惠廉之子文恒理（H. W. Boone）医生担任院长。他同时着手

圣约翰礼拜堂
（徐以骅、韩信昌：《圣约翰大学》，河北教育出版社2003年版）

① 熊月之、周武：《东方的"哈佛"》，《社会科学》2007年第5期。

组建医科，主要为医院培训助手，第一期 9 名学生，其中有 7 人来自圣约翰书院。之后，他又将同仁医院作为圣约翰书院的主要临床教学基地，并引入美国式的医学教育。1896 年圣约翰书院正式成立了医学部，文恒理担任主任，把同仁医院的学生作为正式的学生，学制为四年。圣约翰书院医科之后发展成为圣约翰大学医学院，是圣约翰大学最负盛名的学科。同仁医院为其实习医院。

圣约翰书院创办后，美国圣公会对该校控制严格，学校不仅是美国圣公会在中国的教育中心，也是传教中心，处于圣公会布道部和上海教区的双重领导下。圣公会教区主教不仅在圣约翰校园内“安营扎寨”，大学的礼拜堂也是上海教区的主教座堂。

施约瑟

施约瑟（Samuel Isaac Joseph Schereschewsky，1831—1906）出生于俄罗斯统治下的立陶宛一个犹太人家庭，1854 年移居美国，1856 年就读于纽约州长老会的宾州西部神学院。1857 年转入纽约圣公会神学院。他在就读神学时，文惠廉主教回美国述职，来到神学院讲述在华宣教的经历，施约瑟听了深为感动，立志要来中国传教。1859 年，施约瑟来到上海。他会讲 13 种语言，识 20 国文字。1859—1862 年在沪期间，学会了上海话、官话（国语）和文言文。1874 年，将《圣经》(旧约）译成北京官话。1875 年回美国募捐筹款办学。后于 1879 年创办上海圣约翰书院并任首任院长。1881 年施约瑟患脑溢血瘫痪，不久辞去圣约翰书院院长职位，1883 年又辞去了主教之职。1894 年，圣约翰大学为表彰他的创校之功，建造了一座四合院式的两层楼房，名为“怀施堂”(现名韬奋楼)。1906 年 10 月 15 日，施约瑟在美国去世。

1880 年 2 月 3 日《申报》上所刊载的圣约翰书院的广告

美国耶稣教传教公会在万航渡新设立圣约翰书院，教习英文、中国文艺经书以及西国各院所习各习，即天文书、地理书、地质书、万

圣约翰大学怀施堂（现华东政法大学韬奋楼）

国纲鉴、万国公法、算学、格致学、化学、辩实学、心学、化学、圣教明证学、音乐书。延请教读西儒4位，中国在庠先生3位，司理衣膳先生1位。本书院栋宇宏敞，住房清洁，饮食周备，且地属幽静，住院学习，自能日进有功。现肄业西学者已有20人，分作两班。如愿来院肄业者，须14岁以上；四书完全，每月只取修膳、书纸笔墨洋6元；衣服铺盖，童生自备。再，书院规模，每日早晚并礼拜日到堂诵经，其奉教与否，各自专主，并不相强。定于庚辰正月十五日开馆。

上述这则处于圣约翰书院开创初期的广告给人的印象是：

第一，在语言文学的教学方面，既“教习英文”，也有“中国文艺经书”课程，并要求入学的学生有相当的中文功底——“四书完全”。但办学两年之后便开始以英中双语授课。

第二，课程方面以西学为重，并且有近代科学课程的“数（算学）、理（格致）、化（化学）、天（天文）、地（地理、地质）、生（心学等）”，加上法律（万国纲鉴、万国公法）与一些宗教课程（圣教明证学），以及音乐课的学习。

第三，初创时期的圣约翰书院对学生的宗教信仰，既明文规定“每日早晚并礼拜日到堂诵经”，但又称“其奉教与否，各自专主，并不相强”。人们或可有两解：一是形式要参加，真信听自心；二是为多招学生而定的权宜之计与变通。

第二节　风气渐开后的兴学热潮（1880—1906）

一、林乐知创办的中西书院

作为美国监理会的传教士，林乐知在华传教的同时，对中国封建教育的弊端有深切的认知，主张在中国要传播以基督教为基础的西方文化。他于1881年在上海主持建立了中西书院。起名“中西书院”迎合了当时中国知识精英和政界力主“中学为体、西学为用”和“中西并重”的声音。中西书院办学宗旨强调中学与西学并重。林乐知认为，中国此前的学校，不是偏重中学（如普通书院），就是偏重西学（如一些教会学校），这两者都不适应中国文明进步的需要。中西书院的西学课程，是林乐知亲自制定的，其中学课程，则由他的助手沈毓桂负责制定。与一般教会学校不同的是，学校所设课程中没有必修的宗教课。礼拜日有讲经课，学生可以参加，也可以不参加，学校更不强迫学生当教徒。

中西书院校址位于上海法租界内的八仙桥畔。中西书院分大书院、一分院、二分院三个部分。“凡诸生肄业，先在分院习学二年，然后选升大院习学四年。迨有进境，情愿再学，又准在院二年，前后八年，庶可造就人才，以备他日大用。如欲精其法者，必当加工而力求之也。果能考取，给与凭单。”也就是说，书院学制为三级八年制，分院学习两年、大书院学习四年，一般第六年就可以毕业。如愿意继续深造，就再接受两年的专业教育。林乐知在1881年所确定的各年课程有：

第一年：认字解字。浅解辞句，讲解浅书，习学琴韵，年年如此。

第二年：讲解各种浅书，练习文法，翻译字句，习学西学，年年如此。

第三年：数学启蒙，各国地图，翻译选编，查考文法。

第四年：代数学，讲求格致，翻译书信等。

第五年：考究天文，勾股法则，平三角，弧三角。

第六年：化学，重学，微分，积分，讲解性理，翻译诸书。

第七年：航海测量，万国公法，全体功用，翻书作文。

第八年：富国策，天文测量，地学，金石类考，翻书作文。

因此中西书院是从基础教育开始，直至相当于高等专科教育。其所设课程与所传授的知识，更有利于学生在上海从事相关的商业贸易工作或工厂类的管理工作。

考虑到此前学生程度不一，并且从未接触过数、理、化、天、地、生以及外语等课程，林乐知特别明确："中学课程因诸生年岁大小不同，难以预拟，因材施教，各分班次。"考虑到学生学习西学的基础情况，他规定："凡肄业诸生，定以十二岁以上者，习学西学；如有聪明子弟，十岁以上者亦可。八九岁者亦可准来馆读书，迨年稍长，再习西学。"

林乐知对于女生教育的要求是："有女师教授女生，课程同然，兼教女红针黹。"这后一条是林乐知充分考虑中国封建社会女子以家务为本分的传统而设置的课程。

对于学生的要求还有："来院诸生，理应衣服清洁，读书勤敏，确准师训，毋得怠惰。"对于学习用具的准备，林乐知也细加规定："至西书、石板、墨水、铅笔等，院主代办，偿还值价。中书纸、墨、笔、砚，诸生自备。"

中西书院办学宗旨为"中西并重"，"造就人才，以备大用"。从其课程体系来说，基本上属于近代科学体系范畴内的知识，并未安排宗教课程，这是中西书院与圣约翰书院在开办时的很大区别。对于学生是否相信宗教也相对宽松，要求"每逢礼拜日放学，诸生中如有情愿进堂听讲圣经，固属有益，总以各随自便，毋稍勉强也"。书院培养的目标是可以"大用"的"人才"，即是为上海的洋行洋企等培养相应的一整套体系中的中方管理人员。学校的管理也不像其他教会学校那样全由传教士和教会所垄断。中西书院中不少教职员为华人。

林乐知在书院创办10年时曾说：

> 本书院历年肄业生，或至海关，或至电报、官商各局，以及招商、铁路等局办事者，已有二百余人。再各处设立电报、水师等学堂，由本书院去学习者，亦有数十人。（林乐知：《中西书院报单》）

由于买办阶层都希望子弟能够继承上辈们所从事的工作——获利丰厚的对外经商的职业，所以，中西书院的外语教学也就获得了他们的支持。但买办阶层并不要求其子弟“兼通中西学问”，往往只求学懂“西言”“西文”以能够顺利地与西方商人进行交易活动。环境以及学生与家长的要求，使得中西书院以后只注重学习西方语言，而偏离了林乐知“中西并重”的办学理想。

经过十余年的办学，中西书院造就了一大批优秀的毕业生。当时，中国的海关、邮政、铁路以及实业界人才，相当大部分出自中西书院。到了19世纪90年代，林乐知对中西书院的工作渐萌退意。而此时广学会的工作以及《万国公报》的复刊，加之中国政局的变化，都吸引着林乐知的注意和兴趣。1895年，他辞去“监院”（校长）之职，更多地致力于办报及译著。1912年，中西书院并入东吴大学（校址在苏州），位于虹口的昆山路旧址则改为中西中学。

林乐知

林乐知，1836年1月3日生于美佐治亚州，后参加基督教南方监理会。23岁大学毕业后，于1859年12月携夫人及不到5个月的女儿来华，于1860年6月到上海，开始了他在中国长达47年的生活。他到上海后给自己取了中国名字“林约翰”，后又取中国名言“一物不知，儒者知耻”之意，更名林乐知，字荣章，有时自称“美国进士”，显示出他对中国文化的浓厚兴趣。1864年3月，任上海广方言馆英文教习。1868年创办并主编《教会新报》（后改名《万国公报》）。1869年进江南制造局翻译馆（任职12年）。1877年基督教在沪组成益智书会（即学校教科书委员会），负责高级教材编写。1881年创办中西书院并任院长。1876年清政府授予林乐知五品顶戴官衔。1907年5月31日在沪病逝。

二、从圣约翰书院到圣约翰大学

1888 年 6 月，年仅 24 岁的卜舫济担任圣约翰书院院长，他给圣约翰带来了一系列重大变革。

圣约翰初创时，学生文化程度很低，除了神学院学生外，其他学生的程度只相当于中学水平，也就是“备馆”，这就是圣约翰预科制的开始。卜舫济执掌校务后，便致力于改变圣约翰“备馆”的性质，要把圣约翰书院办成一所名副其实的大学。1892 年，圣约翰书院成立了三年制的正馆（即大学部），同时设立四年制的备馆（中学或大学预科，后发展为圣约翰大学附中）。

1905 年，中国废除科举，为新式教育的发展创造了历史性的机遇。圣约翰大学于是进行了改组，仿照美国哥伦比亚大学体制组成完全大学。1906 年圣约翰书院在美国首都华盛顿正式立案，改名为圣约翰大学，设文学院、理学院、医学院和神学院，可授予与美国大学毕业生同等之学位。卜舫济认为在美国立案对圣约翰而言至少有三点好处：一是提高学校声望；二是得以颁发学位，提高学校水准；三是为学生出国创造条件。立案后，美国耶鲁大学、哈佛大学、哥伦比亚大学、康奈尔大学、芝加哥大学、密歇根大学等知名高校都承认圣约翰毕业生的学历，他们无需经过考试就可以进入这些学校继续深造。

圣约翰教员合影

圣约翰大学

卜舫济对圣约翰的教育进行了重大改革。圣约翰建校之初，学校的实际教学语言是汉语。1881年在上海商界的要求下，圣约翰设立了英文部，从此开始重视英语教学。卜舫济掌管学校后兴起了“英语运动”，英语成为学校教学和日常交流语言，并最终培养起圣约翰注重英文的学风。当时社会上公认，圣约翰学生与众不同的最大标志就是能说一口地道的英语。但同时，圣约翰的国文教育不受重视，学生甚至国文累年不及格也照常毕业。一些毕业生虽然英语流利，但因不谙本国母语而备受社会舆论的批评。

圣约翰大学教学中注重通识教育、科学教育和体育教育三者并重。在课程设置和管理方面，采取文理贯通、交叉的模式，有意识地在文科专业中设置理科课程，在理科专业中设置文科课程，鼓励学生跨学科兼修。学校增设了自然科学课程，卜舫济认为科学（时称格致）教育对“领悟上帝的和谐的启示来说是十分重要的”，他本人亲自讲授化学、物理、天文、地质等课程。圣约翰还鼓励学生积极参与体育锻炼，为学生提供了当时中国首屈一指的体育运动设施。将体育教育引入大学校园，圣约翰在当时的中国开风气之先。1890年学校举办了中国历史上最早的一次运动会。此外，棒球、板球、篮球、田径、网球、足球、橄榄球、拳击、骑马、击剑、羽毛球等，也都是圣约翰率先引进，圣约翰大学因此成为中国现代体育的摇篮。1911年中国第一届运动会田径赛上，圣约翰捧得冠军。1913年在马尼拉举行的第一届远东运动会上，中华田径队26位选手取得的36分中，有26分是圣约翰选派的4位选手获得的。圣约翰足球队还是中国历史上的第一支足球队。①

① 熊月之、周武：《东方的“哈佛”》，《社会科学》2007年第5期。

圣约翰大学足球队

1900年圣约翰师生54人聚会，宣布成立圣约翰大学同门会（即同学会），这是中国近代大学中第一个大学校友会。同学会对圣约翰发展提供了资金上的支持，并通过参加咨议会、校董会等形式参与校政。

卜舫济校长

其间圣约翰进行了多次大规模的校园建设，并初具规模，拥有了一座礼拜堂（圣约翰座堂）、一座以创办人名字命名的中国式教学楼"怀施堂"、一座用庚子赔款建起来的"思颜堂"（纪念学校的第二任校长颜永京牧师）。卜舫济曾颇为自负地记述了优美的圣约翰校园："本校原址，三面环河"，"园中茂林浅草，风景之佳，遂为全国学校冠矣"。

从19世纪末起，圣约翰大学开始向学生收费，学费逐年提高，至20世纪20年代，其学费居上海大学之冠。当然学生毕业后职业地位也较高。1895年至1920年，圣约翰大学共毕业大学生420人，其中16人任牧师，76人任教师，9人为医生，11人为官员，283人在工商界工作，其余25人出国留学。①

① 熊月之、张敏：《上海通史第6卷：晚清文化》，上海人民出版社1999年版，第228页。

为保证大学生源及质量，圣约翰大学将各地教学质量较好的教会中学列为其附属中学。除了圣约翰大学自己所属的圣约翰中学外，1914年至1949年间，圣约翰大学的合作中学有圣约翰基督教青年会中学、上海基督教青年会中学、上海民立中学、圣彼得教区学校、马汉学校和圣玛利亚女中、中西女中等。其中圣玛利亚女中、中西女中的学生与圣约翰中学的毕业生，可以不经考试直接进入新生班。另外，扬州美汉中学、安庆圣保罗中学、宁波斐迪中学、泉州培元中学等四所外地著名中学也是其合作学校。

卜舫济与夫人黄素娥

卜舫济（又作卜芳济，1864—1947），美国纽约州人，美国基督教新教团体圣公会传教士，曾就读于美国哥伦比亚大学神学专业，并在当地华人业余学校教授英语，由此产生了来华传教的志向。1886年，22岁的卜舫济在大学毕业后即启程来华。他抵达上海后，便与美国人断绝一切来往，住在嘉定农户家里，留长辫，穿华服，学说华语，并且学会了一口流利的上海方言。1887年被圣公会派到圣约翰大学任教。1888年，年仅24岁的卜舫济接办圣约翰书院担任监督（校长），从此，他以毕生精力要把学校打造成为“远东之哈佛”。1888年，卜舫济不顾圣公会不允许传教士与华人结婚的禁令，与华籍牧师黄光彩的女儿黄素娥在圣约翰大学礼拜堂结婚。1941年，卜舫济辞去校长职务，改任名誉校长。1941年卜舫济返回美国。抗战胜利后的1946年，82岁高龄的卜舫济回到上海，并表示“这儿是我的家，我要永远在这儿，直到老死”。1947年3月7日，卜舫济在上海宏恩医院病逝，享年83岁。3月9日，圣约翰大学为卜舫济举办了隆重的葬礼。他在中国共生活了55年。

学生施肇基眼中的圣约翰书院

曾留学美国并成为清末和民国时期的外交官施肇基，记载了在圣约翰书院就读时的校园情景。

> 时有学生七八十人，信教学生免费，非教徒缴纳学费：最初每年八元，后增至十元，至余离校之时增为十二元。校方除供给食宿而外，每年另给小帽一顶，鞋子两双、青布长衫二件，棉袄一件。放学时，并给铜钱百文为车费。书籍及医药费用亦由学校供给。盖其时入校学生不多，故有种种优待，以广招徕……其时学校教育，着重传道。每日上午须上教堂读圣经，星期一至星期五上午各一次，星期日则中午一次晚间一次。星期六下午无圣经课，学生在操场上体育课，打球为乐。

三、福开森参与创建南洋公学

洋务运动重要首领，时任津海关道、太常寺少卿的盛宣怀于 1895 年在天津创办了中国第一所大学——北洋公学，校长则是美国人丁家立博士。次年，盛宣怀又在上海创办了南洋公学（取名“南洋”，是因为清末民初，称江苏、浙江、福建、广东等沿海各省为“南洋”，称江苏以北沿海各省为“北洋”。取名“公学”，是参考西方把办学经费“半由商民所捐，半由官助”的学校称为“公学”）。经费由盛宣怀主管的轮船招商局、上海电报局两家捐助，每年 10 万两白银。这就是今天上海交通大学前身。

盛宣怀希望把南洋公学办成培养内政、外交、管理人才的正规大学。他亲自担任公学督办（相当于董事长），聘请同乡何嗣焜担任总理（Manager，相当于校长），聘请南京汇文书院（金陵大学前身）院长美国人福开森为监院（President，相当于副校长、总教务长，也称为总教习）。精通中文的福开森就把 President 翻译为“校长”，把 Manager 翻译为董事长，因此福开森成为南洋公学实际创办者和管理者之一。[①] 盛宣怀开给福开森每月工资是 350 两银子，而公学总理何嗣焜每月工资是 100 两银子。

---

① 范祖德：《百年前的美国专家福开森》，上海交通大学校史网。

南洋公学中院

南洋公学是我国近代第二所大学，在高等教育史上留下许多开创之举：首立师范院，初步奠定了我国近代师范校园的雏形；分设上院、中院、外院，开了大、中、小学三级分层办学的先河。其中外院即小学，就是师范院附属学校。

南洋公学在上海徐家汇的校址是由学校董事何梅先生与福开森着手选定的。在选址过程中，福开森得到了上海道台的帮助，并以法定的官价买下地皮。他还参与了测量土地、布置造房的地点以及校内的道路等多项工作。校园最早的布局出自福开森之手。与传统中式建筑强调对称不同，他采用倾向英美学院式的方院式格局布局，以一个个矩形院落为单元结构，主要建筑合围中心大草坪。这种形式常见于英国中世纪和美国早期大学，体现追求秩序思想。

1896 年南洋公学建成，1897 年春天，南洋公学师范院举行第一次招生入学考试，数以千计的考生从全国各地前来参加考试。经过严格筛选，层层淘汰，最后有 30 多人被录取。招生录取的条件则是 20 岁到 30 岁间，并且愿意一半时间学习、一半时间任教。录取的考生中，有几名是举人，其余则全是秀才。此后所招收较为年幼的学生，根据他们以前所受教育的程度分为三个班级。由师范生担任汉语教师，教现代学科的老师则用一半时间教师范生，另一半时间教年幼的学生。

福开森强调学贯中西，其中西学教育基本仿照美国大学教育，他自己亲自翻译了4卷《新编化学》作为课本。为解决专业师资问题，福开森从在华教会学校及美国国内延聘优秀外籍教师前来任教。钱学森曾回忆20世纪30年代初到美国麻省理工学院学习时，惊奇地发现，上海交大的课程安排甚至实验课内容竟与麻省理工相仿。福开森要求在汉语教学中废弃八股文，学生必须每周写作文。对全体学生教授英语，而教学目的则是使学生从起步阶段起就会正确阅读与书写。福开森提出课程设置的方针："不给学生从范围较广的课程中取得肤浅的知识，而是把我们自己局限在教几门课程上，使得学生能够透彻地掌握知识。"

福开森亲自设置南洋公学的体育课程，安排每周二到三次的军事操练课，还引进了足球、棒球和网球等运动。由于当时中国学生对体育还不了解，福开森对学生采取了强迫锻炼的办法。1899年南洋公学举行了第一次运动会，当时上海市民对体育和运动会还很陌生，纷纷来学校观看运动会，徐汇路因此而拥塞。此后，运动会发展到校际比赛、全国比赛和国际比赛。1902年南洋公学足球队成立，当年即与圣约翰大学足球队首次进行友谊赛，此后每年一赛成为传统。这一校际大赛被尊为华人足球赛之鼻祖。

福开森认为学校应设立理事会并由理事会进行管理，因为维持南洋公学的经费来自轮船招商局和上海电报局，因此，可以由这两个公司按照各自所捐献的款数比例来任命理事，同时让学生有机会在这两家公司进行业务训练。

1901年，南洋公学根据商务发展要求，考虑在上院设置商务学堂，于是让福开森借回国省亲之机前往美、英、比、法、意、奥、德等七国考察各国商务学堂开办情况以资借鉴。福开森用了半年的时间在欧美参观，走访了费城等城市的大学，考察了各国高等商业学院。福开森回到上海后即向盛宣怀提交了考察报告，提出了南洋公学进一步发展建议。但盛宣怀不久即将福开森调到铁路局担任秘书长，福开森的重要改革设想未能付诸实施。

1900年北方爆发义和团运动，又遭八国联军入侵，天津的北洋大学堂部分师生为避战乱而乘船来上海，转入南洋公学就读。在盛宣怀的安排下，南洋公学在新建的上院内设立铁路班以收容北洋师生。这是南洋公学开始发展工程科系的重要契机，也是多年后改组为"交通大学"的重要原因。

1926 年，福开森应邀回到上海交通大学参加建校 30 周年校庆，乘坐交大首届工业博览会的小火车，中坐者为福开森先生

南洋公学成立后几经更名。1910 年改为南洋大学。1912 年改名为上海工业专门学校。1921 年上海工业专门学校、唐山工业专门学校、北平铁路管理学校、北平邮电学校合并成立交通大学。

福开森（John Calvin Ferguson），又名福茂生，1866 年生于加拿大安大略省，后移居美国。1886 年波士顿大学毕业，获文学学士学位（1902 年获哲学博士学位）。1887 年到南京，次年创办汇文书院（The Nanking University，金陵大学前身），任监督（校长）。1896 年任南洋公学监院（西文总教习，相当于教务长）。1908 年任邮传部顾问。曾出任华洋义赈会会长、中国红十字会副会长；1910 年中原大旱，募得赈灾金约 100 万美元，

福开森先生

被清廷封赐为二品顶戴。1921 年作为中国代表团成员与顾问参加以遏制日本在华扩张为重要议题的华盛顿会议。福开森旅居中国 57 年，其在华身份包括传教士、教育家、新闻出版家、慈善家及文物考古学家，曾历任清末民初政府要员顾问、北洋政府总统府顾问、国民政府行政院顾问。其晚年致力于中国文化和艺术的传播。1943 年福开森被日本占领军遣送回美国，1945 年在波士顿去世。上海法租界曾有一条以他名字命名的马路——福开森路（今武康路）。

60 年后：黄炎培忆南洋公学就学

我所投考被录取的是上海南洋公学特班。南洋公学一八九七年开办（屡改名称，现名交通大学），先设师范院，后设附属小学，后来名外院。后设中学，名中院。后设铁路班。一九零一年设特班，和师范班、铁路班合名上院。督办盛宣怀，为的是他是全国铁路督办。学校费用是从铁路收入支拨的。总办是汪凤藻。

考试那天，我吃了一惊。大堂点名给卷时，一个身材高大的西洋人直立着，西洋人自然穿西装了，奇怪的是西装的帽子上加一粒蓝色的顶珠。中国的学校考试，怎么有西洋人参加呢？可见得清朝末期一切措施的情况了，后来知道这西洋人是监院，名福开森。（黄炎培：《八十年来》）

四、1906 年：浸会道学院（沪江大学前身）设立

1900 年义和团运动兴起，美国基督教南浸会的华中差会（在江苏传教）和北浸会的华东差会（在浙江传教）成员避难到上海，其间他们酝酿在上海创办大学。1906 年，他们首先在北四川路北端开办浸会神学院，校长是美南浸信会传教士万应远博士，1909 年开设浸会大学堂，校长是美北浸礼会传教士柏高德博士。1911 年两部合并，组建上海浸会大学（Shanghai Baptist College and Theological Seminary），校长是美北浸礼会传教士魏馥兰，校址在沪东军工路，1915 年浸会大学改名为沪江大学（英文校名改为 University of Shanghai）。校园面积由 160 余亩增加到 300 余亩，建有大小校舍 30 座，各类球场 19 个，游泳池 1 个，以及图书馆、健身房等，成为

一所颇具规模、设备齐全的高等学府。

沪江大学最初除了强调宗教教育外，实行没有文理科专业区别的、“对于各科应受同等门径、不偏不倚、无轻无重”的“完整教育”。之后，学校办学宗旨调整，更加强调个人对社会的适应能力和服务意识，办学模式从原来强调的“完整教育”转向职业导向的专业教育，尤其是其商业管理学和会计学为主干的应用型商科在国内大学中首屈一指。大学开办之初，教科书全部采用中文课本，后来逐渐改变，最终除国文科外，全都采用英文教材。

学校的编制为：大学部、中学部、小学部、城中区商学院、沪东公社及乡村服务处。大学部初设教育、宗教、社会、自然科学 4 科，继又增设商业管理、医学选修科。后按国民政府规定，成立文、理、商、教育 4 学院，后又将教育学院并入文学院。1913 年沪江大学创建了中国高校第一个社会学系。学校在杨树浦附近的工厂区和农村设立社会服务和调查中心，以便于学生接触实际和进行社会调查。

为了确保优质的大学生源，沪江大学允许苏州晏成、杭州惠兰、宁波浸会以及上海清心（美国北长老会）和监理会等 17 所男校和 4 所女校的毕业生，只要有中学推荐书和毕业文凭，就可以不必考试而入学，其他中学毕业生则必须考试合格才可录取。①

五、上海教会“三女校”

清末民初的上海教会女子中学中，“圣玛利亚”“中西”和“晏玛氏”三所女中最为出名。能进入这三所女中的学生大部分是教会信徒和社会名流之女。学校课程大多分为英文、中文两部，英文部的课程包括英语、数学、物理、西洋史、地理，以及圣经等科目，直接使用英文课本，大部分教师是英美人；中文部的课程只有国文及本国历史和地理，由中国教师授课。

1. 圣玛利亚女校（St.Mary's Hall）

1881 年由施约瑟在圣约翰书院内开办，初名为圣玛利亚书院。早期书

① 王立诚：《美国文化渗透与近代中国教育——沪江大学的历史》，复旦大学出版社 2001 年版，第 49 页。

院学生有来自教会的中国教徒家庭的女孩，也有来自协助女传教士工作的女传道，还有的学生来自被家长许配给圣约翰书院男生的女孩。男女两校之间以墙隔开。之前圣公会创办的文纪女校和俾文女校一起并入。

首任校长是黄素娥。黄素娥出生于一个基督徒家庭，其父亲黄光彩是美国圣公会在华施洗的第一个基督徒，也是美国圣公会第一位华人牧师。1888 年黄素娥冲破传统束缚，与圣约翰书院青年教师卜舫济（后成为圣约翰大学校长）结婚。每星期天圣约翰书院和圣玛利亚女校在同一个教堂做礼拜，卜舫济领导唱诗班，黄素娥弹琴伴奏。每星期六，卜舫济和黄素娥夫妇都会邀请学生轮流到家里做客，对学生热情接待。

学校管理严格，学生早晚均须行祈祷礼。请假外出，必须由家属或保证人报告校长。学生往来信件，校长有权进行检查。学校提倡健身运动，注重养成学生集体生活的习惯。

20 世纪 30 年代的圣玛利亚女中

圣玛利亚女校图画班

1900年以后校舍扩大并开始接收教外学生。学校分设英文部、中文部以及音乐部。1908年设师范科，1924年设实习小学（日军侵华后停办）。学生全部寄宿，每月回家一次。1914年，学校于今长宁路1187号购进土地60余亩。1923年，西班牙式新校舍全部落成，包括教学楼、理科楼、体育馆、音乐楼、学生宿舍、中外籍教师宿舍、医院、膳堂等11处建筑。同年7月，学校脱离圣约翰大学，正式迁入新校舍。

太平洋战争爆发后，校舍被日军占领，设备遭破坏。抗战胜利后重修校舍，学校迁回。学校分高中、初中、预科三部。1952年7月圣玛利亚女中与中西女中合并，成为上海市第三女子中学。

2．中西女中

1891年由监理会传教士林乐知倡议、海淑德主持创建。校舍耗资2.5万美元，建于西藏中路近汉口路。为纪念美国监理会会督墨梯，英文名为墨梯女校。之所以要以墨梯命名，是因为林乐知建议开办这所女校时，得到墨梯大力支持，当海淑德筹募创办费时，墨梯又大力号召教徒们慷慨解囊捐款。学校建筑时，墨梯主教去世。林乐知和海淑德便决定以他的名字命名，以志不忘。中文校名叫中西女塾，表明学校办学将步中西书院的后尘。他们认为中西书院的试办很成功，因此用同样一块招牌，不过指出它是专为女子设立的一所学校，同时表明学校致力于培养亦中亦西的“通才”。

中西女塾第一任校长海淑德

学校开学时仅5名学生，后来逐渐增加。后校园建筑和校园面积不断扩大。学校用中、英两种语言教学，设宗教课。学校注重钢琴舞蹈等艺术训练和家政训练，传授西方上层社会的社交礼仪。当时社会名流家庭都视中西女中毕业的学生为女性典范。

女传教士海淑德、连吉生等6人先后任校长。1930年杨锡珍为首任中国籍校长，随即向国民政府市教育局立案，正式定名为中西女子中学。学

20 世纪 30 年代的中西女校实验室

生最多时连同附小有 1200 多人。历届毕业生有半数升大学或留学，大都服务于教育、医疗、银行、海关等行业，校友遍布全国。1943 年校舍被日军占据，学校借海格路（今华山路）美国女子中学上课，学校坚拒与日本及汪伪当局合作，拒绝教授日语，拒绝日本女子垒球队来学校比赛。

抗战胜利后迁回原址。学科被誉为“女子人才的摇篮”，宋氏三姐妹都曾于早期在此就读。

3．晏摩氏女中

1894 年（光绪二十年），美国浸信会女传教士伯乐缇和吉慧丽于老北门浸会堂内创办桂秀女塾，当时仅 1 间小屋，5 名学生。1898 年，美国慈善家西门夫人（晏摩太之女）等出资建造新校舍，学校因此改名为晏摩氏女校（Eliza Yates School）。1910 年，“晏摩氏女校”更名为“晏摩氏女中”（Eliza Yates Academy for Girls）。

1918 年，第一次世界大战结束后，学校迁到北宝兴路浸会内。该校的宗旨是培养完美的人才，注意宗教训练。学生课余之暇为乡村失学儿童开办义校，每周六下午开设乡民礼拜。在晏摩氏女中就读的学生大都是名门闺秀，学生毕业后，一部分升入教会大学，一部分参加社会工作。

抗战期间，晏摩氏与同属浸信会的明强中学及苏州的晏成中学、慧灵女中 4 校联合，名浸会联合中学，校址设于外滩（今中山东一路）7 号。抗战胜利后迁回原址。1953 年学校由上海市教育局接办，与沪江大学附中合并改为上海市北郊中学。

第三节　蜿蜒的生根与曲折的融合（1906—1949）

一、圣约翰大学迅速发展的黄金时期

从1906年圣约翰在美国注册成为大学到1925年，是圣约翰大学发展最快速时期。这一时期基本形成了所谓的“圣约翰模式”，就是由“美国圣公会所主导、西学为核心、英文教育为媒介、全面引进美国教育理念和制度的办学模式”。[①]这一时期，中国政界要人纷纷来学校参观，其中包括亲王溥伦、两江总督周馥、江苏巡抚端方等。1913年2月，应卜舫济校长之邀，中华民国第一任临时大总统孙中山先生来校参观并发表了演讲，要求学生负起教育国民的责任，“民主国家，教育为本。先觉觉后，责无旁贷。以若所得，教若国人，幸勿自秘其光”。

1911年学校将文理科分为文科和理科两个独立的学科，率先实行学分制。1913年添设大学院（即研究生院），招收硕士研究生，开启上海高等学校研究生教育的先河。由此形成预科、本科、大学院三级教学模式。1920年学校设立商业经济部，下设经济和工商管理两系。圣约翰还增设新闻、政治、历史、生物等系。1923年设立土木工程学院。

圣约翰的招生和学籍管理也更富有灵活性。通过考试、保送、插班、转学等多种灵活方式招收学生。1911年进入圣约翰的陈鹤琴在卜舫济的安排下，直接从大学一年级第二学期读起。1920年时已是社会青年的潘序伦，经卜舫济同意，收为特别生（即旁听生），又允许其在各门考试成绩达到70分即可以升为四年级正式生。他们两位日后都成为中国教育界的杰出人物。从1915年开始，圣约翰对一些教会中学或其他信誉度较高的中学，如上海民立中学、圣约翰青年会中学等学校的应届高中毕业生，给予免考直升。1918年圣约翰大学部学生人数首次超过预科。

圣约翰大学学生的毕业率不高，一方面是因为学校实行“宽进严出”，对学生的考核相当严格，部分学生因学习跟不上而中途辍学或转学；另一方面由于收费较高，有些学生家庭经济不宽裕，不能读完全程；还有一些

① 石建国:《“圣约翰模式”述论》,《世界历史》2009年第3期。

家庭富裕的学生，在校主要是学习英文，然后出国。世界建筑大师贝聿铭就是在圣约翰读完高中又读了一年大学后出国的。

学费是圣约翰大学主要的经常性收入来源，因此学费很高，而且连年增加。1918 年调查，圣约翰一年级学生学费和食宿费为 203.9 美元，还要另外支付制衣费、书籍文具费、医疗费、俱乐部会费、体育活动费、零食娱乐费等各种费用，导致学校办学出现贵族化倾向，并因此而受到社会批评。为吸引优秀学生入学，卜舫济在学校设置了奖学金，以后还由学校、毕业生个人或团体设立和提供奖品，奖励学业优秀者或各种竞赛中的优胜者。

圣约翰大学对学生实行了严格的管理。据校友回忆：

> 在一周里，如果哪位学生床铺不整、在教室喧哗、晚上九点半后开着灯等等，都可以给他记一个污点。我们当时都说，学监的眼睛像鹰眼一样，他们到处抓违规的学生。卜舫济博士每个星期五检查所有的学生宿舍。星期六下午我们才有机会擦掉一周的污点：有一个污点，我们就要在教室坐上半个小时。卜舫济博士亲自来检查记录。有几次，他操起尺子，打我们的手心。①

由于圣约翰大学坚持小规模办学，严格控制招生数额，因此学费收入不足以维持学校的运行。为此卜舫济四方劝募，争取捐款。特别是圣约翰校友饮水思源，常常为母校慷慨解囊。1915 年，学校拟建造一座体育馆和室内游泳池，需募集两万两白银，计划由学生团体和校友各承担 5000 两，结果学生募集的钱款和校友承诺的数额都超出了分配给他们的数额。

二、风浪中逐渐衰弱的圣约翰大学

这一阶段，圣约翰大学先后经历了“国旗事件”（也称“六三事件”）、“立案”争端、日本占领等一系列事件，加之圣约翰大学本身的创新不足，其发展也因此由盛转衰。

---

① 赉玛丽：《圣约翰大学》，王东波译，珠海出版社 2005 年版，第 60 页。

1925年6月3日，圣约翰大学师生在图书馆升半旗为五卅惨案遇难同胞致哀

1925年上海发生五卅惨案，英国巡捕在南京路杀害中国工人。原圣约翰大学肄业的上海交通大学学生聂光墀目睹了惨案，奔走到圣约翰大学向全校师生报告了惨案。于是圣约翰大学及附中师生愤然组织罢课抗议，并在校园内悬半旗纪念死难同胞。圣约翰大学校方向来强调政治与教育分开，不许学生参与政治性活动，校长卜舫济当着师生的面降下中国国旗并撕毁，由此激发师生愤慨。6月3日，553名圣约翰大学学生以及全体华籍教师19人集体宣誓永远脱离圣约翰大学，10余名应届毕业生声明不接受圣约翰大学颁发的毕业文凭。这就是“国旗事件”，也称“六三事件”。

这些师生在之后的3个月里在社会各界的声援和帮助下，组建了新的光华大学。除了19位辞职的圣约翰大学教师外，一批著名学者加入光华大学，他们中包括文学院院长张东荪、政治学系主任罗隆基、教育学系主任廖世承、社会学系主任潘光旦等。“国旗事件”成为圣约翰大学发展史上的一座分水岭。卜舫济因此受到师生和社会的非议，圣约翰声誉受到严重影响，学校在校人数及报考人数骤减。1925年9月圣约翰重新开学时，学生锐减到400多人。这直接影响到学费收入，导致学校经费严重紧缺。卜舫济不得不返美筹集资金。

继“国旗事件”接踵而来的“立案”争端，让圣约翰大学的声誉再次遭到重创。在五卅运动爆发的1925年，中国政府指令所有外国人举办的学校都要办理立案手续。规定立案必须具备的条件包括：校长必须为中国人，

1925年9月，光华大学举办首次开学典礼

校董一半以上是华籍，并且不许以传教为办学方针，宗教不能作为必修课。这显然与圣约翰大学的办学理念和管理方式严重冲突。因此美国圣公会和圣约翰大学抵制了中国政府的立案要求，宣称要保持学校的独立，宁可关闭学校，也不会妥协。1931年，政府宣布，没有注册的学校，在新学年开始时不允许再行招生。当时全国其他教会学校由于顾忌不立案，毕业生就无法被政府聘用，学生不被允许参加庚款留学考试，因而陆续完成了立案手续。形势对圣约翰极为不利。卜舫济开始考虑立案问题，于同年夏天递出第一份立案申请。但因无法满足全部立案条件，加之日本侵略战火蔓延，立案一事便不了了之。“立案”风波造成了圣约翰大学与中国政府之间关系紧张，也严重影响了学校在中国民众中的声誉。

1937年上海爆发淞沪会战，圣约翰大学地处沪西，战事不断逼近，于是圣约翰大学与之江大学、东吴大学、沪江大学等美国教会大学合办上海基督教联合大学（医学院及神学院不在内），在南京路（今南京东路）大陆商场（今东海大楼）楼上继续上课。1939年，学校陆续迁回原址。抗战期间，圣约翰大学处于日本占领区，日本占领当局对圣约翰大学进行严格控制，学校重要职位不能由美国人担任，于是卜舫济把校长职位让给副校长沈嗣良后回到美国。太平洋战争爆发后，圣约翰大学与美国圣公会的关系全面中断。由于抗战期间上海高校大多内迁，而圣约翰大学留沪未迁，所以这一时期报考圣约翰的学生大幅度增加，1943年学生人数（包括研究

20世纪40年代末的圣约翰大学校园

院、大学部和高中部）达2800多人。以后学生人数历年均在2000人以上。

抗战胜利后，圣约翰大学于1947年向国民政府提出立案申请，同年10月17日获批准。1948年，卜舫济的儿子卜其吉担任副校长，是圣约翰大学的实际控制人。但此时解放战争形势已逐渐明朗，美国圣公会和圣约翰大学校方开始作出调整，管理权逐步移交给中国人。圣约翰大学的师生则静等中国共产党和人民解放军的到来。1949年1月，圣约翰大学学生成立了新民主主义青年联合会，会员达200多人。学校还成立各种组织，共同护校，迎接解放。

1949年5月24日，解放军先头部队派员来到圣约翰大学联系暂驻事宜，学校学生热情接待，安排入住男生宿舍，并指引解放军消灭苏州河北岸的国民党残兵。5月26日，解放军三野司令陈毅及其他领导抵达上海外围领导解放上海战役，并在此与长期坚持在上海的上海局书记刘晓、副书记刘长胜和地下市委书记张承宗等见面。当晚就宿营在圣约翰大学。

纵观圣约翰大学70多年办学历史，众多开创性的教育教学模式和管理方式，对中国近现代教育发展产生了重要的影响。其大学部和附属中学培养了数以万计的学生，曾被誉为“东方的哈佛”“外交人才的养成所”。有人曾对《密勒氏评论报》1933年出版的英文《中国名人录》作过统计，发现其收录的960人中，有620人的简历列有在本国上过的学校，其中曾在圣约翰就学者占61名，居各校之冠。

圣约翰大学著名校友包括：顾维钧，中国近现代最杰出的外交家之一；施肇基，晚清和民国时期的政治家、外交家；宋子文，民国政府政治、金融、外交界重要人物；荣毅仁，著名实业家、国家副主席；邹韬奋，杰出的出版家和新闻记者；林语堂，著名文学家、原联合国教科文组织文学主任、新加坡南洋大学创始人；张爱玲，著名女作家；潘序伦，中国现代会计之父、上海立信会计学院创始人；贝聿铭，世界著名建筑大师；经叔平，民生银行创始人、全国政协副主席、全国工商联主席；吴肇光，中国外科医学奠基人；颜福庆，上海医科大学和中华医学会创始人；严家淦，原台湾地区领导人；丁光训，爱国宗教领袖、全国政协副主席、中国基督教协会会长；孟宪承，华东师范大学首任校长；周有光，语言学家，汉语拼音创始人之一；鲁平，原国务院港澳事务办公室主任。此外，还有中国科学院、中国工程院院士：龚岳亭、肖碧莲、刘彤华、黄量、蒋锡夔、江绍基、翁心植、魏敦山、李继侗、周勤之等。

三、沪江大学发展的黄金时期

20世纪20年代末，全国掀起“收回教育权”运动。1928年1月，沪江大学改组校董会，增补了8位华人校董。校董会随后改变了由美国人担任校长的传统，聘请31岁留美归来的刘湛恩博士任校长。

沪江大学校门

刘湛恩主张沪江大学办学要“更为中国化”。1929年3月18日，沪江大学向中国政府立案，成为上海第一所立案的教会大学。

沪江大学办学方式也不断顺应形势发展。1921年开始招收女生，在国内14所教会大学中率先实行男女同学制，当年招收女大学生4名。

沪江大学初办时宗教课程列为必修科。1927年国民政府规定，学校不得将宗教课程列为必修，校方便将宗教课程改为选修，又将神学院重新划出，以便专门进行宗教教育。但校内宗教气氛仍很浓厚，基督徒占全校师生总数的三分之一。

沪江大学根据上海工商业城市的特点，把商科作为重点发展学科。1929年将商科扩充为商学院。由于沪江大学校部离市区较远，1932年在近市中心的圆明园路设立了沪江商学院分院，夜间开课，便于在职青年业余时间就读。开办以后入学者踊跃，于是学校将杨树浦路的本部商学院迁至圆明园路合并，并改名为沪江大学城中区商学院。

学校还为家境贫寒的沪江学子设置奖助学金，并让他们半工半读，维持学业。

1933年沪江大学在商学院开设建筑科，其建筑科为当时上海最早的建筑教育基地之一。

1937年八一三事变爆发，杨树浦地处战区，沪江大学仓促迁入市区，在城中区商学院继续上课。1938年夏，沪江大学与圣约翰大学、东吴大学、之江大学等校在公共租界组成上海基督教联合大学（又称华东联合大学）。1941年12月，太平洋战争爆发，日军占领租界，市区“孤岛”不复存在。上海基督教联合大学被迫解散。1942年，沪江大学被迫宣布无限期停办，由沪江同学会暂时维持，改为沪江书院。与此同时，将大学部分西迁重庆复校，旋与前后迁渝的东吴、之江两教会大学合组成法商工学院。抗战胜利后，沪江大学于1946年4月在上海复校，大学部教职员和900多名学生高唱校歌终于回到阔别8年之久的上海杨树浦校区，开始了重建校园。

沪江大学在办学历程中培养了一批知名的校友，其中包括诗人徐志摩、民盟早期领导人李公朴、法学家吴经熊、编辑出版家张资珙、文艺理论家徐中玉、翻译家冯亦代、古典文学专家夏志清、剧作家唐涤、生物理学家谢希德、中国骨科先驱邓家栋、固体力学家徐次达、骨科专家方先之、外交家李道豫、银行家荣鸿庆等。

刘湛恩

刘湛恩（1895—1938年），出生于湖北，1915年毕业于苏州东吴大学医学预科并获奖学金赴美留学。先后获芝加哥大学教育硕士及哥伦比亚大学哲学博士学位。1922年回国后历任大夏大学、光华大学教授和中华职业教育社研究股主任。1928年，刘湛恩任沪江大学第一任中国籍校长。上海沦陷后，他断然拒绝日伪邀他出任“中华民国维新政府教育部长”职位。1938年

4 月 7 日，刘湛恩被日伪特务暗杀于静安寺附近，时年 42 岁。抗战胜利后沪江大学建刘湛恩图书馆以志纪念。1985 年 4 月，中华人民共和国民政部追认刘湛恩为抗日革命烈士。

四、“亚洲第一法学院”——东吴大学法学院

东吴大学法学院校门

东吴大学是 1900 年由美国基督教卫理公会在苏州创办。而东吴大学法学院的创办人是美国传教士、东吴大学政治学教师，同时也是大律师的兰金（C. W. Rankin）。1915 年，他当时在上海负责建设东吴大学附属第二中学。他发现上海华洋诉讼案件很多，外国在华律师根本忙不过来，而中国律师业刚刚起步，且极少有掌握英美法律并用英语出庭的律师。

于是兰金就在昆山路 20 号东吴二附中，利用晚上空闲的教室创办了东吴大学法律专科学校（简称东吴法科）。1921 年兰金因事回国，美国人刘伯穆（W. W. Blume）接任。1924 年搬迁到昆山路 11A 号，从此学校有了自己固定的办学场所。1927 年学校改名为东吴大学法律学院。1935 年又改名为东吴大学法学院，其英文校名为 The Comparative Law School of China（即中国比较法学院）。东吴大学法学院名义上是东吴大学的一个学院，但除一小部分经费由美国教会通过东吴大学拨付外，东吴法学院实际上处于独立的状态。

东吴法科在建立之初，办学规模很小。1918 年 6 月首批学生毕业，获得法学学士学位的只有 7 人。至 1920 年 6 月只培养了 17 名毕业生。最初的教师除了兰金，其余都是法官，没有专职教师。授课全部在夜间，教学条件非常简陋。学校开设的课程全是比较法和外国法课程，与美国法学院相似，几乎不学习任何中国法课程。

东吴法学院模拟法庭，原被告、法官、辩护人都由学生充任

1920 年兰金被美国卫理公会召回，由刘伯穆（W. W. Blume）接任法科教务长。学校办学继续主打比较法教育特色，全面移植美国大学法学教育的模式。以致当时就有人质疑，东吴大学法学教育并不是真正意义上的比较法教育，实际就是英美法系教育。

1923 年秋，鉴于申请入学学生差异，开始设立预科班，1926 年增设法学硕士班。从此法科具备了三个层次的学历教育，扩大了招生规模。1925 年东吴法科在教育部注册立案，凡法科毕业生都可免试向北京政府领取律师证书。

1927 年南京国民政府成立，东吴法学院管理层由美国人主导开始转向中国专家。在国际国内法学界具有很高知名度的吴经熊博士出任院长，东吴法学院由此步入鼎盛时期，到 30 年代，法学院招生人数超过了东吴大学。这一时期受到全国性的收回教育主权运动的影响，东吴法学院性质从教会大学转变为私立大学，受教育部和司法院的管制。

东吴法学院院长吴经熊

这一时期，东吴法学院开始从只重英美法转向同时重视中国法和大陆法，并公开宣传，学校法学教育是以中国法为主，英美法为辅，兼顾大陆法的格局。建院初期，除

王宠惠为华籍教师以外，其他教师均为外籍教师。他们主要是美国在华的法官、检察官和律师等法律人士。学校教学完全参照当时美国著名法学院的办学模式，本科学制 3 年，招生对象要求入学前在大学修满 2 或 3 年的课程。学校采用双语教学，大部分课程使用英语作为教学语言。为了让学生尽快熟悉租界涉外事务，加深对司法实务的认识，学院经常组织学生到上海地方法院和特区法院观摩庭审，聆听中外律师辩论，还设立了固定的"型式法庭"（Mood Court）即模拟法庭。法庭在每周六晚上开庭，且在每年举行毕业典礼之前，还要举行公开表演。轮流演示三套法律程序——中国法庭（用汉语）、混合法庭（中、英互译）以及英美法庭（用英语）。东吴法科得到美国著名法律院校如哈佛大学法学院、密歇根大学法学院的支持与合作，承认东吴毕业生的法学学士学位，使众多学业优异的毕业生得以赴美国继续深造。

1937 年八一三事变后，虹口被日军占领，法学院先迁至南阳路。次年借用公共租借的慕尔堂（今西藏路）上课，学生近 300 人，同年增设会计系。1941 年因太平洋战争爆发而停办，次年留上海的一部分教师借法租界的中华职业教育社举办了中国比较法学院，化名"董法记"（"东吴法科寄读"谐音）招生。后又迁重庆路，再迁南阳路，曾正式定名中国比较法学院，设法律、会计两系，学生共计 300 余人。

1942 年，东吴法学院一部分奉国民政府教育部令迁往重庆，在重庆联合沪江大学商学院、之江大学工学院组成法商工学院，学生增至 400 余人。后法科研究所亦复课，吴经熊任研究所主任，有新、旧研究生 10 余人。抗战胜利后，重庆的东吴法学院迁回上海，与中国比较法学院会合，仍在虹口昆山路原址。不久，南京国民政府教育部令，对所有沦陷区的大学毕业生进行"甄别"，甄别通过后才能承认其大学文凭。由此一度引发东吴大学及圣约翰大学、沪江大学等大学校长和师生的强烈不满。他们提出"只有伪政府没有伪学生"。最后政府的"甄别"行动不了了之。

东吴法学院被称为近代中国"唯一的英美法系的法科学校"。这种办学模式适应了当时上海的特殊法律环境，即英美等国因在中国享有领事裁判权而在上海设有司法机构，需要精通英美法律的专业人才。东吴法学院毕业生以律师执业为主，据对 1918 年至 1935 年东吴法学院 18 届毕业生统计，41% 的毕业生从事律师行业。当时东吴派律师几乎占据了公共租界工部局的律师席位，并控制了上海律师公会，名震上海律师界。东吴法学院被誉为近代中国“法律家的摇篮”，和“华南第一流的而且是最著名的法学院”。

1945 年抗战胜利，在日本东京设立远东国际法庭，审判日本战犯。法庭决定这一审判适用英美法系的审判程序，审判语言为英、日两种语言，中国的参审人员必须精通法律英语和国际法。中国国民政府把这一任务交给了东吴大学法学院。接受了这一任务后，校方在学院内挑选参审人员。在最后组成的这个团队中，90% 以上为东吴大学法学院教师或毕业生。其中，大法官梅汝璈曾在东吴大学法学院任教，大法官倪征燠是东吴法学院的毕业生。其他的团队成员则为院内教授，分别到远东国际军事法庭从事检察、审判工作。

法学院还办有《法学杂志》和英文版《法学》季刊，是中国最早的大学法学学术期刊。

20 世纪 50 年代初，东吴大学法学院被撤并。1951 年东吴大学旅台同学会推动在台湾筹建，1954 年正式设立，东吴大学首先恢复法学院。

五、上海盲童学校和聋哑学校

上海盲童学校创办者傅兰雅

旧上海的盲人和聋哑人地位卑微，生活凄惨，因此这个群体相比一般市民更易成为基督徒。基督教教会对特殊教育给予了特殊的重视。

上海盲童学校的创办者是美籍英国人、美国圣公会传教士傅兰雅（John Fryer）。1860 年，傅兰雅毕业于英国伦敦海伯雷师范学院，第二年便来到中国香港任圣保罗书院校长。后曾担任京师同文馆英语教习、上海英华学堂校长。傅兰雅 1865 年到上海江南制造局翻译馆任编译，任职长达 28 年。他曾翻译了一百多本西方著作，对清末民初的知识和政治精英影响深远，成为近代翻译西书第一人。他于1876年在上海创办了中国第一所科技学校“格致书院”，1896年出任美国加州大学伯克利分校教授。

傅兰雅长期在中国生活，目睹中国盲人特别是盲童的艰苦生活。他在《中国的盲人教育》（The Education of the Chinese Blind）的演讲中提到，虽然中华民族非常博爱，但是贫穷的盲人生活条件仍然十分艰苦，往往被视为乞讨者，衣不蔽体，食不果腹。当时也有少数慈善机构为盲人设立栖留所或住所，但“为数既不多，而其设置供备尤不适当，甚至无益而有害。盲人身体上之苦痛或能略为减免，至于心理及精神上之苦痛，则从未有加意及之者”。傅兰雅认为对盲人的帮助更应该关注其心理与精神层面，因此他认为帮助盲人最好的做法是广设盲童学校“惟赖仁人用心，设法怜救，始可少减其苦。此各处训瞽学堂之所应急设也”。

1911年，时年已72岁的傅兰雅从美国返回上海，宣布在上海创办盲童学校。1912年学校创办后，由傅兰雅担任校长。因傅兰雅年事已高，为薪火相传，特意安排其儿子傅步兰（George Brown Fryer）学习特殊教育。傅步兰在来上海之前先在美国加利福尼亚州盲哑学校学习了6个月，初步了解和掌握了盲人教育的基本知识。后傅步兰出任上海盲童学校校长。

1912年11月上海盲童学校经过一年多的筹备正式开学，校舍是临时租借的上海四川路的民居，学校办学经费主要来源是傅兰雅捐出的13亩土地和6万两白银。首批学生只有8人，分别来自苏州、宁波、镇江、南京、上海。1913年，学校选定上海西区忆定盘路（今江苏路）约12亩地作为新校址，傅兰雅捐了1万两白银。1915年新校舍落成，随后师生全部迁入，直至1929年搬到虹桥新校区。

学校招收7—12岁盲童入学，后放宽到20岁。学校分设多个部，一是教育部，使盲童接受特殊的学校正规教育；二是工艺部，分织毛巾、制作藤等科；三是盲字印书部，专译出版盲文书籍；四是盲人预防部，出版刊物劝告明目人保护眼睛及视力。学校学制有幼稚班，初级小学4年，高级小学2年，初中3年，另设有手工艺部3年，音乐部3年。学生初中毕业后进入手工艺部，或到圣约翰大学深造，或从事其他职业。

学校办学旨在培养盲人完全的人格，使其具有自谋生活的能力。从创

20 世纪 30 年代上海盲童学校上课

办之日起就力求办成“模范”的盲人学校和盲人教育的师范学校。当时国际上布莱尔盲文是国际标准盲文。1913 年 12 月，“大英圣公会”和“美国圣经公会”联合在上海组织商讨制定标准的汉语盲文体系，最终确定根据布莱尔盲文和中国汉语结合形成一种新盲文体系，命名为“心目克明”。由于傅兰雅的推崇与支持，以及积极推进，使上海盲童学校成为近代中国最早使用“心目克明”盲文教学的学校。傅步兰还教授学生学习传教、打字、手织、缝纫。学校有正规的铜管乐队，还组织有笛鼓队及由十多种乐器组成的弦乐队。傅兰雅父子希望通过能够盲人教育，能够帮助盲人过上“俾能自食其力”的生活。学生每天早、晚举行祈祷会，每星期日上午做礼拜，由圣约翰大学神学系学员来校讲道。至 1949 年，学校共招收学生 300 多人。学校办学经费靠海内外各界人士捐助，主要由上海救济分会、英国红十字会、中国盲民福利协会及社会各界捐助。傅步兰曾 5 次回国向各界募捐，并向世界介绍中国的盲人教育。2017 年，商务印书馆拍摄了一部《盲童教育》的纪录片，让上海盲童学校名声大噪。学校也开展生产自救，曾假永安公司四楼陈列学校生产的藤器，星期日学生到现场操作表演，生产藤器供现售及订货。

学校也培养了一批优秀的师资，其中既有盲人也有明眼人，这些师资成为全国各地盲人教育的中坚力量。傅步兰于 1932 年在大夏大学开课讲授盲人教育，对中国特殊教育学科的发展产生了重要的影响。

1926 年傅兰雅父子又创办了上海聋哑学校（原名傅兰雅聋哑学校，后又改名上海福哑学校），并由傅步兰出任校长。学校创办时校址在极司非尔路（今万航渡路）康家桥，初办时学生仅 10 多人。后一度迁至虹桥路盲童学校内，1941 年迁至大同路（今北京西路）。学校招收 7—14 岁聋哑儿童、流浪难童免费入学。学生基本住读。学制幼儿园 2 年、初小 4 年、高小 2 年，初中职业科 2 年。1947 年学校在校生 94 人。

课程设国语、发音、算术、英文、珠算、常识、图画、手工、体育等。教学发音采用美国贝尔字母，英文用英文手势，其他课程用手势语和书面语相结合。学校还设师范讲习科，培养聋哑教育师资。

经过不懈努力，这两所学校均在当时达到了国际先进水平，代表了中国盲聋哑教育的最高水平。太平洋战争爆发后，傅步兰因为是美国侨民，被日本占领军关进了集中营。抗战胜利后，傅步兰重新开始执掌盲校与聋校，直至 1949 年 9 月宣布退休，次年回国。傅步兰为中国盲聋哑教育服务了 38 年。

黄炎培先生自传《八十年来》中，有一段与傅兰雅在美国相遇并酝酿上海盲童学校的记载：

> 我在 1915 年到美国访问期间，在旧金山街道电车上，我于人丛中偶然开一声口，一位美国老翁挤上来和我握手，用中国话表示欢迎，说："有事奉商，欢迎先生到我家谈。"我随老人去，他自称名傅兰雅，在中国担任翻译物理、化学几十年了。我回忆他就是上海江南制造局老辈翻译格致书籍的。那时不称理化，称格致，我初学还读过他所译

早年的上海盲童学校校园

的书。傅兰雅对我说："我几十年生活，全靠中国人民养我。我必须想一个办法报答中国人民。我看，中国学校一种一种都办起来了。有一种残疾人最苦，中国还没有这种学校，就是盲童学校，因此我预命我的儿子专门学习盲童教育，现在他已毕业了，.先生能否帮助带他到中国去办一盲童学校?"这一席话使我大受感动。后来我帮助傅兰雅在上海曹家渡办成一盲童学校，他儿子傅步兰当校长，教授盲童习字、手工，如制藤椅、织毛衣等等。

黄炎培后来出任过上海盲童学校、上海福哑学校校董，对两校发展作出过一定贡献。

六、美国教会和传教士在沪创办的其他类型学校

1．青年会中学

青年会中学1901年（光绪二十七年）创办，前身为上海基督教青年会办的英文夜校，后迁至北京东路垦业银行大楼，增加国文教学，改半日制为全日制。1908年迁至四川路（今四川中路599号）青年会会所。1914年，由美国人马特出资在青年会会所西面营建5层教学大厦，并设圣经课。教师大多为圣约翰大学毕业生，邹韬奋、洪深等在校执教多年。1928年，经国民政府立案正式命名为青年会中学，毕业生可以免试入华东各教会大学。1930年韦悫任校长后，得教育界知名人士陈鹤琴资助，充实图书仪器设备，增开职业选修科，实行德、智、体、群四育并重。学校的教学质量及童子军、军乐队、球队闻名上海。1951年底学校脱离上海基督教青年会，并与文昌中学合并。1953年改为上海市浦光中学。

2．伯特利护士产科学校和伯特利中小学

伯特利护士产科学校隶属于基督教伯特利教会。该教会由曾留学美国的女医师石美玉与美国女传教士胡遵理等创办。

1920年，石美玉来到上海开设诊所，不久其也曾留学美国的妹妹石非比博士和后来成为中华护士学会会长的伍哲英也来到上海，创办了伯特利教会。1921年，石美玉等在制造局路购进一片空地，兴建教堂校舍住宅等，在该处创设伯特利中学，由胡遵理任校长。之后，又创建了伯特利医

院，业务以产科为主，辅以内科、外科，附设护士学校和助产士学校，伍哲英任校长。还创办了伯特利中学、小学和孤儿院。1934年伯特利护士产科学校在中华护士学会立案。护士产科学校的学生来自全国各地，常年有200余人。学校学制3年，新生进校后要经过半年的试读期。1920年至1937年共培养毕业生约600人，均获得中华护士会及卫生署证书。

石美玉医师

1937年因受日本侵华战争影响，伯特利护士产科学校停办。抗战胜利后，随着伯特利医院的恢复，于1948年恢复护士产科学校，校长仍为伍哲英。1951年，伯特利护士产科学校及上海伯特利医院均由上海市人民政府接办，改名为上海市第九人民医院。1951年4月，伯特利中学由政府接管，更名为沪西中学。

3．协和女子医学院

协和女子医学院前身是1901年由原美国监理会女子部创办的苏州女子医学院。1924年迁至上海，定名为上海西门妇孺医院附设上海协和女子医学院，也称上海基督教女子医学院（Shanghai Woman's Christian Medical College）。这是当时唯一的女子医学院，是一所小型高级医科大学。学校在美国华盛顿哥伦比亚特区注册，学制5年。入学者须至少修完大学两年课程，并对所修的普通化学、有机化学、化学分析、物理学等主要科目规定了具体的学分要求。所招学生大都来自金陵女大、燕京大学、华南女子文理学院等教会大学，专业课程均用英语教授，专职教师多系国外毕业的医师，也有聘自圣约翰大学的兼职教授。临床实习以西门妇孺医院为主，个别专业则分赴广仁、同仁、仁济等其他教会医院实习。学院初创时规模较小，学生仅10人，专职和兼职教师约15人。到1935年增加到学生近60人，专兼职教师30余人。抗战期间学校停办。

4. 上海美童公学

上海美童公学（Shanghai American School），又名上海美国学校。上海开埠之初，在沪美国人并不多，且他们在沪更乐于生活于英国人、法国人的社区之中，美国孩子受教育也没有自己的学校，有的在家里接受家庭教育，有的送回美国就读。20 世纪初，上海的美国人数量迅速增加，形成了美国人社区，相应地，在沪的美国儿童也急剧增加。1912 年，学校由美国南北浸会、南北长老会、南卫理会和基督教青年会等共同为在华美国侨民子女创建了上海美童公会。学校除招收上海的美国儿童外，还招收江苏、浙江、安徽、福建等地的美侨子女。学校的办学宗旨是"让美国儿童在美国思想和传统中接受美国教师的教育，将他们培养成为有用的美国公民"。学校的学制从幼儿园到高中。

美童公学初创于 1912 年 9 月 17 日，在美侨比较集中的北四川路租借了两栋房屋开始办学，这是美侨在上海举办的第一所招收美国儿童的学校。1923 年搬迁到贝当路（今衡山路中船集团 704 研究所）。学校建有当时上海一流的操场、礼堂、体育馆等设施，因此美国在沪各类机构经常利用美童公学设施举办各类演出、比赛等活动，学校实际上也成为美国在沪侨民的社会活动中心。1933 年左右，学校在读学生达到 600 多人，大批美国人也居住在学校周围。

美童公学校址

1948 年 5 月 29 日，联合国驻沪办事处在上海美童公学举行国际联欢节，由中、美等国青年学生分别演出节目，观众达千余人。当时正值中国人民掀起反对美国扶植日本军国主义复活运动，大会结束前，上海交通大学学生在预定演出的节目中突然插上讽刺美国扶植日本军国主义复活的活报剧。学生手持反美标志，发表反美演说。顿时全场轰动，美童公学校长将电源截断。此事件在当时曾轰动一时。

1949 年 9 月，伴随着人民解放军占领上海和美国侨民的撤离，学校关闭。

第二章

飘洋留美　早期洋务和国际化专业人才的摇篮

留学美国，是上海与美国地方教育交流的重要内容。而要深度记述留学，又不能不让人联想到一些留学名人。

像生于斯、长于斯，而后又赴美留学：颜氏三杰（颜惠庆、颜德庆、颜福庆）、顾维钧等；生于上海、长于外地，却又在上海接受高等教育，而后赴美留学：钱学森；生长于上海，求学于北京清华大学，而后赴美留学：潘光旦；生于外地、青少年时期先求学于上海，而后又到美国留学：胡适、竺可桢、蒋梦麟；生于外地、留学于美国，而后在上海工作：陶行知、马寅初、黎照寰、陈鹤琴、谢希德等。

而从 1872 年清廷组织第一批留美幼童开始，直到 1949 年中华人民共和国成立，几乎多数留学美国的青年才俊，都是从上海滩、从黄浦江畔的码头，开始了跨越太平洋的波澜壮阔的行程。

第一节　跨越太平洋的辫子少年（1854—1881）

一、百年西行寻自强梦之序曲

1854 年，有两位中国人分别在美国毕业与准备入学。

一位是被誉为中国留美学生第一人的广东人容闳（1828—1912），这一年他从耶鲁大学毕业；另一位是第一个把西方心理学引入中国的上海人颜永京（1839—1898），这一年他前往美国留学。

容闳在接受了西方近代高等教育后，就设想要创设出洋局，以便中国

容闳及所著的《西学东渐记》

学生能走出国门去探求高深学问，亲眼目睹外面的世界，日后以其所求之学问服务于国家和民族。容闳不仅是中国留美学生第一人，而且是清朝幼童留美这一创举的设计者与直接推动者。虽然容闳是广东人，四批共 120 名留美幼童中有 84 名来自广东，但容闳还是将上海作为开展幼童留美的集训地与出发地。

颜永京，中国近代著名教育家，出生于上海。1854 年美国圣公会的传教士波英特回国时，带领他们的中国教区设在王家码头的教会学塾的两名 15 岁左右的学生颜永京、杨锡麟到美国留学。颜永京到美国后，在纽约州、俄亥俄州先后进入中学、大学学习了 7 年。1862 年回国，先在上海英国领事馆任翻译，不久，在同文书局工作，1878 年起他协助施约瑟创办了圣约翰书院，并担任了 8 年圣约翰书院院长。1889 年，颜永京翻译出版了美国学者约瑟·海文的著作，并以《心灵学》为中文版书名。该书成为中国介绍西方心理学的第一本著作。颜永京的子侄也非常出色，有著名的铁路工程师、在京张铁路修建中任詹天佑副手的颜

颜永京先生

德庆，创办多所医学教育和医疗机构及中华医学会的著名医学教育家颜福庆，更有曾任民国政府外交总长和国务总理的颜惠庆，兄弟三人并称“颜氏三杰”。

二、天津教案的特殊契机催生幼童留美

1870年（同治九年）天津教案发生，[①] 曾国藩等官员在处理教案时，痛感缺少本国翻译人员之苦。在不得已的情况下寻找洋人充当译员，但洋译员并不会站在清政府的立场上讲话，因而谈判中困难丛生。当有官员提起为江南制造局采购机器的容闳正在南方，这才请容闳出山担任首席译员。此后谈判双方都对容闳的翻译水准深感满意。

其实容闳自1858年归国后，并不是第一次与清廷的高官们打交道。早在1862年夏，容闳就来到位于安庆的曾国藩军营，与之会面并给曾留下很深的印象。1863年9月，容闳受曾国藩的委派，前往美国采购创办上海江南制造局的机器设备。江南制造局（大清最早的军工厂，后成为上海江南造船厂，亦是2010年上海世博会的举办地）是中国第一个大规模的机器厂。容闳作为江南制造局重要的创办者之一，也是中国近代工业的“助产士”。而采办江南制造局机器的过程，既让曾国藩对容闳的作用有了深刻的了解，也为容闳以后说服曾国藩支持幼童留学奠定了基础。1867年容闳又向曾国藩提议在江南制造总局旁设立兵工学校。这实际上是中国最早的职业教育与技工教育，培养了中国第一代技工和技术人员！此举亦为以后的留学教育之先声。

容闳的出现改变了清朝官员们在处理天津教案中的窘境。处理教案以后，他再度向江苏巡抚丁日昌提出留学教育的计划。这年冬天，清廷批准了曾国藩等人关于留学计划的奏折。这亦得益于容闳向曾、李等大清官员不断陈述官费派学生出国，可以让学生在接受西方技术教育并以其所掌握知识及经验，帮助大清在外交、商务及工业上的发展。

---

① 天津教案系当地居民听信谣传，怀疑教堂所设育婴堂残害中国婴幼儿，实情为当时正有疫情。不明真相的群众遂围攻教堂，并与蛮横的法国领事官员发生抗争，进而烧毁英美等国在天津的教堂，导致一些传教士和修女遇害。清廷处决了一些围攻教堂的首领，一些官员也革职充军。

经过容闳归国后近20年的努力，清朝政府任命容闳为“委员”，陈兰彬为“同委员”(Co-Associate Commissioner)，两人同时负责留美幼童事宜。容闳的计划是连续4年，每年派30名幼童。容闳还向清政府提议：在上海设立留美学生预备学堂。

为什么容闳选择在上海推进大清王朝的幼童赴美留学？

按理说帝都北京在全国更有号召力。北京是清朝帝都，而且在1862年，创设了京师同文馆。但到1870年天津教案时，清政府居然找不出可以担纲英文首席翻译重担的人才。一方面国家迫切需要精通外语的人才；但另一方面，官僚和士大夫阶层对于学习西方语言文字却持鄙视和反对的态度。帝都的人文环境与官场理念，让容闳明白必须另择留学预备学堂之地。

为何不选择天津？天津与上海同为海港城市，而且离帝都也只有区区120公里路。虽然当时没有火车，但在一两日之内坐马车抵达是没有问题的。但处理天津教案的经历，让容闳确认，不能把留美预备学校设在刚刚与外国传教士爆发了流血事件的天津。容闳也要考虑从广东与上海等南方城市招收的学生，他们到预备学校学习时所面临的地理交通环境，以及从边远城乡到美国学习时，应当先在国内的“大码头”有个初步的适应，而上海有美国等西方国家的租界，又有侨民与领事馆，办理相关事务较为便捷，又可以找寻到教学的师资，人文环境更近于美国。

为何不选择在广州？这里离容闳的家乡更近，乡情更浓，乡音更亲，而且广州也是五口通商的港口城市；容闳的家乡——香山还有周边城乡，更是84位留美幼童的家乡。但毕竟广州离北京太远，特别是要依靠清政府拨付银两，办成幼童留学美国这样的大事，广州显然不具备地理条件上的优势。

最终，容闳选择了上海！这是他推进幼童留美事业基地的唯一选择！容闳注意到：上海在开埠后，在五口通商的城市中，其独特的地理区位优势使得上海的发展远远领先于其他港口城市，而且上海正迅速崛起成为一个国际化的都市。

耶鲁大学内的容闳铜像

三、幼童们拖着辫子从上海登上远渡重洋的巨轮

大清幼童留学美国的大政方针既定，容闳与曾国藩等清朝官员商议了派送学额以及招考章程。按照容闳的设计，暂定学生人数为 120 人；分 4 批，每批 30 人，按年分批送出洋。学生年龄，定为 12 岁以上、15 岁以下；须身家清白，有殷实保证，体质经医士检验合格。对所选拔的幼童，必须经过考试，其科目为汉文写读；如果曾入学校已习英文者，则须测试英文。应考及格后，先入位于上海的留学预备学校，学习中西文字，至少一年，再赴美国留学。在未出洋前，幼童之父兄必须在志愿书上签名。志愿书中载明自愿听其子弟出洋留学 15 年（自抵美入学之日起，至学成止）；15 年中如有疾病死亡及意外灾害，政府概不负责。而学生留学经费及出洋的服装等，都由政府出资。每批学生都派一名汉语教师随行。但刚招收幼童时并不顺利。当时西学风气未开，虽然所有费用由朝廷支付，但愿意送儿子出洋的家长仍然寥寥无几。与此同时，一些耸人听闻的传闻让家长们心惊肉跳。一位留美幼童后来回忆，有一天，一位官员来到村里，拜访各住户，看哪一家父母愿意把自己的儿子送到国外接受西方教育，由政府负责一切费用。有的人申请了。可后来当地人散布流言，说西方野蛮人会把

留美幼童合影

他们的儿子活活地剥皮，再把狗皮接种到他们身上，当怪物展览赚钱，因此报名的人又撤销了。经过反复动员，最终还是招收到了第一批幼童。

1871年（同治十年）清政府决定在上海设立预备学校，有中文教员3名，英文教员3名。学生须学习中、英文，日常教学内容仍以中国传统文化为主，每半年举行考试，合格者方能送往美国留学。

曾国藩确定了其幕府刘开成出任上海留美预备学校的校长。刘在曾国藩的幕府中“专司奏稿”，为曾国藩最信任的心腹。容闳赞誉刘开成：“觉其人实予良好之臂助，即平常相处，亦可称为益友，对于予之教育计划，尤抱热心。后此四批学生，预备期满，陆续派送，皆由刘君一手料量，始终其事焉。”

幼童们出国前夕，每人发给铺盖一床及小箱子一只，内有长袍马褂。教官们还教学生们如何在官员面前应对等一些礼仪。各批幼童首先到上海海关道台衙门叩谢上海道台，感谢上海的最高长官作为他们的主试官，让他们通过考试，有机会留美读书。第二天，幼童们拜见美国驻沪总领事。总领事热情接见幼童，并以西式糕点招待他们。

1872年8月11日，第一批30名幼童统一着装，在上海黄浦江一艘日本轮船上向送行的亲人挥手告别，经日本远赴美国。

四、融入美国文化生活与被迫中断学业回国

先于30名幼童到达美国进行安排的容闳，特访了母校耶鲁大学的校长波特。波特校长建议，将30名幼童每两三人分成一组，寄居于美国家庭之中。所有提供膳宿的家庭，一切费用均由清政府按期照值给付，这样可使幼童学习英文的效率大大提高。容闳欣然接受了这一提议。美国民众对第一次来访的中国学童张开了双臂，有120个美国家庭愿意接待幼童，至少可接待240名幼童，可第一批抵达的幼童仅30名，而且所有家庭都有优良的背景。从1872年至1875年，清政府陆续选派120名平均年龄为12岁的幼童赴美留学。1874年，李鸿章拨款4.3万美元，授权容闳在美国哈德福城建造宽敞的三层楼房一座，可同时容纳幼童出洋肄业局的所有职员、教师和75名学生，餐厅、厨房、宿舍及浴室俱备，作为幼童肄业局永久性的驻美总部。这是中国历史上第一个驻外常设机构。

留美幼童组织的棒球队，后排右二为詹天佑

幼童自抵达美国的第一天起，即遭遇不同文化的冲突。一位幼童后来撰文回忆："我很幸运地被分配到一位慈祥的太太家，她赶着马车来接我们。当我被介绍给她时，她拥抱我并吻我。她的动作使其他同学均大笑，更使我脸红。当然，我没说出我的尴尬。可能自襁褓以后，这是我首次被人亲吻。"当第一个星期天来临时，主人要他们去"主日学校"，幼童们只听懂"学校"二字，便立刻收拾书包，以为上学的日子正式来临了，但到了之后，才发现"主日学校"就是教堂。两位幼童立刻由教堂夺门而出，直跑回住处，把自己关在房间中再不肯出来。留美幼童被安排寄宿在美国家庭里，受到美国人民"家长式的爱护"。他们在家庭的作息时间很有规律。在学校除学习正规课程外，还参加打棒球、踢足球、游泳、划船、溜冰、滑雪、跳舞等课外活动。当年曾是留美幼童同学的菲立普教授回忆说："幼童美国化的速度，使人惊讶，在教室及球场上，他们很快熟悉了英语。他们脱下了丝质官式长袍，短短几个月中，幼童已经可以在球场上及教室中，向美国学生挑战，而一决高低了。"① 詹天佑、梁敦彦等学生组织了"东方人"少年棒球队。每到夏季，棒球队要游历美国各地，与各校比赛，屡屡获胜。第一批幼童钟文耀曾担任耶鲁大学的校划船队队长，于1880年和1881年两年中，他指挥的耶鲁大学划船队两次击败哈佛大学划船队，获冠军。

在此后几年中，幼童们的聪颖令美国家长（即所居住的家庭之监护人）与教师都感到大清幼童之可爱。特别是在1876年8月的美国开国一百周年世界博览会上，大清幼童们的课业作品（数学、绘画、地图、中英作文等）得到了展出，并受到与会者的赞赏，"西人阅之，皆啧啧称赞"。他们

① 石霓：《观念与悲剧——晚清留美幼童命运剖析》，上海人民出版社2000年版，第112页。

中的一些聪慧学生不仅成绩突出，而且呈跳跃式的升学。幼童们在抵美后的五至六年，都能从高中或中等专业学校毕业升入大学，而且这些中国学生在运动场上个个身手矫健，不输美国同学。美国《纽约时报》曾发表题为《中国在美国》的评论文章，盛赞中国幼童学生："他们机警、好学、聪明、智慧，像由古老亚洲帝国来的幼童那样能克服外国语言困难，且能学业有成，我们美国子弟是无法做到的"。幼童的一位美国同学回忆，中国的留美幼童"不仅在运动方面比我们美国人卓越，在其他方面也要比我们强。当他们参加任何社交场所，我们许多美国人即失去所有的机会。任何舞会或招待会上，最美丽与动人的女孩子们，总是对东方人特别恩宠有加，这是事实。当他们从我们的前面通过，或者接受中国学生们注意的那种温柔，以及使美国孩子感到痛苦的那种表情，使我永远不能忘怀"。

在学习语言及其他一些课程的同时，美国文化也开始全方位地影响中国幼童。从生活习惯、日常礼仪乃至着装，都对涉世未深的幼童内心产生巨大的冲击，导致幼童全面"西化"。当时幼童平均年龄不及15岁，对新生活适应很快，迅速接受了美国的观念及思想。在马路上、在学校里，市民与美国同学经常嘲笑梳着长辫的幼童为"中国女孩"。面对这种嘲笑，大清幼童中一些血气方刚者不惜以拳头来捍卫自己作为男人的尊严。不久，幼童们开始把辫子盘在头上，不穿中国式的短褂而开始穿西装上学，后来发展到有几位幼童干脆剪了辫子；还有的加入基督教，拒行跪拜礼。这些行为被清政府视为"大逆不道"，一旦被发现剪掉辫子，随时有被遣送回国的危险。

对于幼童是否要结辫子与穿长袍，两位留学管理者陈兰彬与容闳有着不同的意见。陈兰彬认为穿长袍结辫子是清廷的规定，结辫子是忠君爱国，穿长袍象征中国士大夫，幼童外观的改变是置国君与国体而不顾，绝不可恕。而容闳则认为是"琐琐细事"，"学生居于美人寓中随美人而同为祈祷之事，或星期日至教堂瞻礼，以及平日之游戏、运动、改装等问题，凡此琐琐细事，随时发生。每值解决此等问题时，陈与学生常生冲突，予恒居间为调停人"。而在陈兰彬看来，最可怕的是他们的思想观念与行为方式已如他们的美国同学。幼童们年纪幼小且德性未定，如此任其发展，将无法成为卑恭的大清顺民。为避免幼童成"洋鬼子"，清廷终于下令全体幼童即日撤回国内。

美国大文豪马克·吐温得知幼童要回国的消息后，亲自找到美国前总统格兰特，希望他出面挽回。格兰特立即致函李鸿章，认为“幼童在美颇有进益，如修路、开矿、筑炮台、制机器各艺，可期学成，若裁撤极为可惜”。但仍无济于事。1881 年夏，清政府决定将留美学生全部撤回。留美幼童得知他们要撤回的消息时正值暑假，正在举行野外宿营，听到容闳带来的消息，学生们一片忧伤。他们中的一部分人再过一两年即可大学毕业。幼童们（此时已是青年人了）做出了一项决定，派代表去见容闳，希望他代表幼童向政府交涉。容闳安慰幼童，并告诉此番回国只是度假，将来再返美完成未竟之学业。容闳的“保证”，让幼童同意返国，不过他们的内心仍然将信将疑，于是就有了 6 个学生终留美未归。

中国幼童们与食宿在一起的美国家庭及中学、大学同学都建立了深厚的友谊。回国之时，他们与童年到青年的朋友、包括打过架的对手告别，人人都很伤感。而美国老师及监护人的那种“家长式的爱护”（Parental Treatment），让幼童们铭刻于心。

1881 年 8 月 21 日起，94 名幼童分 3 批启程回到上海。当他们等候远洋轮船的数日间，接受了奥克兰棒球队的挑战。中国队九员大将中，有一位曾担任耶鲁大学校队的曲线球投手。开赛前，主队以及当球迷都认为他们将轻取客队，因为以当地美国人的见解，19 世纪 80 年代前，谁见过东方人玩棒球？然而，他们想错了，这些人可不是稚嫩柔弱的、刚从大清国派出的未见世面的小孩子，他们是已经在美国生活与学习了 6—9 年，并在耶鲁等大学接受了较长时间系统棒球训练的大学运动员。中国投手之高招，让奥克兰队溃不成军，这让即将归国且怀着无限惆怅情绪的留美青年及华侨们跳跃欢呼。十多年后他们在上海跑马场与美国水兵又进行了一场比赛，最后比分为二比二。此时的“幼童”已过 30 岁，足见他们的球技“童子功”十分了得。

五、回国以后的人生旋律

留美幼童回到上海，沮丧之气弥漫于他们之中。后来服务于中国外交界的幼童黄开甲在一封寄给美国寄住家庭一位女士的信中写道：人潮环绕，但却不见一个亲友。没有欢迎的微笑来接待我们这失望的一群。我们还被暴露在惊奇、嘲笑的人群中，令人难堪。为防我们逃脱，特由一队中国水兵押送我们去上海道台衙门后面的一所旧书院。这所书院关闭十年，当踏进门槛，立刻霉气扑鼻，夜间，潮气由地上砖缝中冉冉升起，使我们衣衫尽湿。

留美幼童回国时多数人学业未竟。只有詹天佑与另一同学读完了大学，詹天佑还获得了土木工程学士学位。因此他们受到中国传统官僚的歧视和冷落，甚至社会的辱骂。当时上海《申报》的一篇社论就批评他们“适异忘本，举止洋化”。

有的幼童就被圣约翰书院接纳。颜惠庆在自传里曾记载：

> 学院里（指圣约翰书院——引者注），还有些留美的中国人担任英语老师。这使人不禁想起容闳博士曾带领120名年轻学子赴美留学。1880年代，他们回国后，发现很难找到称心如意的职位，有些人就委身于圣约翰书院的教职（每月薪金约30两），直到他们在宦场或商界找到较优的位置，方才离去。

圣约翰书院此时成为留美幼童谋得更好职位前的“诺亚方舟”。

但这些学生毕竟有良好的学业、健硕的体格、熟练的英语、实干的才能、忍耐坚毅的精神和服务国家的精神。当时正因大兴洋务而急需人才的李鸿章等还是看中了这批返国的留美学子，后来陆续进行了安排。94名幼童中，头批21名送电信局学传电报，第二三批学生中由船政局、上海机器局留用23名，其余50名安排在海军。他们中的一些佼佼者后来成为清末民初的高级官员和各业的精英。他们中日后担任重要职务的有民国时期国务总理1人，外交部长2人，公使2人，外交官员12人，海军元帅2人，海军军官14人，军医4人，铁路局长3人，铁路工程师6人等。①

梁敦彦，第一批留美幼童。回国先后担任天津与汉口海关道台、清政府最后一任外务大臣、民国初期交通总长。但在1917年张勋复辟闹剧中，

① 贾若瑜主编：《中国军事教育通史》第1卷，辽宁教育出版社1997年版，第1149页。

出任清废帝溥仪的内阁议政大臣以及外务部大臣，随着张勋复辟失败，梁敦彦退出中国政治舞台。

唐绍仪，第三批留美幼童，后进入哥伦比亚大学学习。回国后入天津水师附设的洋务学堂读书。次年出使朝鲜从事海关事务，后出任驻朝鲜总领事。还代表中国政府参与与八国联军的谈判，赴印度与英国代表谈判有关西藏问题。在1906年成为“税务处”的创办人及首任“会办”。辛亥革命后成为中华民国第一任内阁总理。经孙中山同意，加入了同盟会。之后先后出任外交部长、财政部长等职。抗战爆发后，唐绍仪留居上海，被国民党暗杀。

梁诚，第四批留美幼童。1903年至1908年任清政府驻美国公使，并代表清政府出访美洲多国。他在与美国政府交涉争回部分庚子赔款、筹资兴建清华学堂、推动晚清留学教育等方面作出了积极贡献。

唐国安，回国后曾担任清华大学的前身——清华学校校长，成为继承容闳衣钵的人，继续着向美国挑选与派遣留学生以培养国家人才的事业。

蔡绍基，回国后参与创办了天津大学的前身北洋大学，并且曾担任了该校校长，他是留美幼童中的第一个大学校长。

詹天佑，被誉为“中国铁路之父”。他是第一批30名留美幼童之一，赴美时只有12岁。后以优异成绩考入美国耶鲁大学土木工程系，攻读铁路工程并获得学位。回国后詹天佑被清政府分派到福州船政学堂学习海军驾驶。1888年调任“中国铁路公司”。不久，清廷提出建设京张铁路（北京—张家口），“作为中国筹款自造之路”。而京张铁路要穿越险峻复杂的山沟，西方一些人公开讥讽说“中国造此路之工程师尚未诞生”。詹天佑亲自勘查、设计，带领中国技术人员和工人，独立自主地建成“京张铁路”。其铜像至今屹立在张家口。

詹天佑先生

更多的幼童在各行各业的岗位上卓然有成，甚至为国家献出青春与生命！

留美幼童们后来所演绎的人生故事，无

疑为容闳的人生理想写下了生动的注释，他们也切切实实地实践着容闳所开创的留学理想，“以西方之学术，灌输于中国，使中国日趋于文明富强之境”。

“济远”舰帮带沈寿昌

在大清120名留学美国的幼童中，有17名也是“阿拉上海人”。

（1）沈寿昌（字清和），1865年生于浦东洋泾，是第四批留美幼童，赴美时只有10岁，是“留美幼童”中年龄最小的之一。就读于康州诺威奇自由学校，专攻轮机和航海。被召回时刚满17周岁，还未及进入大学。回国后接受了北洋水师学堂的培训，毕业后进入北洋海军。任“济远”舰帮带（相当于副舰长）兼领大副。1894年中日甲午海战中，指挥发炮时头部被弹片击中，当即牺牲，成为甲午海战中中国海军牺牲的第一人，时年32岁。其墓地和纪念碑在现同济大学沪西校区内（真南路）。

“致远”舰大副陈金揆

（2）陈金揆（字度臣），1864年生，江苏宝山江湾（今上海宝山区）人，第四批留美幼童，赴美时11岁。就读于新罕布什尔州菲利普斯艾克瑟特中学，考取大学不久即被召回。回国后就读北洋水师学堂，毕业后入海军，任北洋海军“致远”舰大副。在1894年中日甲午海战中，遵邓世昌之令，驾舰准备撞沉日本“吉野”舰，但被日本鱼雷击中，和邓世昌同时落水牺牲。

（3）牛尚周（字文卿），1862年生，江苏嘉定（今上海嘉定区）人，第一批留学幼童，赴美时10岁。曾就读于新罕布什尔州菲利普斯艾克瑟特中学，回国后任职于江南制造局。

（4）曹吉福（字俊德），1860年生，江苏川沙（今上海浦东新区）人，第一批留学幼童，赴美时12岁。就读于康州哈特福德公立高中。回国后任律师，成为上海滩有名的威金生父子律师楼的华人经理。

（5）钱文魁，1859年生，上海人，第一批留美幼童，赴美时13岁。就读于耶鲁大学，回国后任职于中国驻法国公使馆。

（6）陆锡贵（字显臣），1861年生，江苏宝山（今上海宝山区）人，第二批留美幼童，赴美时12岁。就读于康州哈特福德公立高中。回国后曾服务于煤矿，后转入京奉铁路任职。

（7）周万鹏（字翼云），1864年生，江苏宝山（今上海宝山区）人，第三批留美幼童，赴美时10岁。就读于美国纽约州曲老格致大书院，后成为电信专家。1907年，作为中国政府代表出席在葡萄牙首都举行的万国电约公会。会议期间了解到我国电政易受制于外人的一个重要原因，是缺少西方各国所具有的统一的电报政策与技术规范，于是回国后编辑了《万国电报通例》，使我国电政得以统一，为我国电报技术标准化以及与国际电报业接轨作出重要贡献。曾任中国电政总局局长等职。

（8）曹茂祥，1865年生，上海人，第三批留美幼童，赴美时9岁。就读学校不详。回国后曾任海军军医。

（9）朱锡绶，1865年生，上海人，第三批留美幼童，赴美时9岁。就读于麻省安道渥菲利普斯学校。回国后任职于电报业。

（10）祁祖彝（字听轩），1863年生，上海人，第三批留美幼童，赴美时11岁。就读于耶鲁大学，回国后曾任安东道台。

（11）沈嘉树，1864年生，江苏宝山（今上海宝山区）人，第三批留美幼童，赴美时10岁。就读于霍普金斯大学，回国后曾任职于江南制造局。

（12）康赓龄，1863年生，上海人，第三批留美幼童，赴美时11岁。就读于康州哈特福德公立高中，早年因病去世。

（13）周传谏（字正卿），1865年生，江苏嘉定（今上海嘉定区）人，第四批留美幼童，赴美时10岁。就读于康州纽黑文市霍普金斯语法学校，回国后曾任职于京奉铁路。

（14）陆得彰（字厚庵），1863年生，江苏川沙（今上海浦东新区）人，第四批留美幼童，赴美时12岁。就读于康州诺维奇自由学校。回国后曾任职于电报业。

1919年留美“幼童”千岁图

（15）李汝金（字润田），1865年生，江苏华亭（今上海市松江区）人，第四批留美幼童，赴美时10岁。就读于新罕布什尔州菲利普斯艾克瑟特中学，回国后曾任军医。

（16）周传谔，1863年生，江苏嘉定（今上海嘉定区）人，第四批留美幼童，赴美时12岁。就读于麻省韦伯拉汉卫斯理学校，回国后曾任职于京奉铁路。

（17）金大廷（字巨卿），1863年生，江苏宝山（今上海宝山区）人，第四批留美幼童，赴美时12岁。就读于新罕布什尔州菲利普斯艾克瑟特中学，回国后曾任军医。

1919年唐绍仪等当年的留美幼童在上海曾经的“留学肄业预备学校”附近留影，合影的17人一算年龄到1920年恰好为一千岁，故照片名叫“千岁图”。

第二节　跨越大洋的留学新一代（1882—1912）

1881年清政府将四批留美学童全部撤回国内后，有组织、成规模的留学外国的工作暂时停止。这是中美两国间第一次出现的留学冰冻时期。但民间的留学并未因此而完全停止，每年仍有一些学生前往美国继续着留学的梦想，一如容闳和颜永京在30年前那样，既有教会组织派遣的留学，也有民间的留学。此时各地开办外国语学校仍在继续。

一、1893年：施肇基作为翻译生赴美留学

施肇基（1877—1958），江苏吴江人，民国时期的著名外交家。1887年，来到上海，拜见圣约翰书院院长颜永京，颜永京答应让他进入圣约翰书院就读。此后不久圣约翰书院就由卜舫济担任院长。

施肇基先生

1893年，16岁的施肇基作为驻美公使杨儒的翻译生前往美国。这是在当时大清赴美就读的留学生中较为独特的一种留学形式。1897年入康奈尔大学学习，1901年获文学学士学位，1902年获文学硕士学位。他描述当时的情形，“余任翻译时，兼在（华盛顿）市立中心中学求学。每晨八时半入学，下午二时回馆。每天任务为翻译时事新闻百余字，及陪同杨钦差及其夫人于拜客赴宴时担任传译之事。通常随任翻译为钟文耀与余两人。钟为杨钦差任传译，余为可以用夫人任传译”（注：钟文耀曾是留美幼童）。

施肇基后来进入康奈尔大学，“乃因该校在怀德校长（Andrew D. White，后任美国驻德公使）领导之下，主张信教自由，学校内无教堂。又主张选科制，减少必修课程，学术空气浓厚，思想非常新颖”。在康奈尔大学就学于文学院。他在自传中记述了师生间的讨论情形：

> 尝问余曰：“来美求学，有何志愿？”余答曰：“中国积弱，受人欺凌，愿以所学，为国家收回利权，雪耻图强。”先生赞许，时时勉为通才之学，研究人类心理，讲求用人之道。盖世上事业，全赖合作以成，群策群力，最为重要。又尝作书介余往见各大学著名教授学者，戒勿专读死书。尝言研习历史，应着眼于其强弱盛衰之迹，及其所以致强避弱之道，不必专记年代。

施肇基在1901年毕业获得文学士学位，

> 斯迪芬斯教授勉余再读一年，并言，来美游学之中国学生，往往大学卒业，即匆匆归去，若能再读一二年，多增学历，将来回国不论在学识上资历上皆较一般为优异。余从其言，续修一年，于一九〇二年完成文学硕士学位。是年夏，首途返国。

正是在斯迪芬斯教授的鼓励下，又攻读了一年并获得了硕士学位。

当1901年修完学士学位毕业时，全年级同学推选施肇基为领队（Marshall），率领全体同学入礼堂，举行毕业礼。而到了1902年修毕硕士学位时，仍被推为领队。1951年，全年级同学在校举行五十周年毕业纪念会，当他前往参加时，五十年前同年级七百余人，“只三百健在矣”。而此次同学集会，仍推选施肇基为领队。让施肇基在自传中引为自豪的是：“余为中国学生在该校就学之第一人。”

1902年，施肇基在获得康奈尔大学文学硕士学位后回国，任湖广总督张之洞洋务文案兼鄂省留美学生监督。1904年8月，带领顾维钧一行七人进入纽约州库克学院补习英语。作为留学美国的学长，他给予了后辈留学生重要的学业与生活指导上的帮助。其中顾维钧成了他在外交部的同事。

1905年施肇基随端方等五大臣出洋考察。后任京奉铁路局总办。1908年，奉命到沙俄铁路公司谈判，收回松花江航行管理权。1912年任中华民国唐绍仪内阁交通总长、财政总长。出席1919年巴黎和会，为中国五位全权代表之一。1921年任驻美公使。1931年任中国驻国联大会代表，在国际上谴责日军侵华行径。1935年，中美双方将两国关系升格为大使级，成为中国首任驻美大使。1945年在旧金山联合国成立大会上被聘为中国代表团高等顾问。1958年逝世于华盛顿。

二、1895年：颜惠庆赴美

颜惠庆（1877—1950），颜永京之子，清末民初的著名政治家、外交家。1877年出生于上海虹口。早年就读于英国教会开办的英华学塾，与弟弟颜德庆共同就读于上海同文书院。在同文书院学习原版的赫胥黎的《生

颜惠庆先生

理学》和格林的《英国简史》，以及数学、翻译和写作等课程。同班的同学都比他们年长，但是不久之后，同文书院的老师也觉得没有再多的教材可以让兄弟俩学习了，两人只好又退学，改为在家自修。颜永京决定送颜惠庆兄弟赴美留学，他亲自为儿子补习代数和拉丁文，后来又延聘了教师为兄弟俩补习数学。1895 年 10 月，18 岁的颜惠庆和 17 岁的弟弟颜德庆剪掉了辫子，结伴前往美国留学。

颜惠庆先在亚历山大市的一所圣公会中学就读。“我们跟着霍尔博士学代数、几何和三角。在第二学年的数学竞赛中，我仅以半分之差输给了来自密西西比州的一位同学。伦道夫教的德语，里德先生教的演说和修辞学，都使我受益终身。在以后的生涯中，由于职业的需要，我作过无数次的演讲。正是由于里德先生的努力培养，使我在事业中，无论在国内还是海外，都能圆满地完成使命。”学习之余，颜惠庆还参加了辩论和作文比赛，为此，他“觉得广泛的阅读实有必要”。一年半的圣公会中学学习，颜惠庆赢得了作文比赛的金奖和辩论比赛的大奖，还获得了奖励全优生的大奖，并获得了进入弗吉尼亚大学的资格。当时大学入学主要是依据中学学习时的成绩。

颜惠庆在弗吉尼亚大学选修的课程有：德语、拉丁语和数学（包括三角、二次曲线和解析几何）。拉丁文阅读课的内容主要有古罗马史学家萨卢斯特和李维的著作，以及古罗马政治家西赛罗的演讲录。

颜惠庆学习的必修课还有英国文学和写作、物理学、地质学。他在弗吉尼亚大学的三年中，除了完成规定的必修课程以取得学士学位，还选修了两门最喜欢的课程：哲学史、国际法和宪法，这两门课程对他以后的外交生涯至关重要。颜惠庆读大学的最后一年，弗吉尼亚大学免去了他的学费。学校依据的规定是本州州民的子弟，可以免交学费。该校教务长对他说：“你在我们州住了这么长的时间，大家可以把你当作一个弗吉尼亚人了。”1900 年 6 月，他获得了弗吉尼亚大学文学学士学位，并成为该校毕业的第一位中国学生。

回国后颜惠庆到上海圣约翰大学，成为学校最年轻的华籍教授教师，教授英文等课程，并兼任商务印书馆英文编辑，活跃于上海的文化教育界。当时外国基督教青年会在上海举行了一场有关“废除外人在华治外法权”的辩论会，引起了社会的关注。他与唐国安（曾是留美幼童，清华学校第一任校长）为正方，主张废除，另外两名外国人为反方，主张保留。英国的一位著名律师担任裁判。最后颜惠庆与唐国安获胜。

1908 年，颜惠庆出任驻美公使馆二等英文参赞，主要负责在美留学生事宜。中华民国成立后，先后出任多国公使和大使。民国时期，曾四度出任外交总长，五次暂代或署理国务总理，还担任过驻德国、瑞典、美国等国公使，以及驻苏联大使。参与创建和主持近现代中国一些著名文化、慈善机构和社团，如清华学堂、国立北平图书馆、中国红十字会、欧美同学会等。

作为中国驻国联的首席代表，颜惠庆在 1932 年的国联会议上，提交了抗议日本侵略中国案，促请国联制裁日本。1949 年与章士钊、江庸三人作为上海人民和平代表团赴北平就国共和谈与中共交流。5 月上海解放后，主持上海临时救济委员会工作，担任全国政协委员、华东军政委员会副主席，1950 年病逝于上海寓邸。

三、1904 年：顾维钧与施家三兄弟同行

1918 年 11 月，第一次世界大战宣告结束。1919 年 1 月，胜利的协约国集团为解决战后世界秩序决定召开巴黎和会。中国政府任命了 5 名代表。分别是外交总长陆征祥、南方政府代表王正廷、驻英公使施肇基、驻比公使魏宸组、驻美公使顾维钧。在中国代表团中，他排位居后。当和会讨论山东问题，准备将战前德国在山东省的一切权益让与日本这一事关中国主权和领土完整的原则问题时，31 岁的顾维钧挺身而出，在 1 月 28 日的会议上代表中国发言：

> 西方出了圣人，他叫耶稣，基督教相信耶稣被钉死在耶路撒冷，使耶路撒冷成为世界闻名的古城。而在东方也出了一个圣人，他叫孔

顾维钧先生

子，东方的孔子就如同西方的耶稣，孔子的出生地山东也就如同耶路撒冷是西方的圣地。因此，中国不能失去山东，正如西方不能失去耶路撒冷一样！山东永远是中国的，她就像母亲的孩子，永远不会送给任何人！

China can not miss Shandong as the west world can not miss Jerusalem.

顾维钧纯熟而洪亮的美式英语在凡尔赛宫回响，他的这句雄辩而富有冲击力的名言，被法国《费加罗邮报》等多家报纸引用。他也因此而被称为“民国第一外交家”。顾维钧发言之后，全场鸦雀无声。随后美国总统威尔逊、英国首相劳合·乔治和法国总理克里孟梭（巴黎和会的“三巨头”），一起上前握住他的手，称他为中国的“青年外交家”。意大利首相奥兰多后来向陆征祥表示对顾维钧的发言极“赞美”。在中国代表离开会场时，许多与会者纷纷将中国代表围住，向顾维钧表示祝贺。相比之下，整个气氛与前一天日本代表讲话后出现的冷场局面形成鲜明的对比。中国外交官敢于对列强们坚定说“不”，这是1840年以来的第一次。而三个月以后爆发的五四运动，再次向列强证明：顾维钧敢于说“不”的力量之所在。

1919年6月28日，顾维钧和他的同事们拒绝出席巴黎和会签字仪式，这在旧中国的弱势外交史上是罕见的，但足以表达出四万万中国人民的愤怒和对列强的抗议。

几十年后友人问顾维钧一生中做的哪件事最令他满意时，他答：巴黎和会。友人又问，当时有那么多显赫的大人物在场，你何以能够毫不自卑，勇气万分，沉着发言，有此成就？他答：我满腔热忱，爱国情深，只想为国家做点事。山东是我国的国土，德国是我们的敌国。敌国既败，应把从前在我领土内强夺去的权益归还我国，是名正言顺之事，既符合国际公法，也合公理正义，自毋需假手日本，还我河山。

让我们把时间拨回到15年前。

就读于圣约翰书院的顾维钧，与同学商量结伴赴美留学。听到儿子准备到美国留学，顾维钧的母亲强烈反对。顾维钧回忆出国前的准备工作时说："我剪了辫子，用丝带把辫子扎好，放在纸袋里。我带回家里，交给母亲。她一见到就吃一惊，并哭了起来。她把辫子当作珍贵物品锁在衣箱里。"顾维钧是嘉定人，母亲想必知道"嘉定三屠"以及当时清朝入关时"留发不留头、留头不留发"的规矩。所以面对着儿子剪辫子的举动，母亲的心情无疑是担惊受怕的。剪辫子在当时被视为是大逆不道的造反之举。

顾维钧一行七人于1904年8月赴美。其中有：施氏三兄弟炳元、赞元和厚元（施肇基的侄子），朱榜生，孙嘉禄，还有一位是江苏省政府官费获得者杨诵清。施肇基先生为领队。到美国后施肇基先把七人安置在库克学院。

顾维钧在出国之前，就想去哥伦比亚大学上学。这是一所著名的大学，政治系尤其著名。1905年考入哥伦比亚大学，主修政治和国际外交。他这样评价道："哥伦比亚大学有一支出色的教师队伍，由世界各地的著名学者组成。其中有研究宪法的伯吉斯，研究行政法的古德诺，研究经济学的塞利格曼，研究国际法和外交学的穆尔，研究历史的比尔德，研究欧洲史的罗宾逊，研究社会学的吉丁斯，研究近东和西亚的杰克逊。我可以指出几十位来。所有这些学者都负有国际声望。""我有机会在这些名师的教导下读书，确实是三生有幸。"他对校内的一些活动兴趣浓厚，参加了由法学社主办的讲演和辩论比赛，甚至还参加了戏剧社。

1917年顾维钧接受哥伦比亚大学荣誉学位

1905年末到1906年初，清政府派五大臣到西方考察立宪政治。

作为哥伦比亚大学的中国学生和纽约中国学生联谊会主席，顾维钧代表中国学生团体参加欢迎考察团，陪同考察团成员参观了学校。考察团的主要顾问都曾是留学美国和英国的学生，而其中就有施肇基。

1909 年 1 月，清廷派曾是留美幼童的唐绍仪率团访问美国。唐绍仪邀请了 40 位中国留学生作为他的客人在华盛顿逗留十天，顾维钧也是其中之一。所选的学生都属于学生团体中公认的代表人物。唐绍仪在招待留学生的宴会上，向留学生表示欢迎，并告诉学生中国急需经过训练、受过现代教育并熟悉西方各国崛起富强思想和方法的人才。在美国学习的中国人，和在西方各国学习的中国人一样，都是非常需要的；你们回国后，都大有可为。顾维钧评价道："这是一篇鼓舞和激动人心的讲话。"当时学生团体推举顾维钧作为代表发表了感想。顾维钧简短新颖的发言和翩翩风度，不仅获得学生们的赞扬，也赢得了唐绍仪及其同僚的赏识。从这时起，唐绍仪开始关注并刻意培养他。1912 年，因唐绍仪的推荐，顾维钧回到北京，担任了总统英文秘书和内阁秘书。若干年后，唐绍仪将自己的女儿许配给顾维钧。

之后，顾维钧曾出任外交总长、国务总理、财政总长、国际法院副院长等职。1944 年 8 月，被任命为中国出席敦巴顿橡树园会议的首席代表，与美、英、苏三国商讨战后成立联合国事宜。根据中国在四大国中所处的地位，采取现实、灵活的应对方针，维持、加强了中国作为四强之一的大国地位，并使中国所提部分意见被纳入《联合国宪章草案》。次年 3 月，在中国准备出席在美国旧金山举行的联合国制宪大会时，提议中国代表团应包括各种不同政治主张的代表。3 月底，中国代表团组成，成员包括宋子文、董必武等十人。可以说，顾维钧参与了联合国的策划、筹建、组织和联合国宪章等重要文献的撰写修改，维护了中国和弱小国家的利益。作为中国代表团团长，第一个在《联合国宪章》上签字，中国正式成为联合国安理会常任理事国。

1946 年 6 月，顾维钧出任中国驻美大使。1967 年退休后定居纽约，晚年关心故乡嘉定的建设，曾捐赠其书画作品给嘉定有关部门，1985 年 97 岁逝世。嘉定现设有顾维钧纪念馆，展示其相关著作及文物。

四、1908年：郭秉文以28岁"高龄"留美

郭秉文（1880—1969），字鸿声，1880年出生于上海青浦。1896年毕业于上海一所基督教教会学校"清心书院"。1908前往美国留学。与大清留美幼童10岁左右赴美，以及施肇基、颜惠庆、顾维钧等在十六七岁的花季年龄赴美形成鲜明反差的是：郭秉文是在28岁的"高龄"开启赴美留学行程的。在美国俄亥俄州伍斯特学院专修科学，1911年获哲学学士学位，次年前往哥伦比亚大学攻读教育学获哥伦比亚大学硕士学位，1914年获博士学位，其博士论文为《中国教育制度沿革史》，郭秉文是中国最早的教育学博士。曾任《中国学生月刊》《伍斯特之声》编辑，并于1911—1912年任中国学生联合会秘书长。还曾当选为美国优秀大学生，获得师范学院利文斯通教育奖金。

郭秉文先生

1914年郭秉文回国任商务印书馆编辑，次年任南京高等师范学校教务主任，1917年率领教育代表团赴日本、菲律宾考察教育制度。1918年代理南京高等师范学校校长，率领代表团赴美国考察战后教育发展。1919年9月1日，被教育部正式委任为校长。

1920年4月7日，郭秉文提出建立东南大学的建议并被批准，同时决定自1920年暑期正式招收女生，开放"女禁"。1921年9月，国立东南大学正式成立，郭秉文兼"南高""东大"两校校长。之后，他积极推动两校的合并，决定"南高"自1921年起不再招生，俟其学生全部毕业后即并入东大。同年，"南高"商科扩充改组并迁址上海，成立东南大学分设上海商科大学（今上海财经大学的前身）。

1923年3月，郭秉文任中国首席代表参加第一次世界教育会议，被推选为世界教育会副主席兼亚洲地区主席，之后连任两届。1924年，奉派为保管美国庚款华籍董事之一，组织中华教育文化基金董事会。1925年赴

芝加哥大学哈里斯基金学院开办讲座，任中华教育促进会会长。次年发起组织华美协进社，任社长。第二次世界大战后，任联合国善后救济总署副署长。

作为著名教育家，郭秉文对发展中国教育事业作出了重要贡献。在任东南大学校长期间，坚持通才与专才、人文与科学、学术与事功、师资与设备、国内与国际相平衡的办学方针；在办学措施上，坚持"严格甄审，宁缺毋滥"的招生原则，强调师范生必须出类拔萃，除应具普通大学生基本素质外，还要进行教材教法的精研和器识抱负的培养；重视教师队伍建设，广延名师、知人善任，务实学而不重虚名，同时注重教育改革，开男女同校之风，改革科系划分制度。

自美国留学归来的郭秉文，一直以教育作为自己终身为之奋斗的领域，并作出了重要的贡献。创办东南大学后所聘请的教员，网罗了当时国内在各个教育领域内的顶级专家学者。

2017 年，上海财经大学迎来了百年校庆，为表彰和鼓励教职工传承学校文化，激发教职工追求卓越，创建一流，上海财经大学设立了"郭秉文奖"，作为学校教职工最高荣誉。

五、颜氏三杰之开创中国医学教育篇——颜福庆

颜福庆先生

颜福庆（1882—1970），字克卿，我国著名医学教育家、公共卫生学家。复旦大学上海医学院（前中山医院、上海第一医学院即现复旦大学医学院）创始人。出生于上海宝山江湾，幼年丧父，母亲多病，在少年时代就立志学医，7 岁起就寄养于伯父颜永京家中。在伯父的资助下，先后就读于上海圣约翰中学和圣约翰大学医学院。毕业后入同仁医院当实习医师。1904 年应征到南非，为在南非金矿工作的华工担任翻译兼矿医，并在南非开始深切认识到公共

卫生的重要性，也认识到自己的医学知识尚需继续深造。

1906年，颜福庆被选送到美国耶鲁大学医学院深造，1909年获得医学博士学位，这是在耶鲁大学第一位获得医学博士学位的亚洲人。同年，他又到英国利物浦热带病学院攻读热带病学，并在短期内获得了热带病学学位证书。1910年，他接受美国雅礼会的聘请，在湖南长沙雅礼医院任外科医师。当年毛泽东曾陪杨开慧来找他看病。1914年，创办了长沙湘雅医学专门学校（湖南医科大学前身），任第一任校长。

颜福庆在医疗工作中深感预防医学的重要，决心从临床医学转向公共卫生学。1914年他再度赴美进哈佛大学公共卫生学院攻读，获公共卫生学证书。1915年与伍连德等发起组建中华医学会，并任第一届会长。1926年任北京协和医学院副院长，成为当时中国大学校长中最高薪酬的享有者，也是协和医学院聘请的首位华人校长和正教授。

鉴于中国的医学院校大多为外国教会所办，而当时中国又时局混乱，一些医学院校停办，学生辍学。颜福庆等医学界人士决心创办一所由中国人自办自教、为中国人服务的医学院。时值国立第四中山大学成立，计划设农、工、医、教、文、理、商、法8个学院。几经争取，同意将医学院设在上海。1927年10月，第四中山大学医学院在上海吴淞开学，任首任院长。学校创办时只有8名教师、29名转校生，且办学条件也很差。但他认为最重要的是，医学院必须有自己的教学医院。在他看来，医学院和教学医院是鱼和水的关系，如果没有教学医院，医学院是办不好的。于是首先说服堂兄、中国红十字会负责人颜惠庆，将上海红十字会总医院（今华山医院）作为医学院的教学医院，自己兼任医院院长。接着又说服圣约翰大学校友、沪上工商名人叶澄衷之子叶子衡捐出自己的花园，改建成为上海第一所肺结核医疗院，以叶父的名字命名为“澄衷肺病疗养院”（上海第一肺科医院前身），成为医学院的第二所教学医院。在颜福庆的努力下，中国人自己独立创办的医学院终于有了一定规模。

1928年之后，医学院先后改名为江苏大学医学院、中央大学医学院。随着医院规模和业务的发展，也考虑到吴淞的校园与实习医院距离太远，学生来往不便，颜福庆深感重觅新址、建设新校园和实习医院的必要。

1930年开始，开始动员社会各界支持建设上海医事中心，选址在枫林桥，内设上海医学院、药学院、护士学校、公共卫生学院和中山医院等。

1932年日本发动对上海的“一·二八”事变，上海军民分期抵抗。颜福庆在上海市民地方维持会中负责战时医疗救护工作。正值放寒假的师生纷纷回校参加前线救护队和后方医院工作。战争中学校的吴淞校舍毁于炮火，仪器设备损失大半。学校暂借圣约翰大学上课。1932年9月学校改称为国立上海医学院。

经过不懈努力，上海医学院枫林桥校区于1937年正式落成。当时的英文《大陆报》报道：无论其规模、设施，还是美轮美奂的建筑群楼，堪与世界著名医学院相媲美……这所具有重大历史意义的医学院，达到欧美医学院同类水平，它是亚洲最重要的医学中心，将成为中国人的骄傲。国立上海医学院一跃成为中国最优秀的医学院。

就在上海医学院及其教学医院建成不久，淞沪抗战爆发。颜福庆积极组织医疗救护队，并任上海市救护委员会主任委员。他把枫林桥中山医院改为第六救护医院，护士学校改为伤兵分发站，红十字会医院改为特约医院。还动员自己的夫人和子女参加救护伤员、募集捐款。抗战后国民政府内政部卫生署由南京迁往汉口，随即奉调汉口任署长。1939年辞去卫生署长职务，由香港转返上海。拒绝与汪伪政府合作，深居简出，几乎不与外界交往。上海沦陷后，上海医学院新校舍和中山、澄衷两医院均为日军占驻。医学院师生被迫内迁到重庆。部分留沪教师与交通大学、上海商学院、上海音乐学院留沪师生在租界合租一幢小楼上课，直至1941年太平洋战争爆发、日军占领租界，学校被迫停课。抗战后学校由重庆回迁上海继续办学。

1949年上海医学院由上海军事管制委员会接管，成立临时管理委员会，颜福庆任副主任委员。1951年，上海医学院改组，被任命为副院长。1952年，学校改名为上海第一医学院。这期间，和学校的广大师生到上海市郊、嘉定、嘉兴等地为人民解放军诊治血吸虫病和核黄素缺乏症，成果显著。抗美援朝期间，参加上海市抗美援朝志愿医疗手术队的组织领导工作。积极动员医药卫生人员响应号召，参加医疗手术队奔赴前线。上海医学院各附属医院先后各自组织了三批志愿手术医疗队，还联合组织了一支防疫检验队参加反细菌战，参加的人员共200余人。当时虽已70高龄，但仍参加了慰问团亲赴东北慰问志愿军，受到卫生部的嘉奖。

颜福庆积极提倡捐献遗体，早在1960年他就嘱咐亲属，在他去世后将遗体提供给学校作解剖之用。曾任第一、二、三届全国人民代表大会代表，第二届全国政协委员，九三学社中央委员兼上海分社副主任委员，中华医学会名誉副会长和基督教三自爱国运动委员会委员。

六、留美学成归国后担任上海交大校长的黎照寰

黎照寰（1888—1968），字曜生，广东南海人。1907年，黎照寰由兄长资助，与孙中山之子孙科等4人一起赴美留学。先在哈佛大学学习理科，获学士学位；又在纽约大学学习经济学，获商科学士学位；之后发现对经济学更有兴趣，所以又获哥伦比亚大学经济科硕士学位、宾夕法尼亚大学政治科硕士学位。留学期间，结识孙中山并加入同盟会，曾任孙中山秘书。

黎照寰先生

1919年，黎照寰学成回国，任中国公学大学部教授。1928年任铁道部常务次长，次年兼任交通大学副校长，实际主持校务，并参与创办了留美学生组织的中国科学社和中国问题研究会。1929年10月辞去铁道部常务次长，任交通大学校长，长达13年之久。

在交大任职期间，黎照寰以培养“实行家”著称。研究并规划了交大的发展目标，建成机械、土木、电机、科学、管理五大学院及中文、外文两系和一个研究所，形成一个以工科为主、管理为辅、理科为基础的成熟的学科格局。秉公招生，宁缺毋滥，坚决杜绝后门。孙科之子曾报考交大，因国文一科成绩不及格，未能被录取，只得作为一名选科生来交大旁听。在他的倡导下，学校重视数理化及工科基础课程，强调实践环节，对学生管理严厉。这些被后人概括为具有交大特点的教学特色，即“门槛高、基础厚、要求严、重实践”，这些教学特色在此期间趋于定型。到抗战前夕，

交大在院系规模、师资力量、教学水平、设备条件等方面，都达到了前所未有的高度，发展成为一所理工管结合的国内外知名大学，被交大校友称誉为新中国成立前交通大学“黄金时期”。

此时的交大毕业生大多成为社会翘楚，引领各界风骚。比如全国最看重的清华留美公费考试。从1933年留美公费考试重新恢复招考至1936年共举行4届，交大考取18人，约占20%。1934年，教育部招考留欧官费生25人，赴意大利学习航空工程。交大独中13人，又占了半壁江山。1930年1月，在欢送交大毕业生赴美留学的宴会上，黎照寰亲手送给每人特殊的礼物——孙中山的两本英文版著作《实业计划》和《三民主义》，并语重心长地对赴美学生说，孙先生在《实业计划》中提出了建设中国的宏伟蓝图和远景计划，中国还很落后，发展实业是唯一的振兴之路。叮嘱学生赴美后，要很好学习孙先生的思想主张，更要刻苦用功，勤奋钻研，增长知识，掌握先进技术，以学成归国做实业计划的实行家。

从交大走出的毕业生，日后成为科教精英、爱国志士、学界名家、商界显赫的不乏其人，其中包括“中国导弹之父”钱学森，“当代李冰”张光斗，首届国家最高科学技术奖获得者、数学家吴文俊，“中国航测之父”王之卓，“中国通信界元勋”张煦，中国造船工业的奠基人辛一心，中国第一代著名飞机设计师黄志千，原海协会会长汪道涵，致公党中央名誉主席董寅初，语言学家许国璋，国际问题专家宦乡，美国“华人电脑大王”王安，国际航运巨子沈家桢，等等。20世纪30年代“黄金时期”的老交大，人才辈出、声誉远播，曾享有“东方MIT”“中国最高工业学府”之美誉。1934年，著名教育家刘湛恩赴欧美各国考察教育时，一些关心中国高等教育的美国人士问他：“中国的工业大学哪所最好？”刘湛恩不假思索地回答道：“你们美国有MIT，我们有交通大学。你们办教育的人，是希望以后能够转入政界；我们这位交通大学的校长是有官不做，辞去了铁道部次长，而来专心办学。”

1942年交大被汪伪政权接管，黎照寰离职转任之江大学校长，共在交大任职13年。新中国成立后，历任全国政协第三、四届委员，上海市政协第一至第四届委员、副主席。

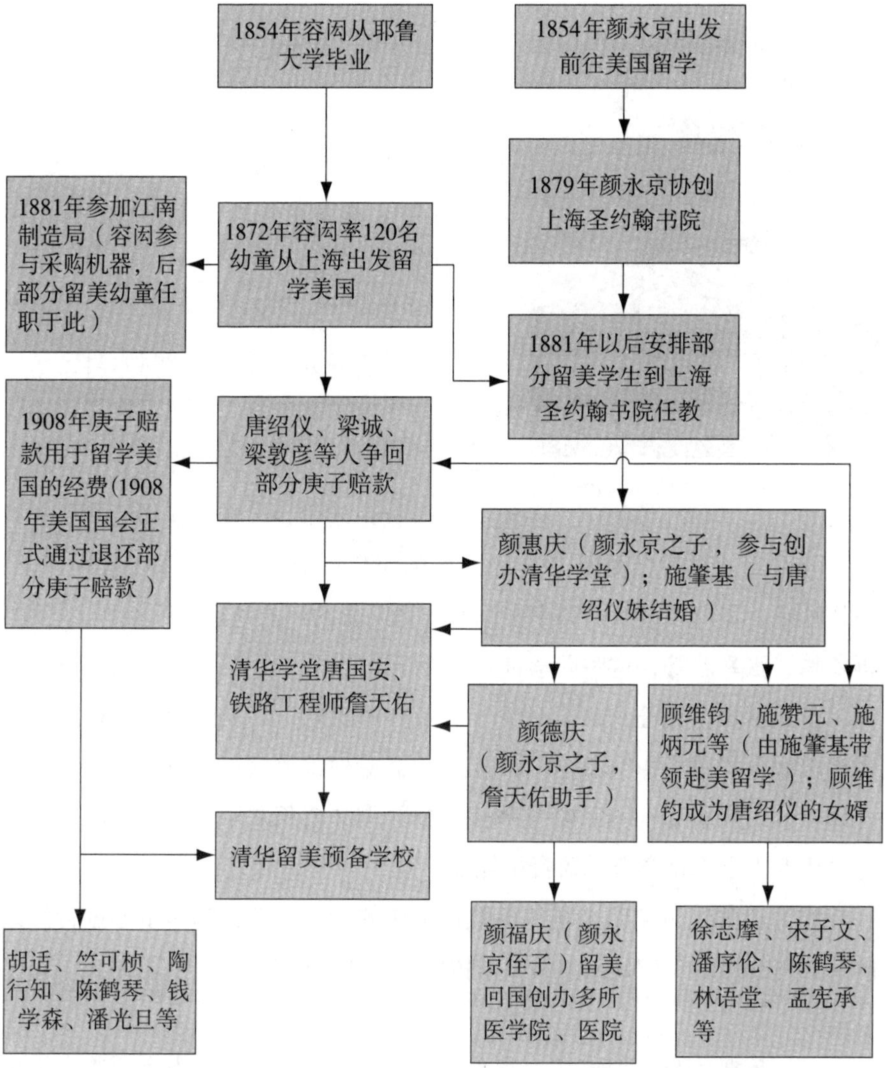

图 2-1 留美源流图

第三节 民国时期持续的留学热潮（1912—1949）

一、民国时期赴美留学生佼佼者

1．陶行知

陶行知（1891—1946），原名陶文濬，被毛泽东赞誉为“伟大的人民教育家”。学生时代深受王阳明“知行合一”思想的影响，经常以“行知”笔

陶行知先生

名发表文章，后改名为“陶行知”。

陶行知1891年10月18日出生于安徽省歙县黄潭源村一个贫民家庭。6岁接受启蒙教育，1902年因经济原因辍学。1906年入崇一学堂学习（徽州府府城中心中等教会学校）。17岁考入杭州广济医学堂学习医学。1909年考进金陵大学预科，一年后升入金陵大学文科本科，1914年夏以金陵大学文科总分第一名的成绩毕业。同年秋，赴美留学，先入美国伊利诺伊大学读市政学，一年后获政治学硕士学位。因希望通过教育救国，于1915年入哥伦比亚大学师范学院攻读博士，师从杜威、孟禄攻读教育科学。当时与其同学的还有胡适、孙科、宋子文、蒋梦麟、张奚若等，这些同学日后都活跃于中国的政界、教育界和文化界。当时正是杜威实用主义教育理论步入最高峰时期，因而陶行知的教育思想受杜威教育思想的影响很深。1917年，孟禄建议为陶行知的博士学位安排考试。此时陶行知应南京高等师范学校郭秉文校长之聘，提前回国。获得哥伦比亚大学都市学务总监资格凭证。

作为从美国留学归来且从事教育工作的学者，陶行知对留学进行深刻的反思并提出改革的建议，写了《留学制度急应改革》。

暑假已届，国内各大学又将有大批学生“毕业”而出。其中更将有若干人正准备分赴欧美或东洋作进一步之研究，以竟其所学。此似为吾国数十年来教育上应有之事，初无可予以疵议或反对。然而就我国目前之教育而言，吾人则认为对于此种“盲目”之留学，“浪费”之留学，以及“为留学而留学”之留学，实有予以考虑改革之必要。

以故吾人认为，今后留学制度亟待改革。（一）停止无计划之派遣。国内大学生毕业后，必在国内服务若干年，先确实了解国内之实情，国家之实际需要。（二）确立全盘之计划。选派农工商教育政治等各方面服务多年，经验或学术丰富之士，分往各国学习，以适应国内

陶行知与孩子们

之需要。必如是，庶几其能收得留学之实效。庶几留学不至为精神与物质之浪费。

1917年，陶行知怀着“要使全国人民都有受教育的机会”的志向回到中国，积极倡导用教育手段改造社会，实现教育救国。把杜威的实验主义教育理论运用到中国，继承了杜威的“教育即生活”“学校即社会”的合理思想，对其进行了革新，提出了“生活即教育”“社会即学校”，按他的说法叫“翻了半个筋斗”。认为杜威的思想等于把社会搬进学校，只是一种零零碎碎的试验，只适合于发达的美国。中国是个穷国，必须用穷办法来办教育。

陶行知归国后应聘到南京高等师范学校任教，其间完成博士论文《中国教育哲学与新教育》，论文还未寄出就毁于学校的一场大火。其后奔波于教育事业，再也无暇撰写个人的博士论文，最终未能获得博士学位。先后担任南京高师的教务长、东南大学教授、教育科主任等职，组织了南京平民教育促进会，办三所试验平民学校，积极提倡乡村教育。1926年，起草《改造全国乡村教育宣言书》，提出“筹募一百万元基金，征集一百万位同志，提倡一百万所学校，改造一百万个乡村”。1927年春，脱下西装，来到南京北郊劳山脚下的小庄村，创办南京试验乡村师范学校，后改为晓庄师范学校。“晓庄”，意为“劳力上劳心、日出而作”。晓庄师范教育把教学、劳动、社会实践、改造乡村结合起来，倡导“我们的实际生活，就是我们的全部课程；我们的课程，就是我们的实际生活”，即“生活即教育”。在晓庄，陶行知和师生一起参加劳动，和农民打成一片，以此来改造旧教育。哥伦比亚大学老师克伯屈考察了晓庄师范后，对晓庄师范教育模式大加赞赏，表示“我现在无论到什么地方，都要宣传在中国的晓庄有一个试验学校，把这里的理想和设施，宣传出去，使全世界人知道”。1930 年晓庄学校遭当局查封，陶行知亡命日本。

1931 年陶行知回国。1932 年，在宝山大场地区的孟家木桥创办了一所业余性质的学校。陶行知将它命名为“山海工学团”，意指勿忘日本帝国主义即将进入山海关、侵我中华。工学团主张“工以养生、学以明生、团以保生”，招收附近的农民、工人读书识字，并生产劳动，形成工场、学校、社会一体化的新型教育组织，还首创了“小先生制”，就是通过教育家庭的小朋友，再利用小朋友去教育家里不识字的人。陶行知还让 10 多名工读生在工学团充当小先生到农村进行普及教育。当发现街头卖报的报童不识字时，就专门指派这些小先生去教那些不识字的报童，于是小先生将报童组织起来成立了“卖报儿童工学团”。这种“即知即传”的小先生制在全国的 20 多个省市中广泛推行，在当时的普及教育和扫除文盲运动中发挥了巨大作用。

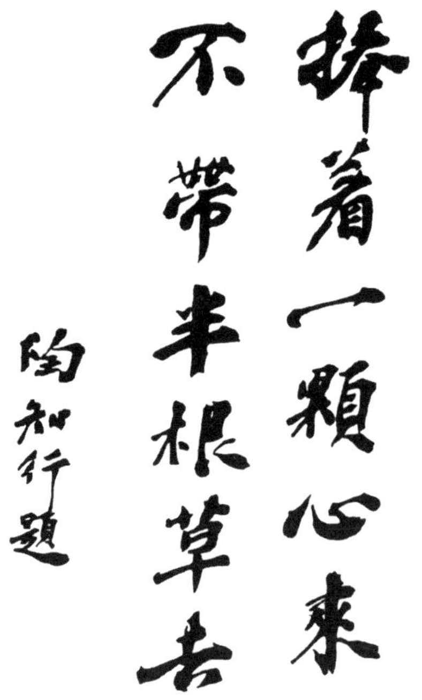

陶行知的书法

1939 年 7 月，陶行知在陪都重庆创办了一所难童学校——育才学校，继续他通过普及平民教育改造中国的理想。育才学校的教室不是按年级编排的，而是按“学科”来分组，如社会组、音乐组、文学组等。1945 年当选为中国民主同盟中央常委兼教育委员会主任委员，主编《民主教育》月刊。1946 年 1 月在重庆创办社会大学。4 月返南京、上海，为反对专制独裁、争取和平民主而奔走呼号。7 月因过度劳累突发脑出血逝世于上海。

美国著名的中国通费正清曾这样评价陶行知先生："陶行知是杜威的学生，但他正视中国的问题，则超越了杜威。在所有美国训练出来的教育者中间，陶作为一个穷人出身的人，使他成为极不寻常的同情于普通人民的需要，而这终于使他比别人更接近中国共产党。"

2．陈鹤琴

陈鹤琴（1892—1982），浙江省上虞县人。我国现代著名教育家、儿童心理学家和儿童教育家，中国幼儿教育的开拓者和奠基者。

陈鹤琴 14 岁时就读于美国基督教会在杭州办的蕙兰中学。1911 年考入圣约翰大学，同年秋进入清华学堂。1914 年毕业，考取庚款留学美国，与陶行知同行，就读于霍普金斯大学。最初选择的是医学，但在赴美的轮船上，改为学习教育。觉得学医只能解除国人身体上的病痛，却无法挽救思想上的愚昧。国家强大，必须改变教育落后局面，从培养儿童开始。到霍普金斯大学后，改学教育，获学士学位。1917 年进入哥伦比亚大学教育学院攻读教育学和心理学，师从著名教育家克伯屈、孟禄、杜威等名家。1918 年获美国哥伦比亚大学教育硕士学位。

陈鹤琴先生

1919 年回国后，陈鹤琴历任南京高等师范学校教授，东南大学教授、教务长，南京晓庄试验乡村师范第二院院长，南京市教育局教育科科长等职。

1920 年 12 月 26 日，其长子陈一鸣出生，陈鹤琴对他进行了 808 天的跟踪观察。以此为基础，在 1925 年发表了中国最早的儿童心理学著作《儿童心理之研究》。

1928 年，在"收回教育权"的呼声中，上海公共租界工部局成立华人教育处，陈鹤琴出任该处处长，负责管理上海公共租界的华人教育。自上海开埠后英美法等国相继在上海建立租界。租界当局不重视教育尤其是华童的教育，公立学校以西童为主，华童教育受到歧视且学校极少，公共租界工部局对华童学校持消极态度。陈鹤琴上任后怀抱两大希望：一是“租界上的中国人的教育要由中国人自己来办”；二是“租界上中国儿童教育要比其他地方办得好”。对于列强割据的中国领土上的中国儿童，他的理想不仅要让他们享有受教育的权利，而且是要享受符合世界发展潮流、适合中国国情的新教育，为华童争取受教育权利。

陈鹤琴在其任职期间，共创办 8 所工部局华人小学：工部局西区小学（今静安区第一中心小学）、工部局克能海路北区小学（今静安区闸北第一中心小学）、工部局华德路小学、工部局荆州路小学、工部局东区女子小学（今霍山路小学）等和 1 所工部局女子中学（今上海市第一中学），使华人儿童获得较多的受教育机会。在这些学校中继续推行教育实验，在上海和华东地区产生较大影响。还在工人居住区举办了 4 所职工夜校，实现给 145 所私立中小学以经费辅助，并在华童公学由中国人任校长或副校长。还倡导组织教学实验，培训师资，编写中国化的适合儿童特点的各类教科书和课外读物。上海抗战期间，积极投身难民教育，在各难民收容所设立了众多难童学校和收容、教育流浪儿童的儿童保育院。1939 年，陈鹤琴被迫离开上海到达江西，1940 年创办省立实验幼稚师范学校。

1939 年，陈鹤琴在他主办的《小学教师》月刊上，针对教育“教死书”“读死书”的状况，提出了“活教育”思想：“教活书，活教书，教书活；读活书，活读书，读书活”。其“活教育”有三大目标：“做人，做中国人，做现代中国人”；“做中学，做中教，做中求进步”；“大自然，大社会，都是活教材”。提出凡是儿童自己能够做的，应当让他自己做；凡是儿童自己能够想的，应当让他自己想等教学原则。

抗日战争胜利，陈鹤琴出任上海市立幼稚师范学校校长，学校后改名上海市立女子师范学校，为刚刚起步的中国幼教师资培养提供了最佳范本，在中国儿童教育史上有着里程碑意义。还兼办附属小学（即今第一师范学校附属小学）及幼稚园（即今南京西路幼儿园）。恢复出版《活教育》杂志（解放后改为《新儿童教育》），编写《活教育的创造——理论与实施》《活教育的教育原则》等著作，创办国民教育实验区，编写小学课本和儿童课外读物，进行教育试验，设立小学教育和幼儿教育信箱。

陈鹤琴与孩子们

1948 年 4 月，陈鹤琴赴菲律宾讲学。8 月应联合国文教委员会的邀请赴捷克斯洛伐克参加世界儿童教育会议，担任儿童教育组组长。1949 年因参与中共地下党领导的师生团体而两次遭当局逮捕，后经友人和各大学校长联名保释而被释放。

1949 年 9 月，陈鹤琴作为教育界代表参加第一届中国人民政治协商会议。先后担任新中国政务院文教委员会委员、南京大学师范学院院长、南京师范学院院长兼幼教系主任、江苏省人大常委会副主任委员、江苏省政协副主席、中国教育学会名誉会长、全国幼儿教育研究会名誉理事长和江苏省心理学会名誉理事长等职。50 年代初，作为杜威教育思想在中国的代表受到批判。1958 年陈鹤琴离开教育岗位。

3．黄自

黄自（1904—1938），字今吾，江苏省川沙（今上海浦东）人，中国现代著名作曲家，音乐教育家。其父黄洪培是黄炎培的堂兄。

黄自童年就读于浦东中学附小，自幼饱读诗书，尤爱音乐。1916 年入北京清华学校，接触西洋音乐。在清华系统研习西洋音乐，参加学校组织的童子军管弦乐队，在合唱团中唱第二男高音，课余时间几乎全部投入各种音乐活动。17 岁时，开始系统学习钢琴，次年又学习和声。

1924 年 6 月，黄自从清华学校毕业后，按惯例官费留美，因官费生中没有音乐科的名额，所以进入美国俄亥俄州欧柏林学院攻读心理学，辅修

黄自先生

音乐。欧柏林大学设有著名的音乐学院，经常举办音乐会，得以陶醉其中。两年后，在欧柏林学院毕业，获文学学士学位。因官费学习期未满，选学音乐系的理论作曲和钢琴专业，并创作一批乐曲。其间广泛涉猎研习各种西方和声学教材，为其日后的专业音乐创作打下了坚实的理论基础。

1928年夏，因留学时结识的未婚妻胡永馥病逝，黄自决意离开令其黯然神伤的欧柏林学院，转入耶鲁大学音乐学院，师承耶鲁大学音乐学院的施密茨教授。在剩下的一年时间里，又选修作曲与配器法两门课程。在女友逝世周年时，创作管弦乐序曲《怀旧》作为其毕业音乐会作品。这是中国作曲家创作的首部交响乐作品，也是美国交响乐队演奏的第一部中国作品。借此获得耶鲁大学音乐学士学位。由于“学行并茂，成绩特异”，毕业时被校方提名为全美优秀大学生荣誉组织“法·培德·嘉派学会”会员，从而成为该届榜上有名的30位新会员中唯一的东方人。是中国较早接受西方正统音乐教育的音乐家之一。

黄自先生弹奏钢琴

1929年，黄自回到祖国，立志要用音乐启迪国民心智，实现他“音乐报国”的理想。他告诉美国友人，我们不被认为是一个音乐的民族，因为我们的乐感还未被启发，因此回国后要从事音乐启蒙教育。回国后担任上海沪江大学音乐系教授，同年10月被萧友梅聘为国立音乐专科学校兼职教员，1930年改聘专任教员兼教务主任，并任教全部音乐理论和作曲课程，包括音乐欣

赏、西方音乐史、和声学、高级和声学等课程，其中许多课程在中国是第一次开设，培养了一批中国现代最杰出的音乐人才，他们中包括贺绿汀、丁善德、江文也、刘雪庵、陈田鹤、谭小麟、钱仁康等。1935 年，创办第一个由全华人组成的管弦乐团——上海管弦乐团。弟子贺绿汀曾评价：黄自“是第一个系统地、全面地向国内学子传授欧美近代专业作曲技术理论，并且有着建立中国民族乐派的抱负的音乐教育家”。

黄自还创作了众多优秀的音乐作品。1931 年抗战爆发，创作《抗敌歌》（原名《抗日歌》），这是中国最早以抗日救亡为题材的歌曲。抗敌歌的谱曲优美而流畅，主调雄壮澎湃，节奏紧凑有力，层次分明、气势磅礴。展现了当时国人同仇敌忾、团结抗日的爱国热情，也唱出了中国人民誓死报国的抗日心声。还创作《赠前敌将士》《旗正飘飘》《睡狮》《新中国的主人》《中国一定强》《国旗歌》《国父逝世纪念歌》《国庆歌》《国庆》等抗战爱国歌曲。卢沟桥事变前后，又写下慷慨激昂的《热血》。曾说：“现在我写抗战歌曲，希望不久能再写庆祝抗战胜利的歌曲。”但《热血》成为他辞世前的绝笔。

黄自创作的“抗敌歌”

黄自还创作了一批艺术歌曲，注重歌词和音乐的结合，善于用精炼的音乐语言表现诗的意境，歌词富有诗意和较高的艺术性。写于 1932 年的清唱剧《长恨歌》，是我国第一部大型声乐作品。当时正是一二八淞沪抗战后，全国上下抗日情绪高涨，此剧与当时的抗战形势相呼应。《长恨歌》也是他第一次将西方清唱剧这样一种大型声乐作品形式引进中国。1937 年七七事变后不久，与刘雪庵等人很快创办《战歌周刊》，通过歌曲进行抗日宣传。1938 年 5 月 9 日，因伤寒大肠出血症逝世于上海，年仅 34 岁。

欧元怀校长

4. 欧元怀

欧元怀（1893—1978），字愧安，教育家、著名学者。1893 年生于福建省莆田县。清末民初，欧元怀受新思潮影响，一心向往欧美新文化，追求救国之真理。在师友的鼓励与资助下，于 1915 年春漂洋过海，到美国留学，进入哥伦比亚大学专攻教育心理学与教育行政学，1919 年获硕士学位。

1922 年欧元怀回国，受厦门大学聘约，任该校教授、教育科主任兼总务长。获授美国西南大学荣誉博士学位。1924 年，被学校当局认为同情学生争取民主、要求学校改革校务而提前解聘。由此引发厦门大学 300 余位教师和学生闹学潮，宣布脱离厦大来到上海。在欧元怀等努力下成立“大厦大学筹备处”，“大厦”即“厦大”的颠倒。也有“光大华夏”之意。

1928 年，欧元怀任大夏大学副校长。高度重视延聘名师，亲自登门拜请多位著名学者教授，到大夏大学任教，包括鲁迅、郭沫若、田汉、何炳松、朱经农、马君武、邵力子、周寿昌等社会各界名人。

1929 年欧元怀陪同马君武校长前往马来西亚、新加坡为学校募集经费。抗日战争爆发后，大夏大学与复旦大学组成第一、第二联合大学西迁庐山、贵阳后，任第二联合大学副校长。1940 年至 1945 年，任贵州省政府委员兼教育厅厅长。1945 年，辞去官职，返回大夏大学担任校长，兼光华大学、国立政治大学教授。1947 年在李宗仁的支持下，当选为立法委员。全国解放前夕，与留在沪、宁、杭一带的 53 名立法委员发表声明，宣告脱离国民党，受到中共欢迎。1949 年，中华人民共和国成立后任大夏大学校长。1951 年，华东教育部决定将大夏大学与光华大学合并，改名“华东师范大学”，任华东师范大学副总务长、教育系教授，为中国国民党革命委员会中央团结委员。

欧元怀一生致力于教育事业，作为大夏大学和华东师范大学发展的奠基人之一，教育思想和教育理念注重实用和责任。提出教育必须培养“新中国国民的风度”。认为中国的旧道德观已不能适应新时代，而我们也不能将新时代的民国装上旧道德观。教育不仅是知识的传授，主要的是要将思想放在实践中，从而表现新中国国民的风度。倡导“有生产的职业教育，造就有自立能力之国民”。倡导“泥土风味教育”。指出大学生应从充实个人修养、专心研究学问、协力挽救国难、共谋复兴民族四个方面进行修养。

5. 朱元鼎

朱元鼎（1896—1986），我国著名鱼类学家，中国鱼类学的主要奠基人和水产教育家。他一生共发现鱼类48新种、10新属、4新亚科。

朱元鼎出生于浙江鄞县一个商人家庭里。1916年考入东吴大学生物系。1920年大学毕业后受聘于上海圣约翰大学生物系，1925年被学校选送美国康奈尔大学研究院进修昆虫学，1926年获理学硕士学位。回国后继续在圣约翰大学任教，并晋升为副教授。主要讲授昆虫学、鱼类学、遗传学、进化论和比较解剖学等多门课程。1928年后两年内先后发表昆虫分类学论文4篇，发现襀翅目昆虫2个新属和9个新种。当时我国鱼类学领域还是一片空白，为此朱元鼎转而专心研究鱼类，经过系统深入的研究，历尽艰辛，在1931年出版了我国第一部鱼类学专著——《中国鱼类学索引》，打下了我国鱼类学研究的基础。这是我国学者在鱼类学研究领域里的首次重大突破，朱元鼎也就成为我国鱼类学奠基人之一。

朱元鼎先生

1932年朱元鼎被选送美国密歇根大学，在该校动物博物馆著名鱼类学家C. C. 哈布斯（Habbs）指导下攻读博士学位。由于努力，原定两年的进修任务，一年半完成。1934年获博士学位。同年被圣约翰大学聘任为教授。1935年发表博士论文《中国鲤科鱼类之鳞片、咽骨与其牙齿之比较研究》，在国内外获得广泛重视。

1952年，中国第一所水产高等院校——上海水产学院成立，朱元鼎担任海洋渔业研究室主任，专心致力于鱼类的研究，不断做出新的成绩。

1956年11月，获国务院任命为上海水产学院院长。1959年，东海水产研究所成立后，兼任所长和鱼类学研究室主任，更是全力投身于科研和教学事业。在1960年至1963年的短短4年中，完成《中国软骨鱼类志》《南海鱼类志》《东海鱼类志》《中国石首鱼类分类系统的研究和新属新种的叙述》等专著，基本上摸清中国沿海鱼类资源的种类和区系分布，为我国开发和利用海洋鱼类资源作出了贡献。其领导下建立起来的院、所鱼类标本室不断得到扩充完善，成为中国研究鱼类的重要基地之一，令国内外学者称羡。1973年与王文宾合作完成《中国动物图谱·鱼类》的编撰工作。

朱元鼎历任第二届全国政协委员；上海市一至五届人民代表大会代表，第二、五届全国人民代表大会代表；中、苏、朝、越四国太平洋西部渔业研究委员会中国代表团成员；中国鱼类学会、中国海洋湖沼学会名誉理事长，中国水产学会副理事长，中国动物学会理事；《中国大百科全书·农业卷水产分支》主编，《中国水产学报》主编等职务。

6．潘光旦

潘光旦（1899—1967），宝山罗店人，著名优生学家、社会学家、民族学家、教育家，专长生物进化与遗传、优生学、社会思想史、家族制度史、儒学哲学、民族史，以及英文翻译等。学贯中西，文理融汇，一生勤奋耕耘，在诸多学术领域留下600万字的著作。

1947年潘光旦先生与夫人在清华大学

潘光旦14岁入北京清华学校庚款赴美预备班。学习期间在一次跳高中伤及右腿，不得不截肢，从此拄着双拐坚持专攻学问，并喜欢郊游、登山。过人的意志被诗人徐志摩赞为“潘仙”，比喻为八仙中的“铁拐李”。

潘光旦1922年留学美国，就读于美国新罕布什尔州达特茅斯学院三年级，比一般清华毕业生高一级。但读了一学期之后，在学校教务长要求下跳级读四年级，因此只读两年本科，于1924年获学士学位。接着，进入哥伦比亚大学攻读动物学、古生物学、遗传学、优生学，1926年获硕士学位。在哥伦比亚大学学习时，除攻读本专业外，也钻研心理学、文学、哲学。当时美国大学规定，学生如上半年功课好，下半年就可多缺课，最多可五周不上课。利用这一灵活制度，潜心于图书馆和书库，由此将兴趣转到社会学和优生学。本来按规定，清华留学生可享受五六年的公费，但只读了四年，在取得硕士学位后，便放弃攻读博士学位，于1926年回到祖国。

从回国至1952年，潘光旦先在上海地区多所大学，后在清华大学、长沙临时大学、昆明的西南联合大学任教授。除教学工作外，还先后担任吴淞政治大学教务长、上海东吴大学预科主任、光华大学文学院院长、吴淞中国公学大学部社会科学院院长、清华大学及西南联大教务长和社会学系主任，以及清华大学秘书长、图书馆馆长等职。在大学，主要讲授心理学、优生学、家庭问题、遗传学等课程，出版代表作《中国之家庭问题》，翻译《性的教育》《性的道德》等著作。抗战全面爆发后随清华大学南迁，在西南联大继续任教优生学、家庭问题，以及西洋社会思想史、中国儒家社会思想史等课程。

潘光旦治学严谨，面对当时优生学中一些伪科学成分为种族主义者所利用，他始终坚持科学态度和立场。在法西斯主义横行的1939年，撰文明确批判了纳粹种族主义政策，指出“纳粹党的武断政策……一口咬定日耳曼人是优等种族，而犹太人是劣等种族，从而对后者加以压迫驱逐。纳粹党把这主、客的两类人看做是两个种族，是第一个错；在两者之间，作笼统的优劣判断是第二个错；根据这判断而实行一种武断与抹杀的政策，是第三个错”。

潘光旦是民盟的创始人之一，在新中国成立后担任政务院文化教育委员会委员。新中国成立之初，毛泽东主席见潘光旦，说不满意前人所译的恩格斯著《家族私有财产及国家的起源》，请他重译。潘光旦欣然承诺，以信达雅的译笔翻译成书，于1951年出版。1952年全国院系调整，潘光旦从清华大学调入中央民族学院，主要从事少数民族历史和民族识别研究并获得突出成就。长期以来，中国存在着大民族对少数民族的歧视和压迫。

新中国成立后，党中央倡导民族平等和团结，许多少数民族开始公开自己的族名，到 1953 年，自报的族名多达 400 多个，但有的分布在不同地区的同一民族具有不同的族名，有的民族有着不同名称的支系。从 1952 年起，潘光旦拖着残疾身躯跋山涉水，投身民族识别工作，为国务院最后确认我国共有 55 个少数民族提供了科学依据。

7．孟宪承

孟宪承（1899—1973），我国著名教育家，江苏省武进县人。早年就读于上海的南洋公学中院，1911 年就读圣约翰大学。1916 年毕业后被北京清华学校聘为英文教师，讲授“英文语法”。

孟宪承先生

1918 年孟宪承留学美国，入华盛顿大学专攻教育学，辅修哲学。其间与人合作翻译杜威著作《思维与教学》、克伯屈著作《教育方法原论》，均交商务印书馆，分别列入“汉译世界名著”和“现代教育名著”丛书出版。1920 年获教育学硕士学位后又赴英国，在伦敦大学研究生院深造，研究哲学、心理学、教育史、教育学等。

1921 年孟宪承回国，先后在上海圣约翰大学、光华大学，北京的清华大学，南京的南京高等师范学校、国立东南大学，杭州的浙江大学和北京师范大学，湖南国立师范学院等校任教，并一度担任国立第四中山大学秘书长、国立中央大学教育学院院长和浙江省立民众教育实验学校校长。

1925 年，上海爆发五卅惨案，圣约翰大学学生奋起抗争，但遭到校长卜舫济的压制。孟宪承时任圣约翰大学国文部主任，在圣约翰大学教授会上慷慨陈词：假如做一个学生，只知自己是圣约翰大学的学生，而不知是中华国民，看到同胞为外人屠杀漠不关心，这对我们平日所讲的国民自觉教育，将无法自圆其说，今后我们也无颜再以学问文章与学生相见于讲台。6 月 3 日圣约翰大学发生“国旗事件”，与其他教授带领师生宣布脱离圣约翰大学，另创光华大学。此后，信守自己的诺言，拒绝与外国教会学校再有任何来往，还拒绝了租界工部局礼聘担任待遇极为优渥的华人教育总管，也拒绝了蒋介石邀请担任中将军衔的中央政治教官一职。

孟宪承具有深厚的文史哲学术素养，始终以一种国际视野研究中外教育历史与现实中的教育现象，对教育哲学、教育原理、教育史、民众教育、高等教育、中等教育等诸多领域都有深刻而独到的研究。教育研究注重理论与实践相结合，出版的专著有《教育概论》《教育通论》《教育史》《西洋古代教育》《大学教育》《民众教育》《中国古代教育史资料》《中国古代教育文选》等多种。还曾编写《教育哲学》《中国教育史》《外国教育史》等教材。翻译了西方教育名著杜威的《我们怎样思维》(中译本名《思维与教学》)，克伯屈的《教育方法原论》，博德的《教育哲学大意》《现代教育学学说》《教育心理学辨歧》等。注重教育实践，为了研究民众教育，亲自创办和领导浙江民众教育实验学校，进行各种教育实验研究。

新中国成立后，孟宪承出任华东军政委员会教育部部长、华东行政委员会教育局局长、华东师范大学校长。连续当选第一、二、三届全国人民代表大会代表，上海市第三、四届政治协商会议副主席，并曾担任上海市教育学会会长。

8. 潘序伦

潘序伦（1893—1985），江苏宜兴人，著名会计学家和会计职业教育家，上海立信会计学校（现上海立信金融会计学院）创办者，是发展我国会计事业和培养会计人才的先驱。

潘序伦先生

潘序伦中学就读于上海浦东中学，因成绩优异而颇得校长黄炎培的赏识。在黄炎培的支持下，作为旁听生进入圣约翰大学。在学校里，终日伏案苦读，没有多久就破格成为大学四年级的正式生，开创了圣约翰大学的先例。1921年以优异成绩获得圣约翰大学学士学位。毕业时看到南洋兄弟烟草公司刊登的报纸广告，由各著名大学每校选送4名优等生参加该公司选派留学生的考试。如被录取，每月提供膳宿

费 80 美元，往返路费、服装费也全部由公司负担。这对潘序伦来讲是个难得的机会，赶紧向圣约翰大学申请，学校同意保送。在上海考区圣约翰的 4 名考生中名列第一，被录取到美国哈佛大学学习工商业会计，获企业管理硕士学位。后入哥伦比亚大学攻读博士学位，专攻银行会计、成本会计和商业经济等，1924 年获得哥伦比亚大学经济博士学位。

1924 年潘序伦回到上海，先后在国立暨南大学、上海商科大学等校任教，致力于引进并传授西方先进的会计知识与技术。这一时期，中国民族工商业有较大的发展，但中国传统用毛笔书写的那种上收下支、科目颇为简略的中式簿记已不适应日趋繁复的财务活动，会计革新势在必行。于 1927 年创办“潘序伦会计师事务所”，1928 年在会计师事务所内设立簿记训练班，立信会计教育事业由此发其端。

随着事业迅速发展，事务所需要正式取名，于是潘序伦借用《论语》中“民无信不立”之意，打造了“立信”品牌，其会计师事务所更名为“立信会计师事务所”。由于会计业务注重信誉，加之学兼中西、业务精湛，立信会计师事务所迅速获得社会认可，先后在桂林、重庆、南京、广州、天津等地设立分所。所创办的补习班命名为“立信会计补习学校”，以后创办了立信函授学校，学员很快遍布全国乃至南洋一带。北京、天津、广州、南京、重庆、兰州等全国不少省市及香港地区先后办起了不同层次、不同形式的立信会计学校。1937 年，与事务所一起创建立信会计专科学校，培养既精通业务又具有管理能力的高级会计审计人才。立信聘请的教师，相当一部分毕业于美国著名高校。

1983 年潘序伦先生为立信会计学校题词

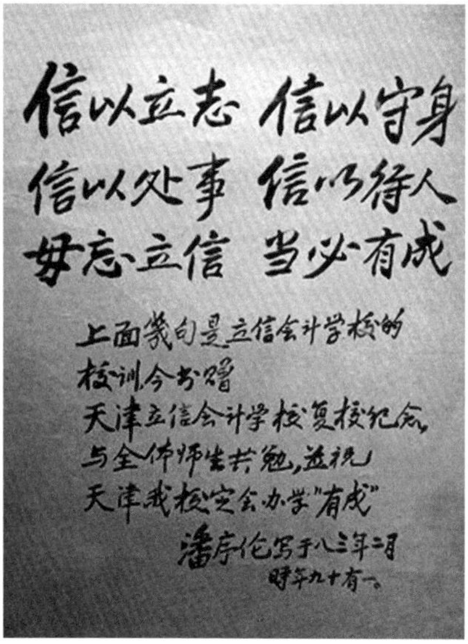

抗战全面爆发后，学校一度停办，后迁往陪都重庆继续办学。1941 年潘序伦与出版家邹韬奋主持的生活书店集资在重庆创办了立信会计图书用品社（立信会计出版社的前身），出版“立信会计丛书”等书籍，印刷

发行账簿等会计用品，由此也形成了集学校、事务所和出版社于一体的立信会计系列品牌。

1945年，上海立信会计专科学校迁回上海。当时立信会计专科学校已经在业内声名显赫，因而获得了很多大企业和众多校友的捐助，使得立信新校舍得以建成。

潘序伦办学注重教学质量和信用，坚持以“信以立志，信以守身，信以处事，以信待人，毋忘立信，当必有成”作为其事业和立信办学的宗旨。

9．廖世承

廖世承（1892—1970），字茂如，上海嘉定人。现代中国教育改革家和心理学家，上海师范大学第一任校长。

廖世承先生

1909年入南洋公学，1912年考入清华学校高等科（理科），1915年毕业后赴美入布朗大学，插入布朗大学二年级学习，专攻教育学、心理学，获硕士、博士学位。留学期间，总想每学期多读几个学分，在四年内读完了六年学程，而且成绩优异。在第四学年时，因他得第一居多又是研究心理学和测验的，经教授特别保举，荣誉学会理事会讨论通过将其吸收为属科学一种的荣誉会员，获得金钥匙。还被推举为全国科学会名誉委员，并得 Sigma Xi Keg 荣誉。

1919年归国，廖世承被聘为南京高师（今东南大学）教育科教授，主讲教育心理学等课。曾加入科学社、新教育改进社、测验学会、教育学会等学术团体。20世纪20年代初，中国学制改革引起激烈争论，辩论的焦点是中学应该采用“四二制”还是“三三制”。“四二制”的代表人物是教育界领袖蔡元培先生。由于蔡元培有很高声望，他的观点得到各个地方的响应。如江西省议决全省采用四二制，山东、湖北等省也积极附和。而“三三制”的代表人物则是当时初出茅庐的廖世承，他的支持者主要是留美学生。廖世承坚持在东大附中亲自试验“适合个性的，顺应时代潮流的”“三三制”。北洋政府于1922年11月公布的方案，采用的就是“三三制”。

1919年，廖世承和陈鹤琴在南京高师讲授测验课程。第二年用心理测验考试学生，被称为“我国学者正式介绍科学的测验法之始”。也在这一年，南京高师设立心理学系，这是中国大学创办的第一个心理学系。又筹办中国较早的心理实验室进行教育和心理测验。1921年，由和陈鹤琴共同编著的中国第一部智力渊验专著——《智力测验法》出版，书中列有测验法35种，其中有12种为自己创制。为求得测验标准，和陈鹤琴等组织学生到苏浙两省10多个城市进行测试。1922年，主持东大附中与中国中等教育协进社合作，进一步编制初、高中用的各种测验。由于他们的积极提倡和推行，1922年至1926年间，教育测验和心理测验的应用，在我国教育界形成了一股热潮。

1927年廖世承离开东南大学，到上海创办光华大学，任副校长兼附中主任。1938年为配合抗战建国国策，国民政府教育部提出要大规模培养中学师资，决定筹建独立的师范学院。被教育部聘为筹委会主任，湖南国立师范学院（今湖南师范大学）成立后，任院长。1947年，离开湖南国立师范学院回到上海，继任光华大学副校长和附中校长。新中国成立后，先后任华东师范大学第二副校长、上海师范学院院长，为培养新中国合格人民教师作出了卓越的贡献。

二、民国时期《申报》对于赴美留学的持续报道

1. 五区商界欢送留美学生（《申报》1919年11月6日）

“沪北五区商界联合会职员昨日午后二时开会欢送前任职员孙毓衡赴美专门研究电汽工业，孙群与同会蔡仁初为挚友，所有游学养家费用统由蔡君担任。是日该会正副会长范鹏、邓少屏、仲佩绅因事未出席。预推范介民为代表。此外，职员到会者有邬炳华、冯敦善、甘善庭、陶全福、冯墨卿、张云堂、姚克仁、倪如海、辛守义、尹恩、容子铭、沃良柄、张文忠、潘定章、范纪生、周穆敬等十一人。首由范介民君起立述欢送词，略云：“吾人与孙君话别在即，以平日朝夕相聚之挚友，一旦远适异国，此时情景未免黯然。时至今日，飞艇电音天涯咫尺，则孙君此次游美，虽远隔太平

洋，不仿作暂离跬步想也。兹当孙君欲去未去之时，旋绕于同人等脑海中者约有三端：一、‘感触’，二、‘希望’，三、‘责备’是也。……故同人等以孙君此次求学非仅为一己求学，当挟我全体同人，而代为求学；亦非仅为我全体同人求学，当挟我四万万之同胞而代为求学。今日孙君之去，譬如蜂之采花、蚕之食叶，他日孙君之归譬如蜂之酿蜜、蚕之吐丝。此则同人等本希望之心责备之心，而为孙君预祝者也。”

从以上这则资料可以看出当年社会对于留美学学生的期望。

2. 南洋烟草公司选派留美学生（《申报》1921年6月17日）

“南阳兄弟烟草股份有限公司，拟选派留学生15名，留学生经费由公司担任三分之二，简照南君担任三分之一，留学生赴美主要学习农工商三科。”

民间企业出资选派留学生，潘序伦正是这样获得了赴美留学的资助。

3. 中国留学生在美国之荣誉（《申报》1921年5月17日）

“复旦大学毕业生俞大维，留美数载被哈佛大学授予哲学博士学位。哈佛哲学博士，须经两年每两星期考试一次，两年中考成绩如有一次不及格，则前功尽弃。俞是该届修哲学学位唯一毕业者，也是哈佛大学自开办以来，唯一一位哲学博士，该校已备资金送俞到德国柏林大学研究哲学。”

4. 欢呼爆竹声中　首批赴美生昨放洋　胡佛号于昨晨十时半起椗　吴市长等千余人均往欢送（《申报》1934年8月15日）

“第一批赴美学生吴幼林、吴幼良、王凯裕、杨尚灼、覃宽、周平、王琎、杨德恩、张以庄、夏璐韵等一百余人，于昨晨搭乘胡佛总统号轮出国，欢送人员除吴市长夫妇、及虞洽卿、朱少屏、吴德寅、邓炳铨等外，市政府各高级职员暨学生中外亲友有一千余人之多。海关码头拥挤得几无隙地，欢呼爆竹之声不绝于耳，其盛况较往年为热烈。胡佛号于昨晨十时半在杨树浦大来码头起椗。各留学生于九时均在海关码头乘坐小轮渡上大轮。吴市长夫妇因送其公子幼林、幼良，故亦乘坐海关自备小轮渡上大轮，作临别叮咛。寰球学生会朱少屏、吴德寅、中国旅行社邓炳铨等，亦上轮照料一切。闻第二批赴欧美学生约五六十人，业定二十一日启程，寰球学生会将于十九日下午四时仍假新亚酒楼举行茶话会，并作行旅上指导云。”

表 2–1 1893—1911 年间留学美国、回国的部分著名人士

姓　名	籍贯	生卒年月	留学美国起讫年月	在美就读的各类学校	出国前就读的上海学校	担任职务	备　注
施肇基	江苏吴江	1877.4—1958.1	1893—1902（赴美时 16 岁）	华盛顿市立中心中学、康奈尔大学	上海圣约翰书院	天津海关道、交通总长、财政总长、巴黎和会代表等，首任驻美大使、驻联合国代表团顾问	获康奈尔大学文学硕士、哲学博士（为第一个就读康奈尔大学的中国人）
颜惠庆	上海虹口	1877.5—1950.5	1895—1906（赴美时 18 岁）	弗吉尼亚大学	上海同文书院（英国人所办）	外交总长、内务部总长等，署任国务总理。巴黎和会代表，国联首席代表。驻苏联大使等	圣约翰书院教师，主编英华准双解大辞典。1906 年清廷考试授译科进士；参与筹办清华学堂
颜德庆	上海虹口	1878.10—1942	1895—1902（赴美时 17 岁）	理海大学主修铁道工程学	上海英华书院、同文书院、法文学堂	詹天佑助手，协助王正廷接管胶济铁路，中英庚款委员会董事等、铁道部顾问	清政认授予工学博士。1920 年派往欧美各国考察铁道建设
郭秉文	上海青浦	1880—1969	1908—1914（赴美时 28 岁）	俄亥俄州伍斯特学院、哥伦比亚大学	上海清心书院	东南大学兼南京高等师范大学校长，1921 年设立东南大学分校上海商科大学（上海财大前身）	中国最早的教育学博士。1923 年以首席代表参加第一次世界教育会议，被推为世界教育会副主席
颜福庆	上海江湾	1882.7—1970.11	1906—1909（赴美时 24 岁）	耶鲁大学医学院，1914 年又赴哈佛大学公共卫生学院	上海圣约翰中学、上海圣约翰书院医学院	创办长沙湘雅医学专门学校、国立上海医学院并任院长等，中华医学会首任会长	获耶鲁大学医学博士的第一位亚洲人；1916 年在萍乡煤矿进行钩虫流行调查和防治工作。
顾维钧	上海嘉定	1888.1—1985.11	1904.8—1912.5（赴美时 16 岁）	纽约库克学院、哥伦比亚大学	上海英华书院、上海圣约翰书院	数度出任外交总长并兼署国务总理、国际法院法官等。法学学士、政治学硕士、公法及外交博士	巴黎和会上与列强雄辩抗争、拒绝签字。赴美国系自费留学。
胡　适	安徽绩溪	1891.12—1962.2	1910—1917（赴美时 19 岁）	康奈尔大学 哥伦比亚大学	上海梅溪书院、上海澄衷学堂、上海中国公学	中国公学校长、北京大学文学院院长、中国驻美国大使、中央研究院院长等	五四新文化运动中的重要人物，邀请杜威访华并宣传杜威思想等
竺可桢	浙江绍兴	1890.3—1974.2	1910—1918（赴美时 20 岁）	伊利诺伊大学 哈佛大学	上海澄衷学堂、复旦公学	浙江大学校长、中国科学院副院长	历史气候学的奠基人，在现代气象学、历史地震学等领域均有贡献

第三章

访问考察　寻觅救亡图存、启智强国的良方

西方列强的炮火轰开了大清王朝的国门，清廷虽然被迫割地、赔款、通商，但并没有幡然醒悟，主动进行政治、经济、军事以及教育根本制度的变革。19 世纪 60 年代，清政府开始意识到要“师夷之长计”，创办各类翻译馆，培养翻译人才，聘请西人传授外语及科技知识，并派遣幼童赴美留学。但科举仍把控着青年学子的人生追求。直至甲午战败，朝廷内外有识之士终于意识到救亡图存必须全面开办新式学堂，要学习西方的教育制度。创设学校不易，真正办好学校更难。新式学堂以班级授课制传播近代科学知识，作为一种“舶来品”，要与中国传统教育体系“嫁接”并生根、开花、结果，势必要经历一番痛苦的“排异式摩擦”。为了解新式学堂与新式教育体系，官员和教育界人士纷纷前往近代新式学校发源地的欧美国家进行考察。到民国时期，美国教育界名人纷纷登陆上海传播新思想，留美学生、访美学者和教育刊物大量介绍美国教育，并将上海作为新教育理念本土化探索的实验场，从而把上海教育带到了中国近现代教育的最前沿。

第一节　清朝时期：官员的访问考察与留学生的深入介绍

清朝思想家龚自珍曾写下了“我劝天公重抖擞，不拘一格降人材”的诗句，蕴含了对于当时教育和人才培养所存在问题的担忧。而在鸦片战争后，一些有识之士不仅提出了一系列改进教育的主张，而且像冯桂芬还亲自参与了筹办广方言馆等新式学堂的教育实践。作为清朝高官的盛宣怀先

是于1895年在天津开设北洋公学、后又于1896年在上海创办南洋公学，拉开了清末政府创办高校的序幕。

而在清末最后十年（1901—1911），清政府曾专门组团到欧美考察宪政，其中施肇基等随员本身就是留学归国人士。曾是留美幼童的唐绍仪在访问美国时还专门宴请了在美国的留学生。这些举动说明清廷高官在着眼于宪政改革而考察美国时，并未忽略对美国教育的考察，同时对于在美国大学中就读的大清留学生也日益重视。

在清末时期，国内知识阶层对美国教育的关注度也很高。由上海商务印书馆主办的《教育杂志》创刊于1909年，杂志以“研究教育、改良学务”为宗旨，大量介绍欧美教育新知识。当年的第7期上，刊载了女留学生胡彬夏以书信方式写成的一篇调查报告《复杨君白民论美国女子职业书》，详细而系统地向上海及全国的读者介绍了美国女子接受教育及从事职业的状况。

从对清末的知识阶层拓展全球教育视野角度来说，胡彬夏的调查报告是一种特殊的“访问考察”，并且起到教育官员访问考察重要的补充作用。当然，短期考察的结论需要有长期的观察与深入的调查来印证。

胡彬夏是中国最早的女子留学生之一，曾留学日本，后毕业于美国韦斯利女子学院（Wellesley College）。她积极倡导“振兴我女学，教育我女子，排斥女子无才为德之谬训，脱去古来酒食是议之习惯”，是当时上海乃

《教育杂志》1909年第六期刊载胡彬夏关于美国女子职业及教育的调查报告

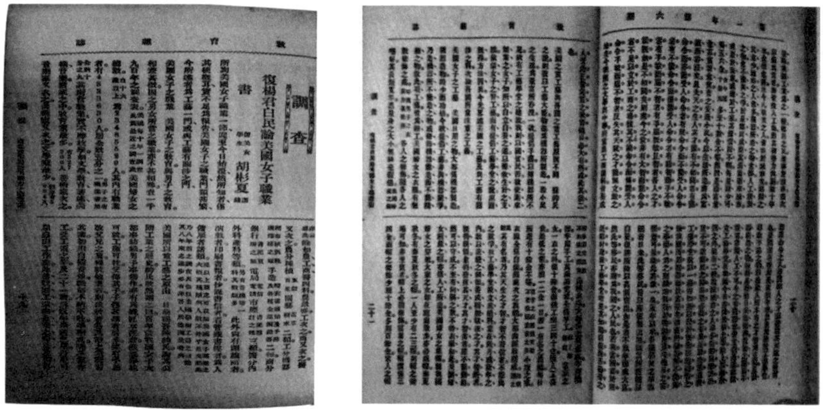
調查
復楊君白民論美國女子職業書
胡彬夏

教育雜誌

第一年第九期

本期之目錄

《教育杂志》1910 年第九期刊载《美国教育界之进步》《德美日三国最大都市之教育》等文章

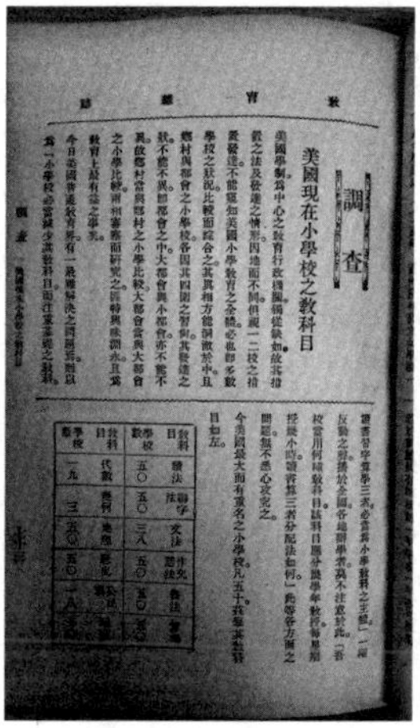
調查

美國現在小學校之教科目

《教育杂志》1910 年第十一期刊载介绍美国小学教育的文章

至中国的“女界明星”。她所介绍美国女子职业与教育的调查，是建立在零距离的观察基础之上，相对于一般走马观花式的考察更为真实而深刻。作为近代教育刊物之翘楚的《教育杂志》，发挥了极为重要的介绍美国教育状况的桥梁作用。让教育界内外的读者入木三分地感知到美国教育的状况。

七年后的 1916 年，第八卷《教育杂志》又发表了胡彬夏女士的文章，只是她此时的姓名为“朱胡彬夏”（成家后加上夫家之姓），把她留美经历与所就读的大学一一作了介绍。

第二节　民国时期：官员访问考察与学者讲学交流

进入民国时期，对如何举办好新式学堂，如何改革与确立新学制，始终存在尖锐的分歧。由于各种争议不止，于是需要赴欧美考察学校教育及相关的学制设计。

一、黄炎培考察美国职业教育

黄炎培（1878—1965），浦东川沙城厢镇人，我国近代职业教育的倡导人和奠基者。

黄炎培先生

黄炎培早年投身教育救国事业，热心于“兴教育、办学堂”，相信“要救中国，只有办学堂”。先后创办川沙小学堂、开群女学、浦东中学。黄炎培在浦东中学进行的教学改革实践，除了教授西文，还设立经济学、商业概况、银行学、珠算、打字、书法等科目，并且在校内开设画室与木工教室等，培养学生的实践技能，这是他倡导和实践职业教育的最初萌芽。辛亥革命后，任江苏都督府教育科长、教育司司长，江苏省教育会副会长。1913 年，发表著名论文《学校教育采用实用主义之商榷》，批判当时教育脱离实际生活的弊病。第一次世界大战爆发后，西方列强忙于战争，我国民族资本主义经济出现空前繁荣，对各种专业人才特别是实业人才需求旺盛，这与中国传统的“学而优则仕”的教育观念相悖。于是黄炎培开始将注意力从实用主义转向职业教育。

1914 年后，美国连续颁布职业教育相关法律，职业教育出现大发展时期。此时黄炎培也正在调查和研究“教育与生计之关系”。1915 年正逢巴拿马运河开通，并举行万国博览会。当年 4 月，北洋政府农商部组成游美实业团赴美考察，受聘担任记者随行，以实地调查美国实业以及教育。

黄炎培此次赴美考察，从 4 月 9 日离开上海到 8 月 25 日回到上海，共在美国 3 个月，走访了 25 座城市，参观了 52 所学校，其中包括 6 所实业学校。还在旧金山参加了万国博览会。

此次访问考察，黄炎培对美国教育，特别是职业教育有了深入的了解。称赞美国重视职业教育与普通教育的相互依赖。认为美国经济的发达得益于职业教育的发展，而这正是中国教育弊端之所在。因此学习引进美国职业教育，乃是解决中国教育弊端及其所导致的一系列社会问题的一剂良方。

回国后，黄炎培在国内多处发表演讲，介绍和宣传美国教育特别是职业教育。1916 年 1 月，在松江演讲时提出：“凡提倡职业教育，宜先从调查入手。”其种类，一是要注意最普通的方面，如男子木工、女子裁缝之类；二是要注意较为特别的方面，也就是根据地方状况，与本地的物产结合进行。明确提出："凡职业教育宜以经济为中心，而以教育为其手段可也。"坚信中国必须也必然要实施职业教育，不仅可以舶来职业教育这一词汇，更可以让它在中国得以萌生、实施。这些演讲稿经过整理，在国内重要教育刊物上大量刊登。这次美国之行被整理成《新大陆之教育》，于1917年4月由上海商务印书馆出版。

黄炎培等人"往返三个月，游遍全美。曾见美国总统威尔逊，也曾参观博览会，一切写入正式报告"。其中记述了与美国发明家爱迪生的交往过程。

1915年6月8日，黄炎培一行来到纽约，当他得知"有位老科学家安迪生（现译爱迪生）要求你去看他一下"。黄炎培于是前往纽约郊外西橘村，"这里是一个电机厂，制造种种新发明事物"。爱迪生告诉黄炎培："我老了，没有别的希望，只希望允许我把这座电机厂，带到地下去，让我继续有所贡献。黄先生！我知道你是上海有名的人，上海是大都市，现有一种新发明的播音器，请你完全用上海话，向着这播音器说，不到几分钟，就会照你的话放出来。如果上海也有这样的播音器，双方通了电，上海人会同样地听到你这番话。"黄炎培答应了他的要求，坐下来对着播音器的喇叭口说："中国是东方大国，美国是西方大国，两国人民如果同心同意采取和平手段，互相帮助，我相信大家一定走上幸福的道路。上海是中国大商埠，纽约是美国大商埠，我愿代表中国人民提出这点希望，和敬爱的大科学家安迪生先生在这里握一次手，祝先生长寿！"说毕后几分钟，同样的方言和声音被播放出来了。黄炎培和同行者均以极大兴趣感受着录音机这一当时还处于试验阶段的新发明，感觉真是不可思议。

黄炎培当时的这段游美经历和记述，为后人留下了一段上海与美国地方、上海教育界人士与美国发明家交往的佳话。而在回国两年后的1917年5月6日，他联合蔡元培、梁启超、张謇等48位教育界、实业界人士创办中华职业教育社，发行《教育与职业》月刊，出版职业教育丛书，开创中国职业教育发展和职业教育理论研究的新时代。

1919年美国教育家杜威来华讲学，宣传实用主义教育思想。其在上海等地演讲时，黄炎培陪同在侧。毛泽东主席曾告诉黄炎培，他就是在江苏省教育会组织的欢迎杜威的集会上，第一次见到黄炎培并听他演讲的。黄炎培在他创办的《教育与职业》也大量宣传了杜威实用主义教育理论。但他并不盲从杜威。杜威在江苏省教育会发表演讲时，“劝告学生专心在校攻读，但求于实际有用，至于政治，让政府负责，学生勿与闻，这就是实用主义教育”。黄炎培立刻上台与杜威激辩：“我们所主张的实用主义教育，已具体化为职业教育了。请看中华职业学校，学生上课，同时参加劳动。”又说，“劳工神圣，双手万能，是我校主张的标语。我校制造国货，抵制日货。学生毕了业，于国家有很大的贡献，还大大提高了青年爱国热忱，岂不更切实有用”。

二、袁希涛考察美国各类教育

袁希涛先生

袁希涛（1866—1930），字观澜，上海宝山人，是我国第一位全面阐述义务教育思想的教育家。

袁希涛早年就读于上海龙门书院，光绪年间应乡试中举人。后被聘为江南制造局所属广方言馆教习，开始广泛接触西方科学知识。1900年八国联军侵华后，深感国运衰微，身体力行教育救国。1903年回原籍宝山创办县学堂、蒙学堂。1912年，应教育总长蔡元培邀约，赴北京任教育部普通教育司司长，两任教育部次长。其间亲自整理制定教育制度、法令、课程，又草订《全国义务教育计划》。

1919年，第一次世界大战结束，袁希涛组织“欧美教育参观团”，走访美国20多个州，美国教育家争与相识。参观团又转赴欧洲考察教育，考察了10多个国家。倾心于办义务教育，对这方面的考察，记载尤为翔实。这次赴欧美考察，历时一年，回国后整理出数十万言的著述，内容丰富，曾称虽留学10年也不能获得。

袁希涛对美国教育进行的全方位考察，既有教育的各种门类如师范教育、中等教育、职业教育、高等专门教育、女子教育、特殊教育、社会教育；也有教育教学方面的具体方法的调查了解，诸如学校德育、训育、教授法（教学法）等。回国后于 1921 年 1 月 14 日下午，向上海教育界介绍，“洋洋洒洒四小时方毕”。① 这则《袁观澜讲演欧美教育》的新闻成为以后《申报》连载报道的《序言》，此后《申报》每隔数日刊载一篇，或是介绍袁希涛所作的演讲内容，或是直接引述其考察报告的文字。上海乃至全国的《申报》读者们得以从中全方位了解当时美国各类学校教育的情形。

对于义务教育，袁希涛访美考察时发现，美国实行九年义务教育的已有 5 个州，实行八年或实行七年义务教育的各有 15 个州（这样就有 35 个州实行七年至九年的义务教育），而实行四年义务教育的仅有 3 个州。联想中国的情形，认为：“我国定义务教育四年，恐今受教育省尚不及十分之一，欧美各国则年期甚长，战后（指第一次世界大战以后，引者注）尤多增加。”袁希涛直言民国的义务教育只有四年，何况真正执行这一要求的尚不到全国的十分之一，令人担心。事实上，是否能保证绝大多数的适龄儿童接受到四年的义务教育，不要说是在广大的乡村地区，就是在当时所有的大中城市，都仍然存在很大的不确定性。毕竟此时距离 1905 年废除科举制度只有 15 年不到，义务教育在中国还是新生事物，袁希涛对义务教育的呼吁深深影响了中国人的新教育观念。

对于成人教育，袁希涛认为“我国就四年就学之儿童言，则受教育者约已有百分之十三有奇，若就全国人民言，则未受教育者当在百分之九十以上”。所以袁希涛在考察美国教育后认为，“我国可取法者，则国民补习学校是也”，也就是将成人教育附设于小学校及其他学校，全部开设夜班，14 岁以上至 30 岁的未受教育者均可听课。提出重视成人教育，实际也是对于义务教育不足的一种补救。

对于学制改革。学制问题是袁希涛所关注的重点之一，当时由清朝进入民国，学制也在相应变化，但是一切都在摸索中。借鉴国外的学制，改革国内的无序且频繁变动的学制，是当时的难点问题。因此，袁希涛在访美过程中十分关注美国等西方国家通行的学制，以此提供改革中国学制时的参照。“中学学制各国最为复杂，以年期论，则美国自四年至六年……小

① 《申报》1921 年 1 月 15 日。

学六年、中学初级二年、高级四年者，谓之六二四制；小学六年、中学初级高级各三年，谓之六三三制。”1922 年，北洋政府教育部召开“学制会议”，研究新学制课程，成立新学制课程标准起草委员会，推举袁希涛、黄炎培、胡适等为委员，制定了《学校系统改革案》，并于 11 月 2 日颁布施行。《学校系统改革案》改变了清末民初仿照日本学制的模式，采用了美国的“六三三”学制。

对于女子教育，刚从封建社会阴影中走出来的中国社会观念中还残存着“女子无才便是德”的观念。访美后的袁希涛把国外“女子中学大增以及男女合校之中学加增女生”，作为极为重要的信息向民众介绍，以让民众真正了解女子教育普及的重要性。

对于职业教育，袁希涛访美回国后在教育界广泛宣传讲演并举办各国职业教育成绩陈列展，以这种直观而具体的方式来配合黄炎培等人倡导的职业教育。在上海中华职业学校介绍道，美国“职业教育正在着手推行”，“有职业指导诸书之编刊，并设职业介绍等部，对于人民职业上之教育，非常注重”。

对于高等教育，袁希涛考察后认为，“美国大学最多，据中央教育局调查认为合格之大学有五百六十七校，其不尽合格者尚多”。在列举欧美各国的高校数量后感叹：“可知高深学术在战争终止后，将益发展，我国可骤然悟矣。”当时中国的高等教育正蹒跚学步，所以参与创办了复旦公学的袁希涛只能发出“我国可骤然悟矣”的感叹。

对于训育和艺术教育，袁希涛特别提到他观察到的各国的爱国主义教育，“公民道德在今日为训育之要点，各国均甚注意，加养成爱国心一端，美国有国旗敬礼之法，各教室皆有国旗，每晨小学教员，集本级儿童环立，对国旗致敬唱歌毕，儿童同声宣述……皆养成爱国心之作用”。在考察中也注意到“训育要旨”：欧美教育自幼稚生至中学以上，人格与能力的养成主要是“组织力”与“公共心”，这是学生的能力与人格的根本。教师宜注意“训育不存空言，须寓于事实之中”。注意到艺术教育的功能：外国学校多有演剧之事，但其目的必须认定，如历史故事有可表演者或科学文艺美术有能发挥或陶养者，大概均有教育的，故能有益。

关于教学方法，袁希涛认为有两点须注意，其一是教师“不以明白讲解为能事”，以此让学生自己“解悟”，以培养其独立思考的“自助”式“辨别力与判断力”；其二是“直观”，不单单以纸片上的材料为教材，而是注意使儿童直接观察种种事物，譬如讲历史后，可依当时状况开展表演；有时开展校外旅行，注意对天然物之观察采集。而在教学时以日用品为引证，这样就能收到较大效果。

关于特殊教育，袁希涛关注到欧美国家在教育普及以后，遇有特殊天赋的儿童，“则特别设校教之”，此即天才教育，“凡性能聪强者，美德等国多欲以特别方法教育之，美之哥伦比亚大学附属学校，特设天才儿童一班，正在试验中”。对低能儿教育以及残疾人的教育，“各国多另设学校”。

袁希涛访问考察美国教育的纪实刊载于上海《申报》以及《教育杂志》，影响深远。回国后在多种场合演讲，对当时教育界的改革起到了开启思路的重要作用。

三、复旦大学副校长郭任远赴美讲学及复旦大学与华盛顿大学互换教授

郭任远原系复旦大学学生，1918 年赴美国加利福尼亚大学伯克利分校学习心理学，获博士学位。回国后任复旦大学教授、副校长。《申报》1927 年 3 月 3 日载文《复旦副校长郭任远不日赴美讲学》。作为提倡行为主义的心理学家，在美国学术界“颇负时誉”。美国大学特邀他讲学，这在当时实属重大的新闻。

复旦大学在 20 世纪 20 年代与美国高校还互换教授。《申报》的一则以《复旦应华盛顿之约沟通中美文化佳音》为题的新闻报道，介绍了这一教授互换之举。“欧美知识阶级人士，对于中国之复旦，亦有深刻之印象。”当时美国海上大学旅行来华，曾前往复旦大学参观，复旦大学当时赠予英文章程一册，以留作纪念。1929 年 6 月，华盛顿大学教育学院约复旦大学交换教授，“一切薪水船资，由两校自理”。最终，复旦校长李登辉“经长时间之考虑，顷始复电允许”，决定派章益君赴美，担任华盛顿大学教授，以回应华盛顿大学“盛意”。《申报》评说：“华人与西人交换教授，此为第一次。”章益君为复旦毕业生，曾在美国华盛顿大学获硕士学位，回国后历任复旦大学教授及预科主任、附中主任，当时正担任安徽大学文学院院长。

四、沪江大学校长刘湛恩考察美国教育

刘湛恩（1895—1938）早年毕业于东吴大学医预科，获得奖学金留学美国，进芝加哥大学攻读教育学，获硕士学位。后入哥伦比亚大学教育学院，获博士学位。与陶行知、胡适等同为美国著名教育家杜威的学生。1921年，作为中国政府代表团的秘书和中国学生团体的代表，出席关于裁军和远东问题的华盛顿会议。1922年回国后，历任上海大夏大学、光华大学教育学教授，1928年出任沪大校长。

1929年3月，就任刚一年的沪江大学校长刘湛恩受邀参加了世界教育会议，此行又是受上海特别市教育局委托调查世界各国包括美国教育的新趋势，调查重点，一是教育行政，二是农村教育，三是职业教育，四是世界各国教育最近之新趋势。① 同时借此机会为沪江大学争取海外支持，分别出席美国基督教北浸会和南浸会会议，赢得南北浸会对沪江大学在中国立案的理解，也为沪江大学新一轮建设赢得教会的支持，可谓是满载而归。

自美国返沪后，刘湛恩向上海教育界人士畅谈中外职教，认为："美国对于职业教育指导，进展甚速，各城各市，无不设有职业机关，欧洲则不如美，对于测验问题，认为偏于机械，尚在研究改进中。""欧美失业者日多一日，现在办职业指导，尤注重于职业之选择、职业之介绍，冀以政法及教育之力量，救济失业者。"

而《申报》在1929年9月18日，再次刊载职教社联欢会欢迎刘湛恩等人的专记，并且在这则新闻专记中再次引用了他对于美国职业教育的感受：

——职业平等

——先职业而后教育

——职业与教育打成一片，企业应当办教育，以此解决学生就业出路

——职业教育中应进行文化教育

——职业学校要打破课程制，有试验精神与职业修养功夫

刘湛恩依据自己对美国职业教育的观察，向职教社同仁介绍说：大凡

① 《申报》1929年3月29日，下同。

有职业平等观念之国家，其国必富强。美国人多应社会之需要，拿自己特长干下去，大小事情总是如此，即便是煤油大王的孙子，不可谓不富，但仍旧努力去工作，应倡导这种职业平等精神，而不只是为升官发财。

欧美诸国办理职业教育往往是先求有职业，然后进行相应的教育，这样“收效甚宏”。反之先教育而后职业者，则无法体现教育的针对性。欧美诸国职业教育的目的，就是要促使职业与教育融为一体，并认为这是世界职业教育的最大难题。

而在 1929 年 12 月 14 日，《申报》又刊载了刘湛恩等人起草的中学职业指导方案（部分）。其中提出职业指导“必须注意下列七点：（1）个性之差异，（2）兴趣之深浅，（3）环境之需求，（4）明瞭社会上各种职业内容的大概，（5）须有试验的态度，（6）须有充分的准备，（7）须有继续不断的精神”。“中学职业指导之重要……其需要职业指导之急切，在各种教育阶段中为最甚……故职业指导在中等教育上，确占有重要之位置。”

刘湛恩美国考察教育后所撰写的中学职业教育指导方案，其中特别提及“须有试验的态度”，强调要了解学生的心理智力等特长的信息，以更有针对性地开展职业指导。

五、吴经熊应邀赴哈佛大学长期讲学

1929 年上海临时法院代理院长吴经熊博士，应美国哈佛大学法学院和西北大学法学院邀请，前往美国进行长期演讲。《申报》披露：“吴氏实为华人被聘赴外国大学演讲之第一人。”[①] 吴经熊在临行前向记者表示，他这次应美国西北大学等校所聘担任演讲，“虽为教育之事务，但余当竭力宣扬祖国之文化，至于法律方面，余更当随时採考，以备将来供献本国”。

后据《申报》1930 年 3 月 8 日报道，吴经熊于 1 月 13 日抵达西雅图，17 日抵达圣保罗，22 日到达芝加哥，西北大学法学院全体中国学生到站欢迎，24 日赴芝加哥大学政治学院演讲。吴经熊还参观了芝加哥高等法院，“适逢该院审一国际公法案，吴氏到庭，全体推事等，均肃立致敬。经庭长介绍后，特请吴氏陪坐观审，并咨询一切，此为华人在美司法界第一次之

① 详见《吴经熊今日放洋》，《申报》1929 年 12 月 28 日。

荣誉”。

1931年1月26日，应芝加哥领事团之邀，吴经熊在西北大学演讲，讲题为领事裁判权与中国，有17个国家的领事列席听讲。27、28日，吴经熊在西北大学法学院演讲，有600多名师生听讲。吴经熊的讲题，一是中国古代法理学，二是中国新旧法制的比较。吴经熊两小时的演讲对中国法律历史作了精彩的梳理总结，被赞誉为“模范之演说”。《申报》为之赞誉：“吴氏言论，美国报界视若至宝，其演辞类登当地各报，得益于万人之处甚多。”

第三节　民国时期：美国教育界人士来华访问考察

民国时期欧美教育家纷纷来华，其中美国教育家最多，影响也最大，而且访华的首站大多在上海，主要活动场地和报刊出版宣传的重心也在上海。在来华的美国教育家中，杜威带来的是新的教育思想，孟禄带来的是新的教育制度，而推士、克伯屈等带来的是新的教育方法。专家们评论，以杜威开其端，孟禄为中坚，推士等殿其后，哥伦比亚大学实用主义教育学派以坚强的阵容和崭新的理论，坦然有序地在20世纪20年代之初把美国进步教育运动的新风潮带入中国，从而推动中国教育汇入了国际教育运动的行程。

一、美国教育界专家学者对于上海的考察访问

1．杜威与上海教育界的互动

杜威（John Dewey，1859—1952）是美国实用主义（也称进步主义）哲学家、教育家，哥伦比亚大学教授。杜威的教育思想区别于传统教育的“课堂”“教材”“教师”的“旧三中心论”，他提出了“儿童（学生）”“活动”“经验”的“新三中心论”。其教育思想的核心为：（1）教育即“生活”“生长”和“经验改造”。（2）“学校即社会”。（3）教学论特别是教学方法上主张“从做中学”。（4）儿童是教育的中心。胡适、陶行知等杜威的弟子，是杜威哲学和教育思想的积极的宣传者，并且在杜威访华前后将杜威的实验主义哲学和教育思想向国内进行了详细的介绍。特别是1919年3

月，胡适应邀在北京教育部礼堂讲演“实验主义”，全面介绍杜威的思想学说。近三万字的讲演稿后经整理发表于《新青年》，成为对杜威实用主义哲学和教育理论最权威的诠释。

杜威教授

1919年2月，杜威偕夫人艾丽丝（A1ice）利用休假机会到日本游历、讲学。杜威在华的弟子陶行知、胡适等了解信息后便立即发函邀请来华，并由正路过东京的郭秉文等当面邀请。在国内，蔡元培、胡适、陶行知等商定以北京大学、南京高师、江苏省教育会、浙江省教育会等团体名义正式向杜威发出邀请。杜威在征得哥伦比亚大学校方当局同意续假后高兴地接受了访华邀请。于是，他在结束日本访学活动后偕夫人和小女儿访问中国。杜威此次中国之行长达两年多，至1921年7月，足迹遍及上海、浙江、北京、山西、山东、河北、江苏、湖南、湖北、江西、安徽、福建、广东等十几个省市，作了200多场演讲。

4月30日下午，杜威乘坐海轮抵达上海港，北京大学代表胡适、南京高等师范学校代表陶行知、江苏省教育会代表蒋梦麟前往码头迎接。江苏省教育会在5月2日，也就是杜威演讲之前，特邀胡适以《谈谈实验主义》为题进行演讲。演讲中胡适简单阐述了“科学律令”“生存进化”“方法论”“真理论”“实在论”等五点内容，对杜威思想作了生动扼要的描述，充当了杜威讲演的“导言”。由于当时胡适在《新青年》等杂志鼓吹文学革命，批判旧的传统习惯，因而在上海青年知识分子中影响很大。胡适演讲之后，杜威作了题为《平民主义的教育》演讲，有千余青年冒雨赶来，“座为之满，后来者咸环立两旁”。此后“儿童中心”“教育即生活”“学校即社会”等体现杜威教育理念的思想迅速在中国教育界传播。

自杜威到达上海至5月底的一个月时间内，主要在上海、杭州、南京等地活动。5月29日，杜威夫妇北上，至1920年3月，主要在北京、天津、山东、山西等地演讲。1920年3月底，再度南下到江浙一带巡回演讲。1920年秋至1921年夏，在北京及南方演讲，最后从山东离华回国。杜威在北京时恰逢60岁生日，北京四个团体共同为杜威举行了60岁生日晚会。蔡元培在会上致辞，说发现杜威和中国孔子是同一天生日，这使他“心理上不能不有特别感想”。蔡元培指出：“博士的哲学，用19世纪的科学作根据，用孔德的实证哲学、达尔文的进化论、詹美士的实用主义递演而成的，我们敢认为西洋新文明的代表。”他觉得孔子的理想和杜威的学说有很多相同的地方，这就是东西文明要媒合的证据。但媒合的方法，必先要领会西洋科学的精神，然后用它来整理中国的旧学说，才能发生一种新义。1920年10月17日，北京大学举行典礼授予杜威名誉博士学位。在这次典礼上，蔡元培称杜威为“西方的孔子”。

中国当时的教育正面临着从学制制定到教学试行新方法的一系列改革。杜威的教育思想，在上海乃至全国教育界引发一股研究教育的新风气，教育界也更重视儿童的参与、儿童的动手能力以及教育与实际的联系。此后中国在二十余年中的教学法改革都深受着杜威教育思想的影响。

1920年5月27日，杜威在全国各地演讲一年之后，再次来到上海，共停留了8天，作了12场演讲，并参观了中华职业学校。5月29日上午，在上海第二师范演讲《教育者的天职》，下午在职业教育社演讲《职业教育的精义》，30日作《职业教育与劳动问题》，31日在吴淞同济学校演讲《专门教育之社会观》，在圣约翰大学演讲《科学与人生》。同日杜威夫人在江苏省

1919年杜威在上海，前排左起：史量才、杜威夫人、杜威，
后排左起：胡适、蒋梦麟、陶行知、张作平

教育会作《男女同学问题》的演讲。6月1日下午在江苏省教育会演讲《新人生观》，晚上在南洋公学演讲《工业与文化之关系》。6月2日在沪江大学演讲《普通教育与职业教育之关系》，晚上在上海基督教青年会演讲《社会进化》。6月3日，杜威在浦东中学做了有关“公民教育”的主题演讲。

杜威在南洋公学演讲《工艺与文化的关系》，竟然将复旦大学的师生也吸引了过来，两校教职员及学生共计千余人，听杜威演讲了两个半小时。杜威对于当时中国的期望是：一方面从物质上发展，“一方面就要把不合医学的遗习革除”。虽然当时已进入民国近十年，但中国社会上不符合近代医学观念的错误积习还较多，所以杜威将这个问题作为中国在发展物质文明时，必须同时要加以改进的问题。杜威还提出一个重要的理念——“精神物质两方并进，那是最好的”。在谈及一方面“要替自己谋幸福”，一方面要“顾及全国利益”的选项，杜威则充分相信师生们的觉悟和判断力，提请与会者自己来做选择：“还请诸君自己去选择罢”，以此作为讲演的结束语。这大约就是杜威博士的风格——我论述并梳理事实，结论则由听讲者自己归纳得出。①

中華民國九年六月一日
本埠新聞
杜威博士在同濟學校講演紀
題爲「專門教育的社會觀」

《申报》报道杜威在同济演讲

杜威在中华职业学校演讲《新人生观》，当天下午四时半开讲新人生观，“三时后，听讲者已陆续到会，至四时后，竟至坐无隙地。后至者均旁立而听，约有一千三百余人”，场面之热烈，听众之热情，由此可见一斑。演讲一直持续到六点半。

杜威在浦东中学演讲时对其实用主义教育思想再次作了宣传，提出“现在中国正在提倡实用教育，非但中国一国提倡，全世界都在那里提倡”，但是“实用教育”也有区别，“一种为狭义的只为个人谋生活、谋发财，那

① 《杜威博士在南洋公学演讲记——题为工艺与文化之关系》，《申报》1920年6月2日。

是没有用的；一种为广义的，是教人晓得他所谋的与社会有关系的、有价值的”。所以学校教育必须让学生知道“他所受的教育，不是为个人的，乃是为社会谋幸福、谋利益，这方才是‘实用教育’”。

2．陶行知对于杜威教育理念的介绍

作为杜威的弟子，陶行知早在1919年3月31日在上海的《时报·教育周刊·世界教育新思潮》第六号上发表的《介绍杜威先生的教育学说》，则是对社会大众理解杜威的教育思想发挥了重要的解释与导读作用，这也是在杜威到达中国前，他对大众了解杜威教育思想作了简明但相当有影响的介绍。(这篇文章后改题为《杜威先生的史略和著作》，作为《杜威先生在华讲演集》一书的序言)。

陶行知介绍说：

> 美国哥伦比亚大学教员杜威先生，是当今的大哲学家，也是当今的大教育家。今年是先生的休息之期，他想要在这一年当中，到东亚来游历一番……杜威先生素来所主张的，是要拿平民主义做教育目的，试验主义做教学方法。这次来到东亚，必定与我们教育的基本改革上有密切关系。

1921年7月，《教育杂志》刊载《送杜威博士》一文

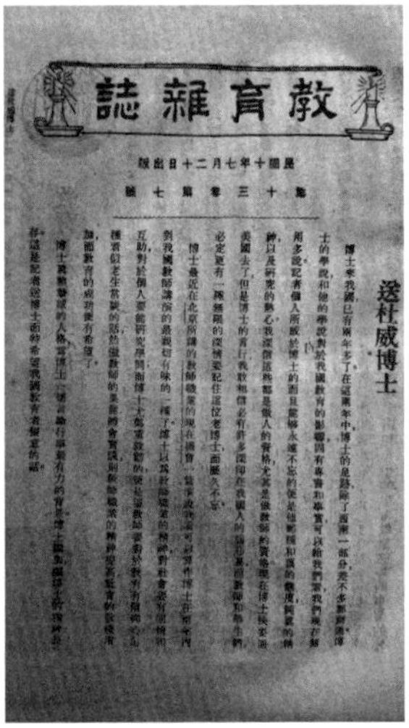

> 他的著作当中，和教育最有关系的，一是《平民主义的教育》，二是《将来的学校》，三是《思维术》，四是《试验的伦理学》。这四部书，是教育界人人都应当购备的。我们教育界同志，对于杜威先生的教育学说，有想研究的吗？如有，就须先读这四本书。等他到了中国之后，我再来介绍大家亲听他的言论。

除了初步阐述杜威的教育思想，陶行知还在1919年4月14日《时报·教育周刊·世界教育新思潮》第8号上撰写了《试验教育的实施》一文，从文章中可以发现：陶行知在教育实验与教育心理学等方面受到了杜威教育思想的深刻影响。

> 建设试验的教育，约有四种主要办法。（一）应该注意试验的心理学。（二）应该设立试验的学校。（三）应当注意应用统计法教育的原则。（四）应该注重试验的教学法，有一个最要之点，这要点就是如何养成学生独立思想的能力。这几种方法，只是一套手续。有了这个方法，再加些应有的设备，必能养成学生一种试验的精神。总而言之，会试验的教育家和会试验的国民都是试验教育所要养成的。

杜威及陶行知所提倡的教育实验方法，有助于把教育研究从主观研究引向主观与客观研究相结合、从定性研究引向定性与定量研究相结合、从只注重教育本身单方面的研究引向教育与心理相结合的研究，换言之，将教育研究逐步引入更为科学的方向，并且把众多的教育工作者都引向注重教育研究、乐于从事教育研究。

在杜威等美国教育家来访演讲，以及陶行知等中国教育家的大力宣传以后，各类实验小学、实验中学如雨后春笋般地出现，并且于20世纪30年代在上海的中小学校展开了多种形式的教育实验。

3．新闻和出版界对杜威访华及其思想的宣传介绍

这一时期，上海也成为杜威演讲集与著作的出版中心。杜威对于每次演讲都十分认真，总是预先用他自带的打字机把大纲打好，将副本交给翻译，让翻译能够运用合适的中文词句加以翻译。每次演讲完成后，演讲大纲还会交给作记录的人，让他们校对一番后再发表。杜威来华后，上海各大报刊大量刊载了杜威的演讲。1920 年《新教育》杂志推出“杜威专号”，《平民教育》杂志出版了“欢迎杜威博士专号”。1919 年上海新学社推出《杜威在华演讲集》，收录杜威在沪、杭、宁、京四处演讲 12 篇，杜威夫人讲演 2 篇。1920 年上海商务印书馆出版了《杜威教育哲学》一书。1920 年 11 月上海泰东图书局出版《杜威三大演讲》。1921 年 10 月商务印书馆推出由金海观等记录整理的《杜威教育哲学》。

杜威的很多教育和哲学著作相继在中国出版。主要包括朱经农和潘梓年合译的《明日之学校》(商务印书馆 1923 年版)，由邹恩润翻译的《民主主义与教育》(商务印书馆 1929 年版)，由许崇清翻译的《哲学之改造》(商务印书馆 1933 年版)，由刘伯明翻译的《思维术》(上海中华书局 1929 年版)，由张岱年和傅继良合译的《教育科学之源泉》(天津人文书局 1932 年版)，由刘衡如翻译的《学校与社会》(上海中华书局 1935 年版)，由李培囿翻译的《经验与教育》(上海正中书局 1946 年版)，由董时光译述的《今日的教育》(商务印书馆 1946 年版）等。

杜威访华正值五四运动及新文化运动处于高潮时期，杜威访华的组织者也意图通过杜威的演讲及其思想的传播来影响中国的思想启蒙。由于杜威此次在华时间长达两年，足迹遍及大半个中国，演讲领域广泛，加之媒体和出版业竞相介绍，导致当时中国知识界和青年学生争相翻译、阅读、评论，各种杜威学术社团和杜威教育思想实验学校相继出现。因此，杜威思想对中国教育界的影响是广泛而深远的，是其他任何西方教育家都无法比拟的。胡适在《杜威先生与中国》一文中评价杜威：“自从中国与西洋文化接触以来，没有一个外国学者在中国思想界的影响有杜威这样大。”还有学者评价：“中国教育所受到外国学者影响之广泛和深远，以杜威为第一人。杜威所给予外国教育影响之巨大，也以中国为第一国。”

二、孟禄与上海教育界的互动

孟禄（Paul Monroe，1869—1947）是美国教育家，美国哥伦比亚大学师范学院教授、院长。

孟禄曾在 1913 年至 1937 年间共计 14 次来中国，足迹遍布大半个中

孟禄教授

国。其中1921年的来华之行影响深远。9月5日，孟禄在其女儿陪同下抵达上海，开始了他的中国教育考察之行，陶行知和黄炎培在上海外轮码头迎接。这次孟禄来华是应中国实际教育调查社之邀，请他以欧美科学的背景及其自身的实际教育经验，诊断中国教育的弱点，并示以改良进步的方法。此次访问，孟禄对中国9省18市进行了历时4个多月的教育调查。在上海，他应江苏省教育会之请参加了教育问题的谈话会，就当时中国的普通教育、职业教育、教育行政等问题谈了他的意见。他认为中国教育不发达的原因是政府不良和各地方缺乏人才。还认为中国的中学教育是一个相当薄弱的环节，教学方法不良，不能学以致用。孟禄还与起草《学制系统草案》的黄炎培、袁希涛等人进行多次讨论，并发表《对学制改进方面之意见数则》，对中国"六三三"新学制的形成产生了重要影响。

1921年孟禄与中国教育界人士共同组织中华教育改进社，并被推为名誉董事。曾连续3年在由中美两国人士组成、管理美国第二次退回庚款的中华教育文化基金董事会，担任副董事长。还在纽约创设中国研究所，任首任所长。

1928年12月9日，孟禄再次到达上海，下榻礼查饭店（即现在的浦江饭店），22日应邀在沪江大学作题为《今后中国学生运动应取的途径》的演讲。他在上海期间还先后参观比德、万竹、西成学校，以及西成幼稚园等。在上海万竹小学时，正逢下课时间，孟禄博士看见儿童活泼可爱，感觉非常满意，他尤其对于该校教授国语的方法，认为极有趣味。当时教师是以上星期参观兆丰花园后照相为事实来进行语言教学。此外，学生写字、教师用注音字母教学、参观设计教室等，孟禄均予以称赞。在西成小学，全体学生为孟禄举行欢迎会。孟禄对欢迎的师生发表简短的演讲。在参观西成幼稚园时，听了幼儿演唱圣诞歌。在务本女中，观摩了体操课，认为"教法甚好"。还参观了学校礼堂、饭厅、寝室等，认为"上海教育比较数年前，已进步不少”。

1928 年 12 月 28 日，孟禄还在上海特别市教职员联合会进行演讲，演讲的要点是对青少年学生的教育，宜注重“生活、技能、家庭、公民、休闲”。

生活：教育基础在于“生活”，而学校所教的，不应只是如何教其读写记的技能，更重要的是培养学生的生活技能，包括如何“保生”，如何使精神愉快，如何养成儿童卫生习惯，如刷牙、不饮污水等，确保儿童健康。

技能：教育应教给儿童以技能，同时教给儿童正确的观念，并且要通过技能的训练得到正确的观念。

家庭：由儿童在校读书而能用以改良其家庭生活。西方国家对于女生如何改良食物烹调、缝纫极为注意。这就是以学生来影响家庭的生活。

公民：学校理应注重公民教育。教导学生正确处理人与人之关系，训练在社会上的态度，对学生进行抵制毒品教育、了解关税自主等社会问题。

休闲：通过参加公共体育运动比赛等消闲之活动，可让学生免涉不良场所。学校应教会儿童如何享受艺术的、道德的生活。

孟禄认为：“执教鞭者，须时时顾念如何使儿童得正当的生活……凡此所言，皆有易言而难行之感，然为教师者，能力求儿童能合乎此，对于社会之贡献，实最大也。”

孟禄的演讲，通过《申报》等详细报道产生了广泛的影响，对当时的中国教育起到“开窗户、透空气”的作用。

三、推士与上海教育界的互动

推士（George Ransom.Twiss，1863—1944），美国俄亥俄大学教授，科学教学法的重要奠基人。

孟禄 1921 年访华期间提出中国科学教育存在大量缺点，一是科学方法运用不良，主要是机械地接受科学知识，而忽略实验。二是对科学概念不明了。于是他积极推荐推士教授来华。1922 年 6 月 30 日受中华教育改进社邀请，作为该社的科学教育督导推士偕妻子来华。轮船一靠岸，推士就受到了来自中华教育改进社、中国科学社、东南大学和商务印书馆的代表们的热烈欢迎。推士此次来华一直工作到 1924 年 6 月。前后整整两年，先后到达 10 个省、24 座城市，考察过 190 所不同类型的学校，从事演讲、研讨会等不同形式的学术宣讲活动共 176 次。调查了中国科学教育的境况并制订了一个改进中国科学教育的计划。1923 年春天和秋天，还特意两次到上海与华东教会学校联合会物理科技分会的成员碰面，关心该分会的成员编写实验手册和制造物理教学所需的标准器材。

推士对于中国教师教学方法改革提出建议：一是切忌连续单一地讲授；二是要求学生记诵和班级讨论时，教师应有预先准备；三是多用器材、标本、图表以及实验，给学生机会来解决问题并展示答案；四是鼓励学生独自进行实验；五是要求学生做好实验的精确笔记并经常检查。他还认为，中国的科学教师在实验工艺和技术教育上能力普遍偏弱。与英语、数学、历史、地理等学科相比，科学教师缺乏必要的专业训练，不熟悉教学方法，讲演法几乎是唯一的教学方法。在小学的课堂上，几乎完全是教师在讲演，学生极少有机会做出反应。在中学，在老师指导下的学生实验也是少之又少。学校的设备差，实验器材缺乏，合适的教室更是少见，而且教师普遍缺乏相应的训练。所以，推士主张高等院校应该为中学教师提供培训的机会，以弥补他们的不足，尤其是科学思想、严谨的实验和教学方法。①

四、柏克赫斯特与上海教育界的互动

柏克赫斯特女士

柏克赫斯特（Helen Parkhurst，1887—1973），美国教育家，道尔顿制创始人。

道尔顿制是教学的一种组织形式和方法，又称“契约式教育”，全称是“道尔顿实验室计划”（Dalton laboratory plan）。由柏克赫斯特于 1919 年在马萨诸塞州道尔顿中学所创，当时欧美报刊称之为“The Dalton Plan”，所以在中国也称为“道尔顿制”。道尔顿制强调以学生自主学习为原则，将传

① 王伦信等：《中国近代中小学科学教育史》，科学普及出版社 2007 年版，第 100 页；王大明、张懿璇：《推士中国之行记略》，《西北大学学报》（自然科学版）2010 年第 10 期。

统的教室改为各科作业室，陈列有关图书资料和实验仪器，作业室按月或按周分配给学生，由他们认定课程，自由支配时间，自行学习。教师不再进行课堂讲授，而主要起指导和监督作用。学生学习的过程，分别由教师和学生本人记入学习进度表内，进度快的学生可以提早完成学业。1922年10月，上海中国公学中学部主任舒新城在中国公学附设吴淞中学设立国内第一个道尔顿制实验班。1923年10月，全国教育联合会第九次会议通过决议，提倡试验道尔顿制。由此在全国掀起试验道尔顿制的浪潮。据统计，到1923年底，推行道尔顿制课程的学校达到百余所。在这一时期，很多论文、报告、专著和译著相继得以发表和出版。

1925年6月，商务印书馆出版《柏克赫斯特女士与道尔顿制》，陶行知撰写序《柏克赫斯特女士与道尔顿制》。商务印书馆请陶行知来作序，既是因为陶行知有留美经历且曾师从于杜威、孟禄等大教育家，更是因为陶行知在中国进行了长时期的教育实践与研究，所以他能提出中肯的意见：诸如：（1）“专靠着经验还是不够。”（2）国内对于新制度和新方法的试验，真正成功的很不多见。（3）凡想试验道尔顿制的同志，于未试验之前，必须自己详加审查，是否已经符合那些必具之条件。如果符合，不妨一试；如不符合，还是且慢进行为妙。教育的确是需要经验的积累，但只靠着经验的积累恐怕无法成为真正的教育家；要将教育中的经验提升为对教育认识的规律，只有进行更为科学的教育实验研究。所以陶行知最后实话实说：“我承认道尔顿制是实现‘自得教育’最好的制度、方法，但率尔尝试，怕是要做道尔顿制的罪人的。”

1925年7月14日，正值“道尔顿制”在中国广受推崇和开始推广之际，柏克赫斯特在访问日本后顺道来到上海。这次访问由中华教育改进社出面邀请。8月18日，柏克赫斯特女士出席了中华教育改进社第四届年会并作演讲，陶行知在会上致辞：柏女士是教育创造家。我们中国的教育向来是抄袭的。先是抄袭日本，后来又抄袭英、德、法，现在又抄袭美国。这种抄袭教育，简直不是中国的教育，甚至不成教育。教育要有创造的精神。柏女士便是道尔顿制的创始者，她有创造的精神，所以我们欢迎她。现在关于道尔顿制的翻译文字至十四国之多。英国尤其盛行，中国也有一百多篇关于此制的论文。我们此时欢迎她，要以她创造的精神作参考，发明中国的道尔顿制才好。柏女士对于儿童极有兴趣，所以她以为天才的小孩子，都是她的小孩子。我们也要以她这种精神作参考，能对于小孩子有很大的贡献才好。

柏克赫斯特在上海演讲后，还访问了南京、天津、奉天、北京等地，分别在教育部、北京师范大学等，对道尔顿制的原理、心理根据等作了演讲。

在当时，美国的儿童中心主义和“教育即生活”等理论在中国广泛传播，得到教育界人士相当程度的认同，当然在实践中也产生了严重的分歧和尖锐的争议。黄炎培曾指出，“我们且慢批评道尔顿制的好坏，先想现行的学校分班授课制度，究竟好么？吾平时常怀疑于现在的学校每级几十个儿童，不管他是强的，弱的，灵的，蠢的，乃至年级大的小的，要他们做什么，他们就做什么。要他们做那么多，他们就那么多。要他们做那么久，他们就那么久。削天下人的足，纳之一履。呆板极了，专制极了。”①

柏克赫斯特访华和道尔顿制的推广，促进了中国教育思想和方法的改造，更加注重学生学习的主体性和因材施教。但由于当时中国学校普遍缺乏教学设备和适合学生自学的教科书、参考书，加之学生学习习惯、课程组织、教师教学评价、教学成本等诸多原因，道尔顿制在中国并没有走很远。

五、克伯屈与上海教育界的互动

克伯屈（William Heard Kilpatric，1871—1965）是20世纪美国著名的进步主义教育家，美国哥伦比亚大学教授。其地位仅次于杜威。杜威1951年曾赞道：“在某种程度上来说，克伯屈引领着进步教育的工作步调。”中国教育家陈鹤琴评价道：“克伯屈教授学问之渊博，教育学科之丰富，学生人数之众多，是世界上任何大学都找不出来的。”而陶行知、张伯苓、陈鹤琴等中国教育家留学哥伦比亚大学师范学院期间，都曾求教于克伯屈教授。陈鹤琴在《我的一生》里回忆，“克伯屈教授是师范学院里最著名而且最受学生欢迎的一位教授，在他班上听讲的，总是拥挤不堪，每学期总有几百

① 黄炎培：《我对于道尔顿制的意见》，收录于江苏省立第五师范学校附属小学编：《小学校道尔顿制实施法》，商务印书馆1924年出版。

克伯屈教授

人，学生人数不仅多，而且学生之杂为任何大学任何学科所不及的。他的班上学生有从本国来的，有从英国来的，有从法国来的，有从西班牙来的，有从墨西哥来的，有从非洲来的，有从亚洲来的”。“因为他的思想有魔力，教学有魔力。”①

克伯屈曾以“杜威声音”而著称。19世纪末20世纪初欧美兴起新教育运动和进步主义教育运动，克伯屈继承了其导师杜威的教育思想，并且把杜威的教育理论程式化，创立设计教学法。这是克伯屈于1918年以实用主义教育思想为理论基础创立的一种教学模式，强调要由学生自主决定自己的学习目的和内容，自己设计、自我实施学习活动，从自身的活动中获得知识，提高解决实际问题的能力。克伯屈针对传统教育只重视知识的传授，而忽视学生习惯、品德培养的弊端，提出了学习的三种类型，即主学习、副学习和伴随学习。主学习指所学内容的学习，副学习指学习时的协同思维与想法，伴随学习则指主学习时形成的思想、观点和态度等。克伯屈认为伴随学习是人生重要的学习，但却被传统教育忽视了。

克伯屈首创的设计教学法在20世纪二三十年代影响了包括上海在内的中国中小学教育。1924年，江苏省立上海中学实验小学持续对设计教学法进行理论研究与实践，国内的其他一些学校也有类似的研究实践。

克伯屈来华之行由陶行知发起并筹备，1927年1月19日以中华教育改进社的名义向克伯屈发出访华邀请。陶行知在《申报》上撰文说：“克伯屈本人之教课，已达艺术化之境界。故聆博士之言论，不但能领略其推阐之基本原理，并对于本人之艺术化教学，亦可得一亲切之观感。”②

为迎接克伯屈来访，上海教育界共召开了五次筹备会议，并以中华教

① 陈鹤琴：《我的一生》，岳麓出版社1998年版，第73页。
② 《函商约聘“招待克伯屈博士筹备会”委员——致教育界名流》，《申报》1927年1月19日。

育改进社名义成立筹备委员会，下设六个分会：经济委员会、讨论委员会、演讲委员会、招待委员会、参观委员会、编辑委员会。

1927年3月10日，克伯屈夫妇抵达上海。其后在中国各地演讲与讨论三个月，到访了北京、上海等诸多城市。所作大小演讲和讨论百余次。

1927年3月16日上午，克伯屈参观尚公学校、商务印书馆、东方图书馆等。① 克伯屈在参观商务印书馆附设之尚公学校时，在该校会议室看到学校各种活动照片，特别是他注意到学校采用的正是由他设计的儿童各科成绩表。其后克伯屈还参观了小学部及幼稚园上课，他对于读文表演、识字游戏、幼稚园学生的歌舞甚为满意。克伯屈还应学校请求，在幼稚园草地上摄影，以作纪念。而后尚公学校准备隆重的欢迎节目，既有唱欢迎歌与学生致欢迎词，又有学生表演的歌舞。克伯屈致答词，表达了他非常高兴与尚公学校的各位小朋友在一起，他表示“自离美，后经欧洲等处，从未见有如此活泼可爱之小朋友如诸位者”；回国后将“转告国人，中国有此种好的小学生”。

下午，克伯屈博士举行第一次系统演讲。演讲题目为《学习是什么及学习怎样发生》(What Learning is and How it takes place)，听讲者皆为教育界中有研究有经验者。演讲后，克伯屈与听众进行了讨论。听众提出的问题包括：宗教是否有道德关系？除责罚外，还有何种方法使儿童不自私？人类的天性与学习有什么关系等。

克伯屈在上海的第一次系统演讲虽然只有五六十人听讲，这与杜威1919年到1921年期间在沪的演讲动辄千余人听讲相比，显得人数很少，但其对于中小学教育教学的针对性更强。因为他把当时教育界与心理学界的研究成果，如桑代克的教育心理学研究成果介绍给了上海教育界。1927年3月17日上午克伯屈参观了复旦大学，下午则在博物院路二十号五楼举行大学组讨论。

1927年4月5日，克伯屈在上海的二十多名学生在静安寺路安华公司三楼宴会厅宴请他，以叙师生重逢之缘。这些学生都曾就读于哥伦比亚大学师范学院。其中，学生之一的蒋梦麟此时已任民国政府教育部长。

---

① 《克伯屈博士第一次系统演讲记》,《申报》1927年3月17日。

六、华虚朋与上海教育界的互动

华虚朋（Carleton Wolsey Washbume，1889—1968），美国教育家，加利福尼亚大学教育学博士，“文纳特卡制”（Winnetka plan）创始人。

华虚朋在20世纪20年代任美国芝加哥附近的文纳特卡镇教育局长时，醉心于应用个别差异教学法，但同时也重视学生群体意识的培养。他规定公办学校每天上下午都有两种学习活动，即个别学习和小组学习。所谓“文纳特卡制”，力求将个性发展与社会意识的培养结合起来。尽管文纳特卡制与道尔顿制几乎是同时诞生的，但传入中国却是在道尔顿制的实验已接近尾声之时。经历了各种西方新教育实验热潮后，中国教育界对美国的新思潮趋于理性，所以文纳特卡制并没有形成大的热点。陈鹤琴在上海工部局小学采用这种方式进行了教改。当时国内对文纳特卡制看法各异，但上海各界还是热情邀请华虚朋访华。上海市教育局、中华儿童教育社、沪江大学、寰球中国学生会发起，申报馆、新闻报馆、交通大学、暨南大学等“海上20团体联合招待美国教育家华虚朋博士”，并“特约华虚朋演讲10次”。

1931年2月13日华虚朋经由日本、朝鲜抵达上海，各团体联合接待。蔡元培在致欢迎词中，介绍华虚朋先生的文纳特卡制的四大原则：（一）使儿童尽量能够获得将来要在生活上应用的知识和技能；（二）每个儿童应该

上海教育团体欢迎华虚朋（前排右六）时的合影

能够自然地快乐地和完美地享受儿童的生活；（三）人类的进步在于每个分子能够达到他充分的发展；（四）人群的福利需要每个分子中有整个的社会意识的发展。①

2月14日，华虚朋在复旦大学、沪江大学发表演讲。15日在中华慈幼协会、华东教育会发表演讲，中午参加有关团体在香港路银行公会举行的欢迎宴会，并作《家庭之儿童训练》演讲，与会者中包括孔祥熙、朱少屏等；下午，在圆明园路中华圣母教育会演讲《儿童心理上之卫生问题》；晚上，参加上海市教育局等各团体在银行公会举行的宴会，蔡元培、刘湛恩等60多人出席。16日，应儿童教育社上海分社之邀，在北区小学演说儿童教育问题，陈鹤琴担任翻译。17日，在沪江大学演讲民治教育问题。

在2月15日演讲《家庭之儿童训练》时，华虚朋介绍了儿童训练的方法：人格方式、赏罚方式、心理方式等。接着又重点阐述了“人格之两种主要成分”，分别是：远大的目光和社会之觉悟。他指出儿童本有“贤愚优劣”之分，要“使其有进展，必须推究儿童之内象及外界接触之原因”。这个原因，按照华虚朋的研究成果，计分四种，即四种测验，包括智力上之测验、身体上之测验、教授方法上之测验、家庭习惯上之测验，等等。

华虚朋此次来华前后，沪上教育界及出版界对华虚朋的教育思想进行了广泛的宣传介绍。中华儿童教育社特意编印《华氏个别教育法专刊》，刊登了相关文章十余篇，对“文纳特卡制”作了非常详尽的介绍，并且在华虚朋在沪讲学期间，由开明书店于1931年2月中旬出版发行。

七、民国时期美国高校师生对于上海的访问与考察

20世纪20年代起，美国高校的教师与学生开始关注中国这片神秘的东方土地，一批又一批的美国高校师生来到上海参观访问，并且与中国师生进行互动交流。以下我们撷取一些《申报》的报道，从中可以原汁原味地呈现出当时上海与美国地方教育交流的状况。

---

① 《中华慈幼协济会邀请华虚朋博士演讲——家庭之儿童训练》，《申报》1931年2月14日。

1．1925年7月　美国学生观光团访沪

《美国学生观光团今日来沪》(《申报》1925年7月18日)

团员九人，18日上午乘西伯利亚丸由长崎来沪。访团由美国西部六大学学生代表组织而成，领队杜白克博士，为奥尔根省立大学教授，来后约留沪一星期，由青年协会介绍游历泰山孔林及宁青津武汉苏杭等地。

《美国学生观光团到沪》(《申报》1925年7月19日)

美国学生参观南洋大学，听余日章博士介绍中国之现状，由傅若愚讲演平民教育运动。

(《申报》1925年7月21日)

美国生团今日参观工厂，参观商务印书馆、丝厂，听取中国工业进步、劳工运动、妇女运动的介绍等。

2．1925年10月　美国纽约大学学生500人访沪

《美国纽约学生五百人来华考察》(《申报》1925年10月2日)

美国纽约大学学生随同该校校长教师，考察世界教育，总有五百余人，团体定于十月一日由纽约出发，十二月一日到达大沽，转赴北京、上海等地，此行考察教育机构及学校等，已与中华教育改进社陶行知接洽办理。

纽约大学学生500人来华，甚至连驻美公使施肇基都为此发函国内教育界，足见当时对于这件事情的重视程度。

3．1926年9月　美国海上大学旅行团师生500人访沪

《美国海上大学旅行团之内容》(《申报》1926年9月27日)

> 美国海上大学旅行团定于本年底来沪，出发者除教员五十余人外共有大学生四百五十余名。闻该大学此次旅行目的，并非仅仅寻常游览而已，除每日在船上教授工科外，尚调查各国政治状况、研究国际间各种问题，不仅联络友邦之烦请，并可增进学生之见闻，至于内部组织以及进行方针，统由西方大学校长史文博士主持，分为五部分：1 教务科　由纽约大学教务长劳夫担任；2 卫生部　由海格指挥；3 体育部　由纽约省体育协会主任吉斯办理；4 学生生活部；5 远足部。

自 1925 年秋季纽约大学 500 多名学生来中国考察后，次年名为海上大学旅行团的 500 名师生，再度来访上海，为此还致函黄炎培进行联络，并且明言他们并非“仅仅寻求浏览而已”，还负有在海上航行期间的教学任务与调查各国政治状况以及研究国际间各种问题的使命。海上大学旅行团颇有些中国古人“读万卷书、行万里路”的精神。当年留美幼童一路向西，现在他们则是一路向东，都是朝着大洋彼岸进发，只是方向不同。

黄炎培先生在欢迎美国海上大学旅行团时向师生作了演讲。① 他认为：外国旅行团常有，但却没有今日美国海上大学把旅行当做求学，将地球作为学校，社会形形色色角色作为教科书的游学做法，“世界十五亿人皆为诸君老师”。“昔日我曾从西部至中部继而南部游历美国二十六城市”，“今诸君虽未游历全国，只上海一埠，上海虽代表不了全国文化情况，但也可见一斑。希望诸君回去广为宣传中国之实际，使国人不因不实信息而对中国有所误会”。

中美两国的大学生还进行了讨论交流。他们交流议题有：

中国学生的问题是：

美国学生有什么社会活动组织？

美大学生对外籍学生待遇如何？欧洲学生与东亚学生待遇是否区别？

美国学校是否有学生运动？

中国学生（留学生）是否加入政治活动？

---

①《欢迎美国大学旅行团之盛况》,《申报》1926 年 11 月 17 日。

美国学校是否设军事教育为必修科？

美国学生对现在人类关切问题态度，包括黑白人种问题，白黄人种问题，国家是否限制华人与白人入境？原因有哪些？

世界和平问题，美国内可有和平运动，对于欧战抱有何种态度？

美学生的回答：

学生生活方面：美国学生活动机会很多，例如演讲、友谊会、学术研究会、青年会，圣经研究会；美国各地待外籍学生不同，东部各大学待遇优越，对待东亚与欧亚学生无异；学生运动很少；美学生求学期间参加政治活动的人较少，并反问中国学生。中国学生答自五四运动以来，学生参加政治活动者较多。

美国学生对世界关切问题态度：美国人对白人和黑人无歧视，对白种人黄种人更平等看待。对此中国学生列举华人被歧视之例，诘问美国学生。美国学生回答称：华人不允许登岸，原因有二，一为经济原因，华工吃苦耐劳且劳动力价低，引起美国内工人反抗；二是文化关心，美国自革命后，文化以英国为背景，各国人士杂陈，尚可同化，而东方因为历史与人种关系难以同化，所以才会禁阻。

在讨论男生职业选择时，中国学生往往是先政治，次商业与实业教育；美国学生则是先谈商业，次政治。而女学生的职业选择则是：中国先教育次医生，美国亦是如此。

1926年中美两国大学生在上海的这场讨论，幸有《申报》记载并刊发，让今天的我们，从中一窥当时两国大学生所思所想与关注的重点问题。

4．1929年1月至2月　多批美国海上大学旅行团访沪①

1月8日，美国海上大学旅行团第一批学生抵沪，“登岸后先赴交通大学参观，再分三组出发，选中西女塾、盲童学校、中华书局总厂为第一组；商务印书馆（及商务附属之东方图书馆）为第二组；沪江大学及恒光纱厂为第三组。分组参观毕，均往申报新闻报参观”（师生共42人）。胡适对学生发表了演说。

为欢迎美国海上大学师生，举行了茶话会，学生们还观看了梅兰芳表

① 《美国海上大学生抵沪》，《申报》1929年1月8日。

1929年2月12日，环球中国学生会等33个团体

演等。

这一批美国师生还受邀到唐绍仪公馆茶叙，由唐氏夫妇亲自招待，并出示古玩多种。[①]

5．1929年11月至12月 美国学生考察团与发明家对沪江大学的访问

《美国两专科大学学生组织远东考察团来华》(《申报》1929年11月13日)

美国帕摩拉与克拉蒙两所专科大学学生组织远东考察团，1930年1月底来上海，在沪江大学住一个月。再赴津平。

20世纪30年代，先是1931年的九一八事变，日军侵占东北三省，后是1932年日军发动一·二八事变而使上海成为交战区，复旦、同济等多所高校的校园直接毁于日军炮火。时局的动荡、战争的阴霾，造成上海与美国教育交流日益减少。到1937年七七事变后，上海与美国的教育交流除了留学以外，访问考察基本中断。

① 《上海欢迎第三批美国海上大学生旅行团（附照）》，《申报》1929年2月13日。

第四章

冰封冰释　新中国沪美教育交流的跌宕前行

1949 年新中国成立后，中国的政治制度及相应的教育制度经历了根本的变革。中美两国教育关系也因此经历了跌宕起伏的巨变：从冷冻到解冻，再到双方交流的大门开放。迄今，上海与美国双方的教育交流日趋频繁，交流规模持续扩大，合作领域不断拓展，合作水平与层次不断提升。近 70 年中，上海与美国的地方教育交流大致可划分为三个阶段：

第一阶段，1949 年至 1978 年，上海与美国地方教育交流整体上全面中断。美国在沪所举办的教会学校整体终止办学，退出上海教育体系。从 20 世纪 70 年代初开始，伴随着两国政治关系的解冻，双方民间教育交流在有限范围得以开展。

第二阶段，1978 年至 2000 年，伴随着中国改革开放和中美建交，上海与美国地方教育交流迅速升温，得到全面而快速的发展。双方交流曾一度受到中国国内政治风波影响而受到暂时的挫折，之后双方的教育交流得以恢复并取得进一步发展。

第三阶段，2000 年至今，上海与美国地方教育交流规模不断加大，交流形式更加多样化，上海与美国地方教育交流逐渐摆脱美方输出—中方输入的单一模式，走向双向平等而深度的互动交流。

第一节　上海与美国地方教育交流的全面中断

1949 年，上海解放，与美国的教育交流也随之走向终止。美国在沪所办教会学校整体退出上海。上海与全国一样开展了一系列运动铲除美国教育在上海的影响。

一、与美国教育的彻底决裂

1949 年 5 月 27 日，上海解放。5 月 31 日，上海市军事管制委员会发布命令成立上海市文化教育管理委员会（简称文管会），下设高教处和市政教育处等。6 月 6 日、7 日，文管会高教处分别召开公立大专院校座谈会和私立大专院校座谈会，向各大学宣布新政权的教育政策：维持原状、逐步改造，实行新民主主义教育。6 月 12 日，文管会高教处发出通令，要求上海市各私立大学、私立专科学校以及私人科学研究所负责人均须造具该机关教职员工名册和学生数、财产、经济收支情况等各项清册，以及前国民党教育部立案文件，自 6 月 13 日起作出书面报告以备查。

由于人力、物力及财力所限，新政权并没有像对待公立高校那样对私立学校实行全盘接收，而是允许其继续维持私立性质。当时，私立性质的院校为上海地区主流，学校数和在校学生数均占整个上海地区高校的三分之二以上。上海地区高校的现状决定了新政权对其进行改造的复杂性，尤其是因外国教会学校的大量存在，使得上海新生的人民政权对教会高校的改造不仅是内政，而且涉及外交。

9 月 29 日，中国人民政治协商会议第一届全体会议通过的《中国人民政治协商会议共同纲领》，对文化教育政策作出明确且最具权威的规定：中华人民共和国的文化教育为新民主主义的，即民族的、科学的、大众的文化教育，有计划、有步骤地改革旧的教育制度、教育内容和教学法。根据中央精神，涉及学校管理的政策，一是接管国民党政府举办的公立学校，二是整顿私立学校并在此基础上接管私立学校，三是接管外国人举办或接受外国津贴的学校。

20 世纪初，上海共创立教会中小学 33 所。1949 年至 1952 年间，这些教会中小学校被政府接管，均改为公立学校。其中，美国教会学校主要有：圣玛利亚女中、中西女中，1952 年两校由上海市人民政府接管，合并命名为“上海市第三女子中学”。晏摩氏女中，现为北郊高级中学。圣约翰大学附中与大同大学附中合并为上海市五四中学。清心中学，现为市八中学。裨文女中，现为市九中学。惠中中学，现为李惠利中学。金科中学，现为江宁中学等。[①] 此外，1952 年，上海盲童学校由上海市人民政府接管，1956 年，上海福哑学校等教会或私立聋哑学校由市政府接管后组办成上海市第一、第二、第三、第四聋哑学校。

为了使高等教育适应新中国政权建设和国民经济发展要求，中央人民政府自 1952 年开始对全国旧有高等学校进行重大的结构性调整。相应地，1952 年华东局成立了高等学校院系调整委员会，通过保留旧校，建立新校及合并、外迁、停办等方式，将上海的高等学校调整为 15 所。其中教会大学成为调整的重点。美国举办的教会大学调整情况：一是圣约翰大学。1952 年，圣约翰大学英文、历史、新闻系并入复旦大学，教育、中文、数学、物理、化学和生物系并入华东师范大学，土木建筑相关学科并入同济大学，经济系并入上海财政经济学院（今上海财经大学），医学院与震旦大学医学院、同德医学院等合并成立上海第二医学院（今上海交大医学院），机械工程系并入交通大学。取消神学院，学生转入南京的金陵协和神学院。法律系、政治系和社会系等并入新成立的华东政法学院（今华东政法大学）。二是沪江大学。1952 年全国高等学校进行院系调整，沪江大学各系分别并入复旦大学、华东师范大学、上海财经学院等相关院校，校址移归上海机械学院（今上海理工大学）。三是东吴大学法学院。1952 年并入华东政法学院（今华东政法大学）。1951 年，台湾的东吴法学院校友开始筹建，组建了董事会，并在台北市借屋设东吴补习学校，设法政、商业、会计及英文 4 科。1954 年获批正式成立东吴大学法学院。

1949 年夏到 1950 年底，全国开展了大学和中小学教师的政治思想改造运动。1950 年 10 月，《人民教育》第一卷第六期发表上海一位教育专家的《杜威批判引论》，文章指出，要批判旧的教育思想，首先要批判杜威，批判杜威的教育思想基础——哲学体系。此后，我国各重要报刊相继发表批判杜威的文章，形成批判杜威教育思想的高潮，以期彻底清算中国教育界的崇美观念，消除美国教育思想的影响。

---

① 叶张瑜：《建国初期教会大学的历史考察》，《当代中国史研究》2001 年 8 月，第 64—75 页。

二、圣约翰大学的最后岁月

1. 新中国成立初期的圣约翰大学

1949年5月，上海解放的炮声已经轰响。为应对时局的不测，圣约翰大学校方决定提前到5月12日举行1949届学生毕业典礼。由于准备仓促，毕业证件来不及精心印制，就将单个英文字母的铅字模块，以每个学生名字的拼写顺序绑在一起，然后使劲按在毕业证书上，这样就留下了浅灰色的痕迹，然后再用钢笔蘸上墨水，小心翼翼地将灰色痕迹涂黑，看上去像是印制出来的。校方允许每位毕业生在毕业证上使用他们名字的英文拼写或使用教会名字。毕业典礼进行得非常匆忙，把毕业证发给每位毕业生后就匆匆散会，1949学年宣告结束。

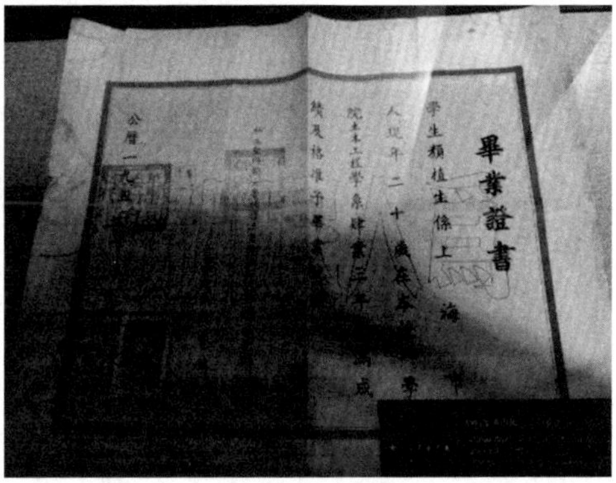

1952年圣约翰大学最后一届毕业证书

5月22日上海解放。之后不久，圣约翰大学学生陆续返回校园。此时几乎所有的美国教员及其家属都已经离开，校园显得极为平静，但图书馆像往日一样正常开放，还接受了来自学生家长捐赠的图书。学校还像往年一样开办暑期班。9月14日，圣约翰大学在思颜堂为结束暑期班学习的学生举行毕业典礼。典礼由代理校长赵修鸿教授主持，校董会主席颜惠庆出席典礼并为学生颁授学位。1949年是圣约翰大学建校70周年，与往年不同的是，这次没有任何的庆祝仪式，美国人和西方教会此时奉行所谓“等待尘埃落定”的政策，他们希望新中国能允许宗教团体继续存在。①

新中国成立之初，学校的日常教学还是采用英语授课，但由于圣约翰大学被点名，成为美国对华“精神侵略”的重要标志，加之1950年朝鲜战争爆发，学校办学实际处于风雨飘摇之中。1950年12月，圣约翰大学正

① 沈鉴治：《圣约翰大学的最后岁月（1948—1952）》，《史林》2006年增刊第92期。

式宣布与美国圣公会脱离关系，到 1951 年，学生毕业时，毕业证书不再用英文印制，而全部采用中文。

圣约翰校方和美国教会在 1949 年初已意识到旧中国即将终结，于是任命了中国教授为代理校长，学校重要行政岗位都改由中国人担任，圣约翰大学“完全处在中国人的行政管理之下”。上海解放后，圣约翰大学设立了由 15 人组成的新校政委员会，为圣约翰大学的彻底改造做好了准备。

2．圣约翰大学校友的海外办学

圣约翰大学在上海解体后，其分布在世界各地的校友又在海外以不同方式延续圣约翰大学的血脉。

在香港地区，上海圣约翰大学校董会主席欧伟国会同广州岭南大学校长李应林和香港教会团体，合并包括上海圣约翰大学在内的中国大陆原 13 所著名基督教大学，创立崇基学院。崇基学院于 1963 年并入“香港中文大学”。

在台湾地区，圣约翰大学的校友于 1950 年在台北成立圣约翰大学在台湾校友会。台湾地区的圣约翰大学校友在当时台湾地区政、商、学等各界人脉关系发达、财力雄厚。1967 年，圣约翰大学校友成立了新埔工业专科学校，并于 2005 年升格为圣约翰科技大学。学校办学仍强调承袭上海圣约翰大学及圣玛利亚女校的传统。

在加拿大，1997 年香港圣约翰大学校友及各界人士共同筹款，在不列颠哥伦比亚大学设立了圣约翰学院（St. John’s College at the University of British Columbia）。加拿大的圣约翰学院强调自己并不是一个附属于宗教的教学机构，而是一个不同文化和学术背景的人的沟通和联系的平台。学院为学校研究生、新任教授、访问学者和博士后研究员提供住所，并在校园内举办各种学术活动。

3．圣约翰大学世界联谊会

1989 年，世界各地的圣约翰大学校友汇聚香港，召开了第一届圣约翰大学世界校友联谊大会。之后，联谊会分别在世界各地举行。1997 年，第三届联谊会在圣约翰大学旧址华东政法学院（今华东政法大学长宁校区）召开。来自世界各地的 1300 多名圣约翰大学校友参加了大会。国家副主席荣毅仁、中华全国工商联主席经叔平、全国政协副主席丁光训、国务院港

第十一届联谊会圣约翰大学校友合影

澳办主任鲁平等著名校友亲临大会。校友们在沪参观了上海博物馆、东方明珠电视塔，举办了文艺演出，并且在华东政法学院食堂品尝到了向往已久的上海小吃：油条、臭豆腐和油豆腐粉丝汤。

2015 年，第十一届联谊会又一次回到了上海圣约翰大学旧址。400 多名身处世界各地的校友再一次聚会，校友中年龄最小的也达到 82 岁。校友们还在与圣约翰大学有着历史渊源的华东师范大学开展了活动，华东师范大学出版社将新出版的《圣约翰大学与华东师范大学》一书作为礼品赠送给与会的校友。中国经济体制改革研究会原会长、圣约翰校友联谊会主席、圣约翰大学北京校友会会长高尚全宣布，圣约翰大学北京校友会加入华东师范大学校友会。华东师范大学宣布，在中山北路校区设立申江书院（和圣约翰谐音）。

三、20 世纪 70 年代上海与美国教育交往伴随两国关系改善而逐步恢复

20 世纪 50 至 60 年代，中美教育因为两国政治对立而停止了公开交往。1955 年开始中美两国通过第三国进行的大使级会谈，促进了一批

中国留美学生回归祖国，两国教育和科学界人士也有过民间交流和秘密接触。

1971 年美国尼克松总统特使基辛格两次秘密访华，1972 年尼克松访华并在上海发表了举世瞩目的《中美联合公报》(亦称《中美上海公报》) 后，两国教育界知名人士往来于中美两国充当民间大使。1971 年 5 月至 1972 年 2 月初，美国学者、新闻工作者、友好人士和研究中国问题的专家 100 多人相继访沪。其中有生物学家高尔斯顿、西格纳、沃尔德，医生罗森夫妇、赛尔德夫妇，《纽约时报》副社长赖斯顿夫妇、编辑主任托平，《华尔街日报》记者基特利夫妇，以及美国革命联盟、关心亚洲问题学者委员会、美中关系全国委员会的访华团等。1972 年、1973 年，近千名美国人访沪，其中有美国工人、妇女代表团、新闻界人士、医药代表团、科学家代表团及费城交响乐团等。1971 年 7 月、1972 年 9 月，美籍物理学家、诺贝尔奖获得者杨振宁、李政道先后回沪探亲，参观访问。此后，吴健雄、袁家骝、顾毓琇、任之恭、林家翘、华家照、李振翩、郑宗锷、赵浩生等很多美籍科学家、学者和工程师、医师及大批旅美华侨相继回乡探亲访问，到上海参观交流。1972 年达 585 人，1978 年增至 2835 人。

由于此时中国尚未对外开放，加之中美之间尚未建立正式外交关系，因此上海与美国地方的教育交流交往基本处于民间和小规模状态，缺乏深度和稳定合作交流机制。1973 年 9 月，旅美的上海交大 1937 届机械系校友吴德楞托人转达向母校赠书的意愿及书籍目录 3 本，并表示在美国有交大校友 600 余人，组成了交大同学会，希望与母校取得联系。学校将这一情况汇报给上海市革委会文教组，但始终未获任何答复。

第二节　上海与美国地方教育交流的全面发展

一、改革开放和中美建交为上海与美国地方教育交流正式开启大门

党的十一届三中全会召开以后，中国进入了改革开放的新纪元，中国教育的对外开放步伐得以加快。

从 1978 年起，复旦大学、上海交通大学等高校开始与美国知名高校接触，建立起制度化的校际联系与合作关系。新中国第一个访美的高等教

育代表团——上海交通大学教授代表团一行10人正式访美，完成了具有历史意义的“破冰之旅”。复旦大学从1978年至1988年的10年中，与世界55个国家签订了合作交流协议，而第一个协议就是与美国纽约州立大学奥尔巴尼分校签订的。

1978年12月31日，国务院领导接见了改革开放后第一批50名赴美留学生，其中有来自上海高校和科研机构的戴复生（复旦大学）、石双惠（上海科学院原子核所）、龚祖埙（上海生物化学研究所）、吴德英（邮电部上海第一研究所）和沈绿萍（上海科学院生化所）。

1978年6月，应美中关系全国委员会邀请，中国艺术团前往美国访问演出，上海音乐学院教授周小燕任副团长。这是改革开放后我国艺术代表团首次访美。此次访美长达2个多月，演出59场。美国总统卡特7月20日在白宫玫瑰园接见了周小燕和中国艺术团全体成员。

这一时期，杨振宁、李政道、丁肇中、吴健雄、郑宗锷

1978年美国卡特总统在白宫接见上海音乐学院周小燕教授

1982年3月12日，复旦大学校长苏步青授予美籍华人李政道博士名誉教授证书

1980年7月30日，在华东师范大学举办的美国留学生暑期汉语短训班，邀请上海外语学院英语系学生陈冲谈电影《小花》的语言艺术

1981年8月22日，上海音乐学院附小四年级学生王晓东担任美国圣地亚哥青年交响乐团上海首场演出的独奏

等美籍学者、专家多次重访上海，在上海高校讲学，并在多所高校被授予荣誉教授证书。

1980年，美国总领事馆根据美国驻华使馆文化交流计划，邀请上海国际经济、政治、法律、社会学方面的研究学者以及高教、电影、文化艺术方面专家访美。根据美国国际交流总署国际访问者计划，每年邀请上海文化、艺术、新闻、教育、社会科学、工业、经济管理方面中青年专业人士和管理干部访美。①

二、里根总统访问复旦大学并发表演讲

1984年4月30日，正在上海访问的美国总统罗纳德·里根访问了复旦大学并发表演讲。这是此次里根总统访华的最后一站，也是第一位到访中国大学的美国总统，世界各大媒体竞相作了报道。

陪同里根总统到访的有上海市长汪道涵、中国文化部长朱穆之、美国国务卿乔治·舒尔茨、美国驻华大使恒安石等。里根走进陆谷孙教授的课堂，与师生进行了15分钟的愉快交谈。学生共提了六个问题，涉及里根个人的大学生活、复旦与美国进一步的学术交流、中美关系走向、大学在美国科技中的作用以及其在访华之旅中对中国的印象。

而后，里根总统前往登辉堂向近千名复旦师生发表了30分钟的演讲。他在讲话中阐述了美国的价值观、对中国青年的欣赏，以及对中美友谊的信心。他演讲时不拿讲稿，俨然是在进行“脱口秀”，双手轻抚讲台，微笑面对听众，自始至终以目光与师生保持着情感沟通。其实他演讲时双眼一刻都没有离开过讲稿，只是听众未能察觉。原来，在演讲之前，白宫工作

① 顾宁：《评冷战的文化遗产：中美教育交流（1949—1990）》，《史学月刊》2005年第12期。

人员在后台架设了一套电子传输设备，讲台上方左、中、右三个方位各立一块全透明的玻璃幕布，这便是讲稿显示器。由于玻璃幕布具有单向显影功能，台下听众无法察觉。里根在演讲中表示，“中国令我心驰神往。各位可知道，中国人已在许多方面对美国的生活发生了影响。中国人的影响，中国的成就，在美国到处可见”。他列举了一连串为多数中国人所熟知的人名：“王安公司的电子计算机，现在已成为美国各地办公室里的必备之物，这些计算机是王安先生的天才和心血培育出来的，而王安先生本人则是上海的一所大学培养出来的；贝聿铭先生设计的建筑，为美国的城市面貌增添了光彩，贝聿铭先生的兴趣，是他在上海念书时就产生的；荣获诺贝尔

美国总统里根在复旦大学演讲并与大学生交流

时任上海市长汪道涵陪同里根总统和夫人参观上海的幼儿园

1985年里根夫人南希在白宫接待曾在上海为其演出的上海少年合唱团客人（复旦大学校园网）

奖的科学家李政道博士，丰富了我们对宇宙、对物质的基本特性的认识，他是在上海出生的。”为准备里根的演讲稿，其写作班子曾特意到哈佛大学采访了来自复旦的留学生叶扬。里根在演讲中，借叶扬的话热情赞扬了复旦大学和谢希德校长。他用汉语向台下师生清晰地说出“通力合作”四个字。演讲气氛轻松而活跃。

演讲结束后，谢希德校长向里根总统赠送了三册由谭其骧先生主编的《中国历史地图集》，以答谢里根来访时赠送给复旦的礼物——《美国鸟类图片集》。《中国历史地图集》全部八册于1987年正式出版后，复旦大学把里根1984年由于尚未出版而没拿到的那几册用与当年相同的白色锦盒盛装，并用红色丝带扎好，寄往了美国白宫。①

在里根总统发表演讲期间，里根夫人南希则到上海市少年宫参观。南希观看了学生们的武术和体操表演、手工艺制作和绘画，观赏了器乐合奏和少年合唱团的合唱。南希热情邀请上海少年合唱团作为白宫的小客人到华盛顿演出。1985年，上海少年合唱团在白宫演出，受到南希的热情接待。里根总统此次访沪，还与南希一起参观了上海的幼儿园。

三、沪美地方教育交流蓬勃发展

20世纪80年代中期，随着中美国家关系的升温，上海与美国地方教育交流不断得到加强，各项交流活动日趋频繁。

1985年7月15日至18日，首次中美大学校长会议在北京举行。出席会议的中方大学代表团共10所高校，其中包括复旦大学、上海交通大学、上海第一医学院（今复旦大学医学院）等上海高校。1986年7月14日至17日，第二次中美大学校长会议在美国约翰·霍普金斯大学举行。中方代表团由10所国内著名高校组成，其中包括复旦大学、上海交通大学等上海高校。

其间，上海各高校与美国各高校相继建立了友好关系。同济大学与美国乔治亚理工学院、佛罗里达大学工学院、明尼苏达大学韦恩特瓦滋工学

---

① 李天震:《听里根总统上海演讲》,《档案春秋》2010年第4期;《三十年前，复旦如何迎接里根?》,《复旦青年》第273期。

1984 年 11 月 14 日，美国旧金山市长黛安·法因斯坦在上海外贸学院（今上海对外经贸大学）演讲

院建立友好关系。上海交通大学与美国匹兹堡大学、印第安纳大学、得克萨斯大学建立友好关系。复旦大学与美国旧金山州立大学、加利福尼亚大学伯克利分校、南加州大学、贝洛伊学院、查尔斯顿大学、马里兰州圣玛丽学院、加利福尼亚大学福勒顿分校建立友好关系。上海华东化工学院（今华东理工大学）与美国华盛顿大学、麻省理工学院建立友好关系。华东师范大学与美国旧金山州立大学、霍夫特大学、纽约州立大学石溪分校、纽约州立大学布法罗分校、圣奥拉夫学院、马哈利师国际大学、东密执安大学、南卡罗来纳大学、匹兹堡大学、路易斯安那州立大学、斯坦福大学、贝洛特学院、威斯康星大学、密苏里大学建立了友好关系。

1985 年 7 月，中国国家主席李先念对美国进行国事访问，随行的国务院副总理李鹏与美国副总统布什签署了《中美教育交流合作议定书》，为两国教育交流与合作确立了指导原则、合作范畴和基本内容，由此推进的中美教育交流项目包括中美法学教育合作项目、中美经济学教育合作项目、中美福特基金会合作交流项目、富布赖特项目等。[①] 其中，中美法学教育

① 胡礼忠：《富布赖特项目与中美教育交流》，《国际观察》2005 年第 5 期。

美国拳王阿里在上海体育学院与周士彬教授进行拳击表演

项目由中国教育部、司法部和华东政法学院等中国高校与美国美中法学教育交流委员会、福特基金会开展战略合作。

1985年，北京第一次举办世界拳击比赛。美国拳王阿里前来为这场比赛捧场。随后阿里来到上海访问了上海体育学院，与学院师生进行交流，推广拳击运动。当时，阿里已经43岁，但面对众人邀请，他仍走上拳台，与中国有着“南拳王”之称的周士彬教授进行表演赛。学院的师生第一次近距离地见识了“拳王”风采。周士彬当时已58岁，阿里对其相当敬重，赛后连称其为“中国拳击大师”。①

上海第二医科大学（现上海交通大学医学院）附属新华医院小儿心血管科自1983年起，在美国民间健康教育基金会（HOPE）资助下，与美国哈佛大学附属波士顿儿童医院心血管科进行合作，每年邀请对方两批专家来院开展小儿复杂先天性心脏病的诊断和治疗研究，使医学院这一重点学科不仅装备了现代化诊断、手术及监护设备，并在诊疗技术上缩小了与世界先进水平的差距，在医教科研方面居国内领先地位，成为中国小儿心血管病诊治、研究和医疗技术力量培训中心。

---

① 汪莹:《拳王阿里与中国拳击的不解之缘》,《人民日报》(海外版）2016年6月7日。

上海医科大学（现复旦大学医学院）邀请曾经两次被提名为诺贝尔奖候选人的美国耶鲁大学于宽仁教授帮助建立鞘糖脂研究室。在他的指导下，上海医科大学相关领域研究取得重大突破，获中国卫生部重大科技成果奖。

上海交通大学在建设“海洋工程国家重点实验室”“光纤通讯网国家重点实验室”过程中，得到美籍光电专家厉菲毅博士、李天培博士等著名专家的指导和帮助。

四、经历顿挫后的迅速回暖

1989 年 6 月，经历政治风波后，中美两国关系一度降至低谷，许多中美教育和科技合作项目被美方取消。中国政府针锋相对，宣布中断富布莱特教育合作项目。到 20 世纪 90 年代初，中美关系逐步进入正轨，上海与美国地方的教育交流全面恢复并逐步向新的领域拓展。

1991 年，美国教师代表团访问上海石化第四中学，书画活动班同学向外宾赠送作品

上海基础教育系统开始聘用外国专家，培养中小学外语师资队伍。1991 年至 1994 年，长宁区教育局聘请美国外籍教师举办了 15 个英语教师培训班。

1995 年 4 月 18 日，上海海运学院（今上海海事大学）授予美籍华人美国联合慈善基金总会会长赵小兰女士名誉教授称号

上海各高校与美国高校的战略合作，以及高层官员互访、美籍专家聘用等全面推进。

1996 年，复旦大学校长杨福家第一次参加国际大学校长协会大会并当选为国际大学校长协会执行理事。此后，杨福家校长多次参加每年 2 月的第

1996年11月，美国国务卿克里斯托弗访问上海复旦大学并发表演讲

1999年7月，上海中学与哈佛大学联合举办“上中哈佛夏令营”，美国学生在上海学生家中做客

一个星期四在美国首都华盛顿的希尔顿饭店举行的总统国家祈祷早餐会，1997年2月6日在克林顿总统的第45次早餐会上，杨福家校长等3位国际知名大学校长和来自170个国家的650名外宾，一起聆听了克林顿总统的即席演讲。克林顿在演讲中表示，“在我下一任期四年内的首要任务，是使美国人民在全世界受到最好的教育……要使每一个公民都了解，要成功地进入以知识经济（Knowledge Economy）为特征的新世纪，应达到什么样的教育标准”。“知识经济”一词虽然早已有之，但从一位国家总统的口中这样郑重地提出来却还是第一次。思维敏锐的杨福家校长像捕捉科学前沿的最新信息一样，随即意识到了这个英文单词的特殊意义：它表明，一个新的时代，即“直接依据知识和信息进行生产、交换和分配的经济”的时代开始了。回国后，杨福家校长分别在《文汇报》和《人民日报》上发表了《关于知识经济》《谈谈“知识经济”》等文章，并组织力量对知识经济进行研究，出版了《知识经济论》一书，对国内学术界和政府决策产生了重要影响。

1998年2月4日，江泽民在中科院一份报告中批示：“知识经济、创新意识对于我们21世纪的发展至关重要。”在同年6月1日举行的两院院士大会上，江泽民再次强调：“人类已进入信息时代，世界科学技术的发展日新月异，知识经济已初见端倪。知识经济的基本特征，就是知识不断创新，高新技术迅速产业化。”

五、克林顿对话上海高校学者和青年学生

1998 年 6 月 30 日，应邀访华的克林顿总统夫妇与上海的 8 位市民代表进行一场题为“构筑二十一世纪的中国”的座谈。8 位市民中有谢希德、吴心伯、吴启迪、朱揽叶等上海高校领导和著名学者。其中，来自复旦大学美国问题研究中心的青年学者吴心伯在座谈中，一边倾听克林顿总统夫妇和其他代表的谈话，一边思索如何充分利用这个难得的机会，向对方传达一位中国学者在中美关系问题上对美国政府的希望。当克林顿把话题转到中美关系这一关键问题时，征求吴心伯的看法：“作为一位研究中美关系的专家，您对最近两年中美关系的发展有何看法？您对今后中美关系有何建议？”面对克林顿提出的问题，吴心伯机敏而睿智地与克林顿开始了一场精彩的对话：“冷战结束后，美对华政策出现了摇摆，许多中国人都担心美国要遏制一个崛起的中国，尤其是 1996 年台海危机，使中美关系降到了冷战后的最低点。但是，从那以后美对华政策进行了调整，中美关系开始朝着积极的方向发展，江泽民主席去年对美国的访问和总统先生的这次中国之行，表明中美关系重新走向正常化。”吴心伯最后肯定地说：“我个人对中美关系前景抱比较乐观的态度，相信中美之间能建立战略伙伴关系。”克林顿立即接过话头说：“谢谢您刚才的回答。我相信我这次对中国的访问及过去两年我们双方的努力，加上江主席去年美国之行，有助于消除双方的误会。这使我有机会在这里重申我方的台湾政策，即我们不支持台湾独立，不支持‘两个中国’或‘一中一台’，不支持台湾加入任何必须由主权国家才能参

克林顿总统与复旦大学谢希德教授在上海图书馆

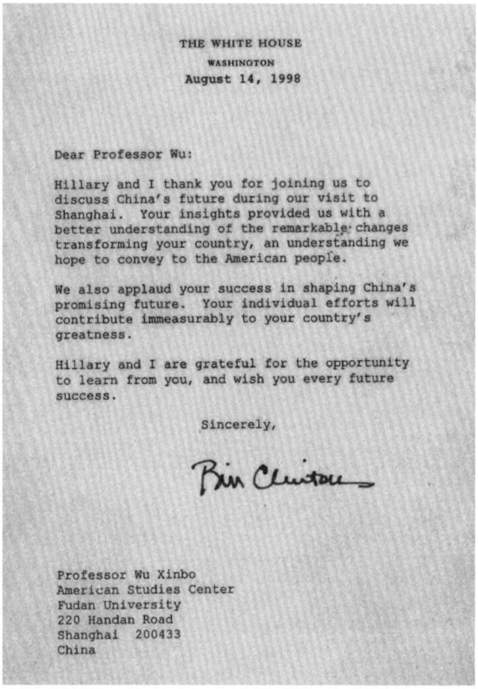

THE WHITE HOUSE
WASHINGTON
August 14, 1998

Dear Professor Wu:

Hillary and I thank you for joining us to discuss China's future during our visit to Shanghai. Your insights provided us with a better understanding of the remarkable changes transforming your country, an understanding we hope to convey to the American people.

We also applaud your success in shaping China's promising future. Your individual efforts will contribute immeasurably to your country's greatness.

Hillary and I are grateful for the opportunity to learn from you, and wish you every future success.

Sincerely,

Bill Clinton

Professor Wu Xinbo
American Studies Center
Fudan University
220 Handan Road
Shanghai 200433
China

克林顿总统寄给吴心伯教授的感谢信

克林顿总统在网吧与上海学生交流合影

加的国际组织。”

克林顿这个事关重大的公开表态立即在国内外产生强烈反响，并被评为“当年度十大国际新闻”，吴心伯也因此成为国内外媒体聚焦的新闻人物。他的才智和对中美关系的深刻见解，同样给克林顿夫妇留下了很深的印象。回美不久，克林顿即亲笔致信吴心伯说：“您的看法，使我们更好地理解中国所发生的巨大变化，我和希拉里感激您给了我们这个向您请教的机会，希望您将来取得更大的成功。”与此同时，克林顿还给吴心伯寄来了白宫摄影师摄下的他和吴在一起的照片。

克林顿在上海人民广播电台《市民与社会》热线直播节目中担任嘉宾，与上海市民进行交流，成为与中国市民通过热线进行对话的第一位美国总统。在电台直播室，克林顿回答了上海市民提出的各类问题。在回答对教育的看法时，克林顿说，没有任何一种制度是完美的，而投资教育的回报期比较长，但是回报率却比任何投资都要高。当晚，在和平饭店为克林顿总统夫妇举行的宴会上，克林顿热情称赞“上海是全世界最令人兴奋的地方之一，上海人民受过良好的教育”。

7月1日，克林顿总统来到上海著名的“3C+T”网吧。在网吧电脑前，上海学生一边用娴熟的英语与克林顿聊天，一边操作电脑。克林顿兴致勃勃地点击白宫网页，高兴地看到了几天不见的美国的“家”，浏览了美国国内有关他访华的报道，看后他心满意足地笑了。在中美记者采访中，克林顿称赞了中国年轻一代对外部世界探索的热情和勤奋好学的精神。

第三节 新世纪沪美教育走向双向交流新时代

进入21世纪，中美两国经历了风雨之后，开始进入稳定发展时期，务实合作不断加深和拓展。这也为上海与美国地方教育交流合作提供了良好的环境。

一、各级各类学校交流互访

2004年8月，中国教育部与美国耶鲁大学联合举办的首届大学领导高级研讨班在美国耶鲁大学举行。以后研讨班每年轮流在美国和中国高校举办。研讨班的主题围绕大学战略规划、本科教学、研究生教育、科学研究、教师队伍建设、资金筹措、校园规划、多校区管理等主题展开，并且全面、深入地了解耶鲁大学这样的世界顶尖著名大学的办学理念、机制和运作模式，以拓宽中国校长的国际视野、创新办学思路、提升领导水平和能力。

美国魔术大师大卫与上海聋哑青年技术学校学生交流

2013年上海市西中学与美国科罗拉多州立大学签订校际合作协议

2014 年 8 月 13 日，美国 NBA 菲尼克斯太阳队中锋迈尔斯·普拉姆利与上海聋哑青年技术学校学生一起运动

2015 年 9 月大境中学师生与美国姊妹学校西雅图西北中学学生交流

2006 年 5 月 13 日，中国教育部与美国密歇根大学联合举办中国密歇根大学领导高级研讨班。该项目是中国教育部和国家外专局“高校领导赴海外培训”项目子项目。来自上海交通大学等 19 所著名高校领导参加研讨班。同时，上海与美国地方基础教育、职业教育、终身教育等合作也在不断加强。

二、奥巴马与上海师生交流

2009 年 11 月 15 日，美国总统奥巴马应邀访华，上海是奥巴马四天国事访问的第一站。抵沪后的第二天，奥巴马来到上海科技馆，与 400 多名来自上海复旦、交大、同济、华东师大等 8 所高校本科生、研究生及部分青年教师进行现场对话，并通过互联网，与中国青年进行直接交流。奥巴马选择上海科技馆是为遵循西方“市政厅会议”（town hall meeting）的形式，场地需要确保听众环坐听讲，演讲台位于听众席中间，便于他和青年人进行充分的对话。复旦大学校长杨玉良院士主持了交流活动。

奥巴马首先发表了简短的演讲，一句带有美国口音的上海话“侬好”引起了全场的笑声和掌声。奥巴马在演讲中表示美中关系在过去 30 年中取得了长足进展，除了贸易往来大幅增加外，两国的全面合作涉及经济复苏、新能源开发、制止核武扩散、应对气候变化、亚洲及全球和平与稳定等诸多全球性问题。而成功合作的前提是加深彼此了解，进行开诚布公的对话交流。两国最重要的共同点，是对未来的信念。中国年轻人的才能、献身精神和梦想，让人看到了这个古老民族对未来美好乐观的展望。两国的合作应当超越政府层面，真正以人民的合作为基础，而年轻人正是建立这些友好合作桥梁的中坚力量。奥巴马表示，美国到中国的留学生人数要增加到10万人，这表达美国致力于加强两国人民友好交流的信心和意愿。对美国而言，最好的使者就是富有才能、充满活力、对未来充满信心的年轻人。

之后，奥巴马拿起无线话筒，扮演起“脱口秀”主持人的角色，开始和中国青年直接对话。复旦大学社会学系学生陈曦得到了第一个提问机

奥巴马总统与上海青年学生在上海科技馆交流

会。她问奥巴马："上海和芝加哥是友好城市，这两个城市间进行过各种经贸、文化、政治交流，奥巴马总统将会怎样促进两国之间的城市关系?"奥巴马表示，中美城市之间可以在城市管理和建设的问题上相互学习。他认为，美国可以向中国城市学习快速轨道交通系统的建设。奥巴马特别强调，中美两国可以在绿色建筑、城市减排等方面相互学习、共同探索。对话中，奥巴马一共回答了 3 名现场大学生和网络直播中网民的提问。

演讲结束后，奥巴马特地绕场一周，与坐在前排的每一位中国青年听众握手道别。①

三、上海参与中美人文交流的机制

2015 年 5 月 12 日至 14 日，由中国教育部和美国教育部共同主办的"第三届中美省州教育厅长对话"在上海举行。中美两国教育部、美国 8 个州教育厅长、中国 17 个省市教育厅领导，以及中国教育国际交流协会、美国亚洲协会、美国州首席中小学教育官员理事会等机构代表 60 多人出席。中美两国教育部门领导人围绕基础教育领域"教师专业发展"和"学生评估"等议题展开对话。其间，美方代表实地参访上海市市北初级中学和七一中学，上海师范大学具体承办此次"对话"会议。

作为中美人文交流的重要项目——中美"千校携手"项目，也在上海得到积极响应。该项目由中美两国元首夫人共同倡议，2014 年 7 月在第五轮中美人文交流高层磋商会议上，中国国务院副总理刘延东与美国国务卿克里正式宣布项目启动。该项目遴选中美 1000 所具有一定交流基础的中小学开展师生交流、课程共建、环境保护等相关活动，旨在增进中美两国青年学生交流，增强环保意识。为有序推进中美学校牵手结对，中国教育部开展了项目示范校评选。上海市广中学校与美国芝加哥北极星学校开展了一系列"上海芝加哥垃圾分类调查研究"，达到《中美"千校携手"项目示范学校评选参考指标》的优秀标准，成为全国首批入选中美"千校携手"项目的示范学校。上海市曹杨中学也入选首批项目示范校名单。

---

① 《140 余名复旦大学师生参与奥巴马和中国青年人的交流活动》，复旦新闻文化网 2009 年 11 月 17 日。

四、美国国家年度教师来沪交流

美国国家年度教师奖（National Teacher of the Year）的评选从 1952 年开始，每年全国只有一位教师能从 56 个州的州年度教师中脱颖而出，最终获奖者在白宫接受美国总统的接见。美国国家年度教师是美国教师的形象“代言人”，获奖者一般要停止教学一年，作为教师代言人，在美国国内和世界各国参加各类宣传和交流活动。

美国国家年度教师多次到上海访问、演讲，与教师交流，分享教学经验。2012 年 3 月 9 日，在上海波特曼大酒店，上千位来自全国各地的老师聆听了美国最有影响力的教师——雷夫·艾思奎斯的讲演。他创造了轰动美国的教育奇迹——所教的小学五年级，带班一年就能让孩子们爱上学校，每天自愿提前两个小时到校，放学后还不愿意离去；一批极其顽劣的学生也对学习充满兴趣，懂得体谅他人；那些来自贫困移民家庭的孩子，考试成绩高居全美标准化测试前 5%。他所教的学生小学毕业后，继续就读于全美顶尖学校，之后纷纷进入哈佛、普林斯顿、斯坦福等名校。雷夫也成为美国历史上最牛的小学教师，并获得“国家艺术奖章”。

2014 年 9 月 23 日，“美国国家年度教师中国行”活动在上海举行。参加活动的是一名美国国家年度教师和三名州年度教师，他们中有“个性化教育项目”专家，有的专注于项目学习教学，有的通过形成性评价促进学生发展，有的注重教育技术培训。他们凭借突出的技能、能力和专业，获得“美国国家年度教师奖”。① 这四名教师与 1400 多名来自我国各地的教育工作者

“美国国家年度教师中国行”活动

① 程琳：《美国国家年度教师中国行：破译“好教师”的成功密码》，《环球教育时讯》2014 年 9 月 23 日。

围绕“成为激发学生潜能的教师”与“建构21世纪技能的课堂”进行了精彩的对话。在活动现场，“第一教育”App启动了上线试运行仪式。① 活动现场还竖起了一面“微信墙”，所有与会者都可以通过微信将自己的想法、感受发送到“微信墙”上，与美国教师进行互动。

9月24日上午，“美国年度教师中国行”活动松江专场在上海外国语大学松江外国语学校举行。松江区各中小学校领导及教师代表围绕教师自我成长、激发学生兴趣等话题与美国优秀教师进行对话。在长宁区，美国教师作了《通过基于项目的学习培养21世纪技能》专题演讲，就如何激发学生的思维、开发学生的创造力、做充满好奇心的教师作了交流，阐述了老师要教些什么，讲明了创新、合作以及批判性思维这三项学生到2030年也适用的技能。

2016年5月13日，“美国国家年度教师现场模拟教学2016教育论坛”在上海市奉贤中学举行，论坛邀请到美国得克萨斯州阿马里洛市帕罗·杜洛高中英语教师、2015年美国国家年度教师莎娜·皮普斯来到现场，进行情景模拟教学。课堂上，莎娜·皮普斯启发引导学生利用纸、回形针、橡皮筋等一些简单的工具，研究如何在不用手直接触碰的条件下把乒乓球扔出去？她引导5组学生动脑动手，不只是让学生尽可能地按要求把球投得更远，投完后还要把自己独到的投球创意画下来，最后用英语描述出来。学生发挥创造力，或通过包裹乒乓球投掷，或通过弹弓原理射球，将乒乓球从舞台的一边送到了另一边，并以图文并茂的方式用流利的英语向现场观摩的嘉宾介绍自己的创意。

美国国家年度教师莎娜·皮普斯为上海学生带来英语课现场教学

① “第1教育”App是国内首个集教育资讯、活动、决策咨询、管理方略、教育专业解决方案的综合平台。

论坛吸引了600余名教育全国专家、学者，以及中小学校长、教师参加。莎娜·皮普斯与现场嘉宾就“如何在学校中培养学生创造和解决问题的能力”“项目式学习法——培养学生辩证思考、合作及沟通的能力”两大议题，以圆桌会议形式进行对话交流。奉贤中学的学生作为教学体验者加入热议，与美国教师、现场嘉宾共话教育教学体验。①

五、美国 NSLI-Y 项目在上海

NSLI-Y 项目（National Security Language Initiative for Youth）由美国国务院举办，美国国际教育委员会监管。该项目由美国国务院教育与文化事务局提供全额奖学金，在全美国选拔 80 名 15 至 18 岁的优秀高中生来中国学习。自 2009 年实施以来，上海多次接待 NSLI-Y 项目美国学生。上海国际学生服务中心携手上海市静安区教育交流中心和上海国际文化进修学院，组织安排来沪美国学生学习生活。

2013 年暑假期间，上海市闵行中学组织 14 名美国学生进行为期六周的密集式汉语学习及中国传统文化课的学习，入住学校 14 个志愿接待家庭，以浸润式体验的方式深入了解中国文化，激发兴趣，提升汉语学习的动力。学校项目组工作人员和学生志愿者 50 多人依据项目方案，开设汉语课和 10 门中国传统文化课，组织多项丰富多彩的课外考察活动，如，与闵行中学学生围绕中美家庭教育观和生涯规划与设计展开讨论，参观上海紫竹高科技产业园区，参加第九届上海市国际友城青少年夏令营活动，在欧尚超市、新安农贸市场进行生存汉语能力大挑战等。②

2015 年 6 月至 8 月，20 名从全美各州选拔的优秀美国高中生在上海参加了总计 100 课时的汉语课堂学习、2 周住家体验。学习之余，美国学生出席了上海普通中学的毕业典礼，与市西中学学生进行球类运动互动，观看上海戏剧学院附属中学学生演绎的戏剧《悲惨世界》，学习组装各种各样机器人模型等。还体验了中国国画、书法、茶艺、烹饪等传统文化，参观

---

① 徐程：《美国“国家年度教师”现场模拟教学 2016 教育论坛在沪举行》，东方网，2016 年 5 月 13 日。

② 严萍：《NSLI-Y 美国青年来华学习汉语项目》，http://mhzx.mhedu.sh.cn，2013 年 10 月 29 日。

美国 NSLI-Y 项目在上海的活动

游览了上海博物馆、图书馆、科技馆、东方明珠电视塔、中华艺术宫等，加深了对中国历史和现实的了解。

六、著名美籍华裔“神探”李昌珏博士法庭科学博物馆开馆

2017 年 11 月 4 日，李昌钰法庭科学博物馆在华东政法大学正式开馆，被誉为华人福尔摩斯的世界著名刑侦鉴识专家李昌钰博士向博物馆捐赠了一批法庭科学类珍贵藏品。

李昌珏博士童年曾生活于上海。后获美国纽约大学博士学位，曾担任康涅狄格州警政厅长等要职。他曾鉴识过诸多全球瞩目的重大的案件，如

肯尼迪总统遇刺案、尼克松“水门事件”、克林顿桃色案、9·11 事件、美国橄榄球明星辛普森杀妻案、南斯拉夫种族屠杀万人案、中国台湾地区领导人 3·19 枪击案、碎木机灭尸案、夏威夷警察杀妻案、少女乔安娜焚尸案等经典刑事案件。

李昌钰博士目前是美国康州纽黑文大学终身教授，同时受聘担任华东政法大学、上海政法学院特聘教授。

李昌钰法庭科学博物馆陈列着李昌钰博士多年的案件材料、不同年代刑事侦查工作所用仪器、物证材料、照片、荣誉奖牌、徽章、文献材料以

李昌钰博士在博物馆与实验室

及李博士捐赠给该校 5 万多张教学幻灯片等，展品的保管及维护均按照国家博物馆基本要求管理。李昌钰法庭科学博物馆主要用于学生实验实训、科学研究等活动，是一个将“实验教学校内培养机制”与“实验教学国际合作机制”相结合的实验教学培养的创新模式，也是一个“法学实训培养”与“公安法学科学研究”的交叉学科综合性实践基地。

李昌钰博士在为“李昌钰法庭科学博物馆”揭牌后感慨：“我的中国梦又实现了一个！”

第五章

合作办学　牵引上海教育优质多样发展

回望历史长河，上海自开埠以来 170 多年，始终是国际化教育的先锋，在国际化办学方面一度占据中国教育的“半壁江山”。改革开放后，上海教育在与世界各国特别是与美国合作办学方面再一次担当了领头雁角色。作为世界知名的国际化大都市，中美合作办学为上海市教育的发展和腾飞作出了卓越的贡献。

上海市中美合作办学的发展大致经历了三个阶段：第一个阶段是合作办学的破冰与启航（1978—1999），上海交通大学作为新中国第一个高校代表团访问美国，拉开了中美合作办学的序幕，与美国高校重新建立联系，酝酿合作；第二个阶段是合作办学在上海遍地开花（1999—2014），上海高校与美国高校广泛建立合作办学机构，开展多种形式的项目合作，上海交通大学密西根学院的创建为上海教育的发展提供了新思路，将中美合作办学的发展推向了新的阶段，复旦大学、上海工程技术大学等上海市高校纷纷与美国高校开展了多种形式的合作，对上海高校专业学科建设起到了重要推动作用；第三个阶段是在上海出现独立设置的中美“混血”的合作办学机构，合作办学全面深化（2014 至今），引导上海教育优质多样化发展。

目前，中美合作办学主要有三种形式，一是具有独立法人的合作办学机构，如上海纽约大学和上海七宝德怀特高中；二是中美两国高校合作举办的高校二级学院，如上海交大密西根学院；三是中美合作的办学项目。同时，上海高校还成立了美国问题研究智库，为加强中美合作交流发挥了重要的作用。

第一节 中美高校合作启航和高校美国问题研究的开启

经历了教育系统的对外长期封闭和动荡，中国教育的拨乱反正和对外开放就从开启对美国教育交流合作的大门起步。

一、上海交大教授代表团访美的“破冰之旅”

1978 年，改革开放之初邓小平在领导全国拨乱反正、谋划科技与教育事业改革发展之时，也把目光投向了上海交通大学。

上海交大的办学质量和学生素质在世界各国特别是在美国同行中具有很高的声誉，新中国成立前一批批交大学生留学美国。美国电脑大王王安当年去美国哈佛大学读书时，由于抗战没有带交大毕业证书和成绩单，哈佛大学知道他是交大毕业的，决定破格录取。1943 年交通大学美洲校友会在洛杉矶创立，1953 年在纽约扩展，1957 年襄助新竹交通大学建校。

改革开放之初，交大在美国的校友有 600 多人，他们组成了交大同学会，迫切希望与母校取得联系。上海交大也向中央提出组织教授代表团拜访美国校友会。由于当时中美尚未建交，高校组团访美尚无先例。

在国务院六机部（六机部是交大办学的主管部门）部长、上海交大校务委员会副主任柴树藩的直接推动下，访美一事得到中央领导的首肯，邓小平明确指示：“交大应与美国交大校友会取得联系，到美访问。”兼任上

上海交大访美教授团

海交大校务委员会主任的国务院副总理王震也给予了全力支持。1978 年 6 月 27 日，六机部正式发文，“建议先由上海交大组织一个有名望老教授参加的 10 人小组前去美国，和那里的校友会以及对我友好的校友进行接触，了解一些情况，邀请他们来华讲学、旅游、交流技术资料，同时参观几个美国理工科大学，为今后进一步开展工作创造条件”。在中央的直接支持和推动下，上海交通大学组织起新中国成立后的第一个高校代表团出访美国，中国高等教育的对外开放与合作之门由此打开。

上海交大访美代表团由 12 人组成，校务委员会副主任、党委书记邓旭初任团长，团员以留美老教授为主体，中老年教授结合，其中有在 20 世纪 20 年代至 40 年代留学美国的教授，其中金悫教授 20 年代留美，张钟俊教授 30 年代留美，王端骧教授 30 年代留美，陈铁云教授 40 年代留美。当时不少老教授刚刚摘下“反动学术权威”“反革命”的帽子，仍心有余悸。邓旭初坚定地说：我们开拓未来的事业，就是需要“海外关系”，“海外关系”好得很么！① 不派这些教授去，美国校友就会对改革开放政策心存怀疑，也就不能打开美国的大门。在美国的交大校友看到教授团名单中有久违的老师、同窗，都激动万分，奔走相告。许多美国校友把自己比作“出嫁的女儿”，把母校派出的代表团看作“娘家来的亲人”。②

当年 9 月 30 日，上海交大代表团到达美国波士顿。第一个迎接他们的是交大校友、美国十大著名电脑公司之一的王安电脑公司董事长兼总经理王安先生。当时计算机在美国已广泛运用于教学、科研、医疗等领域，但交大还没有这个专业。访问团与王安等校友讨论交大建立电子计算机中心。身为团长的邓旭初带了 8 万美元，与王安一番商谈后，王安半卖半送给交大 3 台电脑微机，访问团为此花了 5 万美元。这 3 台电脑，成了交大计算机系“发家之本”。在美国的 47 天，代表团先后访问了美国 20 个城市、27 所大学、14 家科研机构，签订了 10 多份学术协议，聘请了 16 名美籍华裔学者为交大兼职教授；联系并接触了 200 多位美国人士，400 多位美籍华

① 彭瑞高：《邓旭初攻坚》，《新民晚报》2008 年 2 月 26 日。

② 王经、刘自勋：《交大海归学人与欧美同学会百年渊源》，2014 年 1 月 7 日，http://gov.eastday.com/shtxh/node22/node24/userobject1ai3043.html。

人（包括交大校友和一些台湾、香港的在美人士等）。

通过访问活动，交大校友和美国学者进行了广泛的接触，加深了相互的了解，建立了联系。连台湾新竹交大的校友也加入了校友圈。访问团考察了美国高等教育基本情况，与美国一些著名大学建立了学术交流的渠道，形成了校际合作的实际成果。上海交大分别与美国密西根大学、加利福尼亚大学伯克利分校、加利福尼亚大学圣地亚哥分校、华盛顿大学圣路易斯分校 4 校签订了缔结“姐妹学校”协议书。

邓旭初率团回京后，向王震副总理、柴树藩部长汇报了访美成果，王震副总理一连说了三个“好”！①

1980 年 6 月，美洲交大校友联谊会在波士顿举行。这次会议是交大校友联谊会活动史上空前盛大的一次，在上海交大的建议下，上海、西安、西南、北京、新竹五校领导和校友汇聚一堂，共同饮水思源，确立了五校一家、服务校友，鼎力协助母校发展的共同愿景。邓旭初在大会上介绍了上海交大的发展情况。海外校友纷纷向母校提出许多宝贵的建议，尤其是向多科性大学方向发展这一建议，打开了交大人办学的思路。

上海交大在教授代表团成功访美后，第一个向国外敞开了办学大门，邀请国外学者来校讲学。著名教授杨振宁、李政道和企业家王安等纷纷来到上海交大。1980 年，上海交大与美国宾夕法尼亚大学建立了全面校际合作关系，其中包括与宾夕法尼亚大学沃顿商学院合办管理决策科学和计算机科学双重硕士学位研究生班，成为新中国成立以来探索国际合作办学之路的开端。研究生班结业时，上海市市长朱镕基出席了结业仪式。1990 年，上

邓旭初在北美的交大校友会上演讲

① 徐敏：《中美高教“破冰之旅”这样开启——记 30 年前上海交大教授访问团赴美之行》，《解放日报》2008 年 11 月 23 日。

海交大又与美国宾夕法尼亚大学沃顿商学院合办高级经济管理进修班 4 期，培养学员 160 名。

自此一花引来百花春。在 20 世纪 80 年代到世纪之交的 1999 年，上海高校对外交流呈现出蓄势待发的状态。

二、我国第一个高校美国研究机构——复旦大学美国研究中心

复旦大学美国研究中心成立于 1985 年，是我国最早建立的专门从事美国研究的主要机构之一，也是我国高校第一个专门从事美国研究的机构。美国研究中心的研究方向为：中美关系、美国政治、美国经济、美国宗教、美国社会、美国文化、美国外交、美国安全政策、恐怖主义与非传统安全、中国外交与安全政策、亚太政治与安全、国际关系理论。

复旦大学校长谢希德教授是美国研究中心的创始者，并亲任该中心主任。谢希德校长多次亲赴美国，带回了美国国会将持续资助复旦美国研究的诺言，20 年中，美国研究中心获得美国国会拨款资助近 1000 万美元。

中心于 2000 年被批准为国家教育部普通高等学校人文社会科学重点研究基地，2004 年被评为美国研究国家哲学社会科学创新基地。教育部和复旦大学对中心的科研工作提供资助。中心还通过设在美国首都华盛顿的复旦基金会（The Fudan Foundation）得到美国国际开发署所属的美国海外学校和医院项目的赞助。复旦基金会还设立了“谢希德奖学金”，以纪念谢希德教授对中美关系作出的杰出努力。

1985 年以来，复旦大学美国研究中心已为国家培养了数百位专门从事国际政治和美国问题研究的高端人才，许多外国留学生也慕名前来美国研究中心学习研究。中心平均每年为复旦大学本科生、研究生开设十余门中英文课程。

中心先后承担了数十项国家级重大科研课题，共发表学术文章 1262 篇，出版专著 60 余部，召开各类国际学术会议千余次，为国家的对美政策制定提供了大量的咨询报告和参考意见。中心于 2000 年被批准成为国家教育部普通高等学校人文社会科学重点研究基地，2006 年又被批准成为美国研究国家哲学社会科学创新基地。2015 年起，由中心牵头，协同北京大学、中国人民大学、解放军军事科学院、现代国际关系研究院、中国社科院美

2014 年 9 月，美国前总统卡特访问复旦美国研究中心

国所等单位共同成立的中美新型大国关系协同创新中心也正式启动建设。

30 年来，复旦大学美国研究中心已经成为中美交往的重要平台。美国研究中心与美国卡特中心、布鲁金斯学会、战略与国际问题研究中心等智库已建立合作关系。美国政要也纷纷到访美国研究中心。1996 年 11 月，美国国务卿克里斯托弗访华，其间在美国研究中心发表演讲。2001 年 8 月，美国参议院外交委员会主席（后任美国副总统）拜登访问复旦大学，并在美国研究中心与复旦大学的师生就中美关系进行坦诚的讨论与交流。2014 年 9 月，90 岁高龄的美国前总统吉米·卡特携夫人和美国卡特中心人员一行访问复旦大学。卡特就中美关系发表演讲。在卡特先生的见证下，复旦大学美国研究中心与美国卡特中心正式签署合作备忘录。两大机构将围绕“中美新型大国关系”开展合作研究、协同创新，并在共同主办学术会议、互派研究人员等方面开展深入合作。

2017 年，美国研究中心受教育部委托承建中美人文交流研究基地并通过认证。复旦大学美国研究中心已经发展为国内外相当有影响力的国际研究机构，是我国美国研究最重要的基地和智库之一。在上海社会科学院组织编写的《2017 中国智库报告》中，复旦大学美国研究中心列为国际类智库专业影响力前十位，这是中心连续第四年列入该榜单。

上海美国学校师生

三、上海美国学校

上海美国学校（Shanghai American School，与 1949 年关闭的上海美童公学同名），是上海规模最大的一所国际学校之一。学校创建于 1981 年。最初设在美国驻上海总领事馆内，专为领事馆官员的子女、居住在上海的美国公民的子女和其他讲英语国家人士的子女开设，办学经费由美国政府提供一小部分，其余来自学生的学费。学校创建时，美国驻沪领事馆提供了两幢平房和一间玻璃暖房作为教学用房，并把一块大草坪作为学生的活动场所。学校正式聘用少量全日制教师，再根据教学需要聘用专业课兼职（Part-time）教师，校长是全校唯一的全日制行政人员。

之后学校办学规模不断扩大，1996 年学校分别在虹桥商务区和浦东建设了分校。目前上海美国学校招收了来自世界 40 多个国家的学生 3000 多人，学生年龄从 4 岁到 18 岁，学段从幼儿园到十二年级。学校为学生提供 IB 和 AP 国际课程。中文是学生的第二语言。

第二节　中美合作办学的全面展开

进入 21 世纪，中美合作办学呈现新的发展局面，中美之间广泛建立合作办学机构，上海交通大学密西根学院为这一阶段的代表。中美两国高校也开始开展广泛的项目合作，合作层次包括专科、本科、硕士，涉及的专业涵盖教育、法律、社会工作、旅游管理、康复治疗、工商管理、电子与计算机工程、机械设计制造及自动化、国际经济与贸易等。

一、中美合作办学的启航——上海交通大学密西根学院创办

1．上海交大密西根学院的筹建

美国密西根大学创建于1817年，位于美国汽车工业集中的底特律地区，主校区位于密西根州安娜堡市，是美国著名的研究型大学。其工学院在美国名列前5位，机械工程学科更是名列前3位。

自1978年9月上海交大组团访问美国并与密西根大学签订合作协议后，两校间从互派教师开始，不断扩大学术交流。两校于1999年草签了机械工程学科领域的合作协议，共建上海交通大学机械工程学院，这是两校合作的第一个项目。2000年双方签署了《共建机械与动力工程学院的协议》。2001年3月，教育部正式批准合作协议。

至2005年，上海交大机械密西根试点班（密西根学院前身）共招收了近500名学生，其中117人毕业，35人被密西根大学录取攻读双学位。试点班的毕业生普遍具有突出的实践能力、国际化竞争力和优秀的专业基础，

上海交大与美国密西根大学签署联合办学协议

因而受到众多跨国公司和国内大型企业的青睐。

2005 年 6 月，密西根大学校长科尔曼访问上海交大，双方签署了共建交大密西根学院的协议，标志着两校合作又向前迈进了一大步。2006 年 4 月 12 日，经教育部批准，上海交通大学密西根联合学院（UM-SJTU Joint Institute）正式揭牌成立。学院在运行机制上将具有相对的独立性，实行理事会领导下的院长负责制。学院设置机械类和电气信息类本科专业。

2008 年 8 月，密西根学院 70 名参加双学位项目的学生赴密西根大学学习，一学期后普遍取得优异成绩，并有 8 名同学获得密西根大学专门授予具备研究潜力学生的暑期科研基金，十多名同学获得密西根大学学术成就奖。密西根学院还招收硕士、博士研究生，交大—密西根本硕连读项目也于 2009 年启动。

2．上海交大密西根学院成为中外合作办学的先驱

上海交大密西根学院的办学目标是，学习美国密西根大学的成功经验，探索在中国快速建设国际化一流学院之路，把密西根学院建设成国际一流大学在中国实施国际化人才培养和科研合作的重要基地。其办学理念是全球视野（Internationalization）、交叉学科（Interdisciplinarity）、创新为道（Innovation）、质量为本（Quality），致力于培养国际化、创新性、领袖

2010 年上海交通大学密西根学院首届本科学生毕业

型人才。

在学生培养方面，学院将通识教育与专业素养培养有机结合，重视创新和实践能力的培养，强调领导和综合能力的建构。学院着力为学生提供不用出国的留学环境，在课程设置、教材选用、教案设计、实践训练等教学环节均与密西根大学相关专业同步，并全部采用英文授课，使学生无论在课堂讨论、课后作业还是小组项目中都能沉浸在全英文的学习环境中，使学生实现中文学习模式到英文学习模式的转变。学院通过多种国际化合作项目的设立，使学生能够更直接、更近距离地接触海外教育，尤其是密西根大学的教育模式。本科毕业生中70%以上到北美一流高校就读研究生。同时，每年夏季学期，都会有几十名密西根大学的外国本科生来到密西根学院参加暑期项目，密西根学院的学生与美国密西根大学学生一起学习，一起开展课余活动，近距离地感受美国文化。学院还有相当比例的外国留学生和外籍行政管理人员，使学生在潜移默化中培养跨文化交流合作能力，给学院营造了良好的国际化氛围。

在办学机制上，上海交大密西根学院是非独立法人办学机构，是一个完全按国际一流大学标准和模式运行的国际化办学特区。学院实行理事会领导下的院长负责制，院长由理事会任命，直接对理事会负责。院长对学院管理团队有任命权。同时，在理事会休会期间，由双方学校领导和教授组成的学术委员会将协助院长对学院的重大问题作出决策。

在科研合作和学科结构方面，上海交大与密西根大学机械系在汽车车身制造、高速切削、可重组制造系统、微机械和虚拟设计等方面确定了共建的研究方向，与密西根大学工业工程系共建工业工程方面的研究方向。通过双赢、持久的科研合作来吸引国际上最优秀的人才，保证一流的教学和学科建设。

在教师队伍方面，学院师资队伍依照国际惯例面向全球公开招聘，教师全部是毕业于世界顶尖名校的博士，并具有多年在国际一流大学或著名跨国公司从事前沿科研的经历。密西根学院参照美国高校的教师职称体系，分为助理教授、副教授和教授等级，还采用了美国学术界的终身教职制度。终身教职为教师提供的永久聘用的承诺，除非教师犯了重大过失。为了获得终身教职，学院的教师必须在研究、教学和社会服务等各方面都

上海交大密西根学院教师在精心指导学生

满足标准。他们必须拥有独立的发表成果，在其研究领域有一定知名度，指导博士生。终身教职与学术职称头衔是两码事。拥有副教授或者在极少数情况下甚至是教授头衔的教师也可能拿不到终身教职。如果教师能够展现其之前的经历并得到认可，那么在其被录用时就会被授予终身教职。一般情况下，教师要经过六年的历练才能获得终身教职，但对于那些有相关研究经验的教师来说，时间可以缩短。教师只有一次申请终身教职评审的机会。如果教师的终身教职申请被驳回，他们必须在一年内离开。密西根学院的教师薪酬体系和美国研究型大学一样。教师一年领 9 个月的薪水，这些酬劳分 12 个月发放。除此之外，教师还能从研究经费中获得另外 3 个月的补贴。密西根学院已经吸引了一批国家、国家青年和上海“千人计划”等高端专家，100% 工程学科专业教师具有博士学位、海外学术背景。

上海交大密西根学院的成功探索，赢得国际国内的高度认可，获“上海市示范性中外合作办学机构”“国家级教学成果一等奖”等荣誉，以及由国家教育体制改革小组认定的“中国高等教育改革楷模”。2014 年还获得象征国际教育最高荣誉的海斯克尔国际教育革新奖，这是第一个获得该奖项的中国教育机构。

二、上海与美国的学校合作各类项目

上海交大鼓励每一个学院去寻找自己的国际合作伙伴，努力实现与著名大学院系一级的合作。2005年上海交大法学院与美国佩斯大学法学院合作成立了“中美环境法教学与研究中心”，推动相关领域重点学科高起点发展。

20世纪80年代，上海市政府与美国世界健康基金会协商决定在上海浦东建立一所现代化的儿科医院。经过双方努力，1998年6月1日，中美合作的上海儿童医学中心正式运营，总投资超过六亿元人民币，美国第一夫人希拉里和上海市领导参加了中心落成典礼，并为中心剪彩。中心由上海第二医科大学受上海市人民政府委托与美国世界健康基金会合作，由上海第二医科大学附属新华医院负责全面筹建和一体化管理。中心是一所集医、教、研于一体的三级甲等儿童专科医院。上海儿童医学中心成立后，获得美国基金会的大量捐助，包括医疗器材、设备和资金，并且每年基金会都会资助一批儿童医学中心骨干赴海外深造学习。

美国第一夫人希拉里·克林顿为上海交大医学院儿童医学中心剪彩

上海工程技术大学与美国劳伦斯理工大学合作本科教育项目。美国劳伦斯理工大学位于美国“汽车之都”底特律，自1932年成立以来，为美国三大汽车公司及跨国零部件公司提供大批高级管理及科技人才。上海工程技术大学着眼于将学科链、专业链与产业链对接，培养优秀专业人才。上海工程技术大学汽车工程学院是上海市最早创办汽车专业的学院之一，也是上海市汽车类专业门类相对齐全的学院，包括车用发动机、汽车底盘、车身工程、汽车制造、汽车运用工程和汽车营销等专业方向。2003年上海工程技术大学与美国劳伦斯理工大学共同开展了中外合作办学，开设了美国劳伦斯理工大学国际本科课程。两

上海工程技术大学与美国劳伦斯理工大学合作办学的机械设计制造及其自动化（汽车工程）专业学生参加2013年中国大学生方程式汽车大赛

校合作举办的机械设计制造及其自动化（汽车工程）（中美合作）专业2013年获批国家级特色专业。该专业引进美方课程，改革原有的课程教学体系。依托校内工程实训中心、汽车工程实训中心，形成校内学科基础实践、专业基础实践、专业实践三个平台，构建起工程实践教育平台。借鉴美方组织学生参加各类汽车竞赛的成功经验，学校组队参与各类大赛及大学生创新创业项目，并频频获奖。在机械设计制造及其自动化专业的基础上，上海工程技术大学与美国劳伦斯理工大学合作，在交通运输（汽车运用工程）、汽车服务工程、市场营销（汽车营销）专业、机械设计制造及其自动化（汽车工程）四个专业方向开展合作。

上海出版印刷高等专科学校与美国罗彻斯特理工学院合作高等专科教育项目。两校于2001年合作举办图文信息处理专业高等专科教育项目，项目通过"2+3"模式开展合作办学，通过引进罗彻斯特理工学院的师资、教材、教学计划、教学管理经验，培养印刷、出版、数字媒体传播方面的专业人才。同时，通过学分互认，成绩优秀的学生可以到美国学习，考核合格后可同时获得美国罗彻斯特理工大学本科学位和本校的毕业证书。该项目获评"第二届上海市示范性中外合作办学项目（2016年度）"。

2012年7月，复旦大学与美国加州大学决定合作成立复旦—加大当代中国研究中心，复旦大学和加州大学十个校区均为中心的创始会员单位。

中心办公室设在加州大学圣地亚哥分校。成立该中心的目的是要推进中美学者共同研究中国发展中的问题，共同探讨中美关系中两国的合作与发展；同时中心作为一个国际性的平台，还将聚集对中国问题有兴趣、有研究的学者共同来参与中国问题的研究，并且在北美建立一个认识中国社会、了解中国发展的窗口。中心在用人机制上引进国际通用的“旋转门”制度，为“中国智库”引进“现代国际智慧”。如，美国著名中国问题专家、克林顿政府时期国务卿助理谢淑丽，曾担任奥巴马政府美国贸易代表办公室高级顾问、克林顿政府国际联邦通信委员会会长郭霈德分别担任中心学术委员会主席和管理委员会执行副主席。中心每两周举办一次“周五工作坊”，请学者报告最新研究成果。中心还为从事中国问题研究的博士生或助理教授举办专门的青年学者论坛。由复旦大学与加州大学圣地亚哥分校共同主办的“上海—加州创新对话”，每年举行一次，两地轮流，发挥了大学在沟通政府、企业以及创新服务业方面的作用。

此外，上海高校与美国高校合作项目还包括：复旦大学与美国圣路易斯华盛顿大学合作举办高级管理人员工商管理硕士学位教育项目，华东政法大学与美国威斯康星大学麦迪逊分校联合举办高级法律硕士学位项目，上海财经大学与美国韦伯斯特大学合作举办工商管理硕士学位和本科教育项目，上海理工大学与美国中央密西根大学合作举办信息管理与信息系统专业本科教育项目，上海理工大学与美国北达科他大学合作举办工商管理专业本科教育项目，上海师范大学与美国戴顿大学合作举办电子信息工程本科和机械设计制造及其自动化本科教育项目，上海师范大学与美国犹他大学合作举办旅游管理专业本科教育项目，上海师范大学与美国韦伯州立大学合作举办经济学专业本科教育项目，上海应用技术大学与美国中央密西根大学合作举办电气工程及其自动化专业本科教育项目和机械设计制造及其自动化专业本科教育项目，同济大学与美国得克萨斯大学阿灵顿分校合作举办高级管理人员工商管理硕士学位教育项目，同济大学与美国密西根大学迪尔本分校合作举办汽车系统工程硕士学位教育项目，上海杉达学院与美国瑞德大学合作举办国际经济与贸易专业本科教育项目，上海理工大学与美国纽约市立大学皇后学院合作举办英语专业本科教育项目，上海国家会计学院与美国亚利桑那州立大学合作举办金融财务方向高级管理人员工商管理硕士教育项目，华东师范大学与美国艾里克森研究院合作举办儿童发展与早期教育理学硕士学位教育项目，上海电机学院与美国北爱荷华大学合作举办国际经济与贸易专业本科教育项目，等等。

第三节　中美合作办学内涵的新提升

伴随着上海教育国际化进程的加快和上海教育综合改革的深化，上海各高校与美国高校的合作办学开始寻求新的突破，以上海纽约大学和上海七宝德怀特高级中学的创办为标志，合作办学的形式不仅局限于高校内二级机构，而且还出现了独立设置的法人实体，并且从高等教育扩展到基础教育。

一、中国高等教育的“中美混血”的“鲶鱼”——上海纽约大学

上海纽约大学，是世界一流大学美国纽约大学和中国著名高等学府华东师范大学合作举办的具有独立法人地位的研究型大学，是纽约大学全球系统中的三个具有学位授予权的门户校园之一。上海纽约大学的成立，被普遍认为是国内高等教育改革的典范，成为激活中国高等教育的“中美混血”的“鲶鱼”。

1．上海纽约大学的酝酿

纽约大学（New York University，NYU），是一所世界著名的研究型大学，本部位于美国纽约。纽约大学于1831年成立，由18个学院和研究所组成，是美国规模最大的私立非营利高等教育机构之一。在全球化趋势不断加强的时代，纽约大学顺势开展国际化战略，推进教师和学生来源的国际化，并在世界各地建立了10个海外校区和教学基地。

2006年，纽约大学将目光投向了经济繁荣、人才聚集的上海，华东师范大学成为其具体的合作方。纽约大学在华东师大建立教学点，开设多样化课程，吸引了大批纽约大学本部学生来华东师大学习。2008年6月，纽约大学派代表团考察上海教学点，并向上海市政府提出进一步合作的意愿。在上海市政府、华东师大以及纽约大学的友好互动中，上海纽约大学初具雏形。

2. 四方共建上海纽约大学

《国家中长期教育改革和发展规划纲要（2010—2020年）》提出，“开展多种形式的国际交流与合作，办好若干所示范性中外合作学校和一批中外合作办学项目”。在教育部和上海市政府的大力支持下，华东师大积极探索和推进与美国纽约大学的合作洽谈，并于2011年1月17日获教育部同意筹建上海纽约大学的批复。2012年9月22日，教育部下发《关于批准设立上海纽约大学的函》。上海市政府也把上海纽约大学的成立，作为教育部和上海市共建的“国家教育综合改革实验区”的重点项目。

2012年10月15日上海纽约大学揭牌，美国纽约大学、华东师范大学、上海市教育委员会和浦东新区人民政府为联合举办者。华东师范大学原校长俞立中任上海纽约大学校长，康奈尔大学原校长、北京大学国际法学院创始院长杰弗里·雷蒙任常务副校长。2013年8月11日上海纽约大学首届本科生报到，次日举行入学仪式。2014年8月，位于世纪大道1555号的浦东校园正式启用。

上海纽约大学的建设目标，是要成为一所世界级的、多元文化融合、文理工学科兼有的研究型大学，也就是要成为一所“小而精”的世界一流大学。其被赋予的特殊使命，是探索高等教育新模式，致力促进文明交流互鉴，架起中国与美国乃至世界沟通的桥梁。

上海纽约大学成立

3. 上海纽约大学高度国际化的办学模式

上海纽约大学在办学中充分借鉴世界一流大学的经验，在人才培养、学术创新、社会服务、管理体制、师资建设等各方面进行大胆的改革与创新，力求成为中国高等教育改革的“试验田”。

一是探究新型招生模式，“选拔最适合的学生”。上海纽约大学的学生来源，大致一半是国际学生，一半是中国学生。首届295名学生中，51%来自中国，49%来自世界各地。国际学生的招生按照纽约大学的标准，利用纽约大学全球系统的优势，通过学生申请的方式选拔录取。中国学生招生则基于中国高考制度，另外必须参加上海纽约大学的自主面试。学校在网上申请者中择优选取学生，分组进行24小时全英文“校园日”活动。活动中，学校通过模拟课堂、英文写作、团队活动、单独面谈等方式，考查考生各方面的素养和能力是否适合上海纽约大学，由教师对学生的英文表达、综合素质等进行打分，表现优秀的学生可拿到上海纽约大学的预录取资格，最后结合高考成绩（即高考成绩高于当地的一本线）予以录取。通过这样综合评价遴选出的学生不仅学习成绩优秀、有思想、有追求，而且适合学校的培养目标和培养模式。

二是创新课程体系，培养国际化创新人才。上海纽约大学实施文理兼容的博雅教育，培养具有扎实文理基础和宽广知识面的国际化创新型人才。课程包括核心课程和专业课程两部分。核心课程即通识教育课程，涉及语言、社会和文化基础、写作、数学、科学五大部分，所有学生在入学后的前两年均需接受核心课程的教育。其中社会和文化基础课程既注重多元文化融合的教育，又注重传播中华优秀传统文化，开展中国国情教育。其中“科学、社会和历史”系列课程，探讨科学对社会的影响及不同文化和历史时代的人们对科学发现的态度，综合了科学、历史学、社会学等多学科的知识。同样，写作并不是一门独立于其他学科的单独课程，而是融入具体学科的教学中，并着重培养学生的写作能力、思辨能力和理性思维能力。同时，学校把课程教学、文化体验、社会观察、研究实践作为一个大的学习平台，鼓励学生在实践中学习，鼓励同学间相互学习。在课外，学生必须有大量的阅读和思考，才能参与课堂讨论。同时，学生还会通过各种实践活动，认识多样的社会形态，打破“课堂才是学习场所”的传统认知。

三是改革管理模式，建立现代大学制度。上海纽约大学实行理事会领导下的校长负责制。上海纽约大学校长也是大学理事会理事长。学校发展重大事务由理事会讨论决定，学校具体管理事务则由中方和美方校长共同负责。其中美方校长对学校的学术标准与质量承担全部的责任。上海纽约大学的财政运行主要是靠四个方面的支撑，包括学费、政府支持、社会捐赠、培训项目。在启动办学的前五年，政府的经费支持大约占到了40%，未来的五年里会逐步降低到20%。

四是打造全方位、多元化、个性化的学生服务体系。上海纽约大学的师生比设置为1∶8，实施小班化教学，以保证师生之间充分交流互动。所有学生在入学后都有一名教授作为个人导师，导师和学生一起制是学生个

2017年上海纽约大学首届毕业生毕业典礼和联欢活动

性化培养方案。上海纽约大学充分发挥纽约大学全球教育网络，其遍布全球的 14 个校园和学习中心都成为上海纽约大学学生探索世界的据点，学生可以享用美国纽约大学的图书馆等设施，可以通过网络视频共享纽约大学阿布扎比分校等校区的课程。

五是面向全球，打造一流师资。上海纽约大学的教师水准不低于纽约大学的平均水平，师资由三部分组成，美国纽约大学和上海纽约大学联合聘用教师占 40%，面向全球招聘的专任教师占 40%，来自国内外其他一流高校的兼职、客座教授占 20%。迈克尔·斯宾塞（Michael Spence）、罗伯特·恩格尔（Robert Engle）等数位诺贝尔奖获得者走上讲台为学生授课。

2017 年 5 月，上海纽约大学首届 261 名学生毕业，其中 141 名中国学生，120 名国际学生。他们同时获得纽约大学学位证书、上海纽约大学学位证书以及上海纽约大学毕业证书。中国毕业生就业率与雇主满意度均达 100%。其中，选择出国（境）留学的毕业生 72 人，占 51.06%；选择就业的毕业生占 48.94%。“人均 3.2 个学校 offer，1.83 个工作 offer。”出国留学的中国毕业生中，有 49 人被 US NEWS 世界大学排名前 50 位的学校录取，占出国（境）留学总人数的 68%，包括哈佛大学、麻省理工学院、哥伦比亚大学、约翰霍普金斯大学、芝加哥大学、宾夕法尼亚大学、康奈尔大学、纽约大学、艾默里大学、帝国理工学院、墨尔本大学等。其中，9 人被世界著名高校博士项目直接录取。进入就业市场的单位包括普华永道、毕马威、工商银行、建设银行、招商银行等。8 名外籍学生毕业后选择在华各大顶尖高校继续攻读研究生学位，包括清华大学、上海交通大学、浙江大学、南京大学—约翰斯霍普金斯大学中美文化研究中心等。受惠于 2016 年颁布的上海人才新政“30 条”，11 名外籍毕业生留沪工作。新政规定，在上海地区高校取得本科及以上学历且在“双自”地区就业的外国留学生，经批准可直接申请办理外国人就业手续和工作类居留许可。其中，美国学生泰勒·罗瑞克（Tyler Rhorick）毕业后，经申请获得了全国首张本科学历的外国留学生工作许可证，留校从事行政工作。①

5 月 28 日，来自中国、美国及其他 31 个国家的 260 多名应届生，与

① 朱颖婕：《上海纽约大学首届毕业生去向报告出炉》，《文汇报》2018 年 2 月 23 日。

老师、亲友在上海东方艺术中心齐聚一堂，共同庆祝中国第一所中美合办研究型大学首届毕业生的毕业典礼。毕业典礼上宣读了国务院副总理刘延东致上海纽约大学 2017 届毕业生的问候信。刘延东称赞上海纽约大学是中美教育合作交流的重要成果，“在创新办学体制机制、培养优秀人才、促进人文交流等方面取得可喜成绩”。

二、中国第一所中美合作高中——上海七宝德怀特高级中学

七宝中学是上海一所优质高中，在上海基础教育界享有美誉。在其发展进程中，始终坚持吸收借鉴国际先进的教育理念和方法，深度推进国际教育合作交流。2011 年七宝中学校长仇忠海接到闵行区领导关于在七宝地区办一所中外合作的国际高中的任务，因为在闵行区，莘庄工业园区、大虹桥枢纽开发区，将陆续引进大批海外高端人才和中国海归人士，他们对优质的教育资源有强烈的需求。闵行区七宝镇已经聚集了以七宝中学领军的从幼儿园到高中学段的学校，但缺少一所中西文化融合、办学灵活多样的国际学校。其实，从 2006 年开始，在七宝中学教育集团核心学校——民办文来高中试点国际课程，探索高中特色化办学的新路。

2011 年 7 月，七宝中学明确提出要开展中外合作办学，寻找一所优质的合作学校。最终选择的合作方是美国的德怀特学校。德怀特学校位于美

2014 年 3 月 4 日上海七宝德怀特高级中学正式成立

国纽约，是美国提供高中 IB 课程[①]的著名学校，拥有十几位在 IB 课程发展和教学领域的世界级导师，被誉为 IB 教育和全球推广的领袖。德怀特学校也是美国率先建立海外国际校区的独立学校之一，分布于美国纽约、加拿大维多利亚、英国伦敦和韩国首尔。纽约德怀特学校培养美国社会的大批精英，他们中包括美国前总统富兰克林·罗斯福，前财政部长亨利·摩根索，连特朗普总统的孙子孙女以及儿媳也曾在德怀特就读。

2014 年 3 月 4 日，上海第一所独立设置的中外合作高中——上海七宝德怀特高级中学宣告成立，于当年 9 月正式开学。

七宝德怀特高级中学 2014 年计划招收十年级学生 150 人，分设 6 个班。其中，上海学生 100 人，外地学生及国际学生 50 人。招收上海学生时，学校参照上海市实验性示范性高中“自主招生”政策，综合学校测试、中考成绩和素质评价等，通过上海市中等学校高中阶段招生体系择优录取。国际学生和国内其他省市学生的招收将通过七宝德怀特的招生综合评价体系择优录取。学校要求申请的学生应具备以下潜质：一是要热爱探究，有强烈的求知欲望；二是要乐于合作，有为他人着想的善良；三是要有自觉自律性，敢于担当社会责任。学校的目标是要培养具有“全球视野、中西融合、科文并举、精英气质”的优秀高中生，学生毕业后可以获得中美双方的“双文凭”。

七宝德怀特高中三年的课程是由合作双方根据培养目标、学生发展需求共同设置，其中既保留了中国核心课程（语文、历史、地理、政治），又引进了国际文凭教育（IB）的先进理念、课程框架（语言文学、第二语言的英语及其他语言、社会研究、实验科学、数学与计算机科学、艺术与体育）、教学和评价方式，汲取德怀特学校实施 IB 课程的丰富经验和本校特色，构建适合中国学生学习国际文凭教育（IBDP）的完整课程体系。七宝德怀特的学生在三年高中学习中可以选择到德怀特其他校区修读部分课程学分、开展各种项目交流和主题研修。

---

① IB 是一种国际文凭，由国际文凭组织设立在中小学的课程，有小学阶段、初中阶段和高中阶段。其中，IB 高中课程 IBDP（International Baccalaureate Diploma Programme）是国际预科证书课程，是专为高中生设计的为期两年的课程；另外还有 IB 早期课程 PYP（Primary Years Program），IB 中期课程 MYP（Middle Years Program）。

学校在每一个学科领域均开设多门课程，每门课程均设置高级水平和标准水平，满足不同志趣、不同潜质、不同能力水准的学生学习需求。学校还在十一至十二年级开设 IBDP 三门核心课程：知识论、拓展论文、创新实践服务。

House 体系是七宝德怀特高中学生管理的特色，学校通过 House 实现对学生、班级跨年级的纵向管理。每个 House 都有自己的 House 名称、颜色、属性和吉祥物。House 内都有十至十二年级三个年级的行政班学生。新生入学时，会根据其学术成绩、特长能力、男女比例等平均分配到各个 House 中。除了学术课程以外，学生的课后活动、住宿生活、运动比赛等，都会以 House 为单位进行开展。House 就像一个大家庭，是学生和老师心灵的归属。在七宝德怀特，一共有 6 个 House。

学校把七宝德怀特简称为“七德”，并衍化出由教师团队和首届学生经过讨论选出的七项美德：“Integrity”“Tenacity”“Kindness”“Respect”“Cooperation”“Discipline”“Creativity”，即正直、自律、善良、尊重、合作、毅力、创新。七宝德怀特以此提高学生的集体荣誉感和团队凝聚力。

学校注重开展丰富多彩的系列学生活动，举办七宝德怀特“O-Days”夏令营活动；开展以游戏活动为载体的“Q-Discovery”（七宝德怀特学生探索活动，即 IB 素养团队活动，每个休息日学生返校的晚上，实施跨班级的

七宝中学仇忠海校长与七宝德怀特高中学生在一起

团体训练，培养学生的团队意识、合作能力、创新精神）；组织学生参加德怀特全球校区“卡内基音乐厅演奏会”“模拟联合国大赛”“24小时电影节”“IB学生世界大会”等活动。

学校重视对学生进行升学指导，形成由纽约德怀特升学指导老师和七宝德怀特升学指导老师共同构成的升学指导团队，开设升学指导课程，对学生进行“一对一”升学指导面谈，邀请国外大学招生官进行校园讲座，为学生提供升学指导，对十二年级的学生从9月到11月开展全方位申请大学的指导工作。

2017年5月，七宝德怀特高中首届137名学生毕业。平均每名学生收到4所大学录取通知，申请大学的成功率为100%。

设立中外融合的合作高中，招收本国学生和外国学生，结合本土课程和国际课程，可以满足市民、海归人员和外籍人员子女对优质高中教育的需求，汲取先进的教育理念和方法，促进上海高中特色优质发展，提升上海高中教育的国际影响力和竞争力。

三、上海戏剧学院、上海音乐学院的中美艺术教育合作

2014年初，全球人类表演学国际论坛在上海戏剧学院开幕。此前，这一国际论坛一直由斯坦福大学、布朗大学等世界名校主办。该论坛能够移师上海，有赖于上海戏剧学院的国际化战略。为了使艺术教育与国际接轨，近年来，上戏分别与耶鲁大学、普林斯顿大学、哥伦比亚大学等常青藤盟校展开合作，更将发源于美国的人类表演学学科，演绎成国际同行眼中的“中国学派的社会表演学”。自美国纽约大学（1979年）和西北大学（1985年）成立人类表演学系后，美国多所顶尖大学如布朗、斯坦福和加州大学伯克利分校等纷纷将“戏剧系”改为“戏剧与人类表演学系”。人类表演学也在上海戏剧学院稳步建设，现已形成本、硕、博的完整教学体系，培养人类表演学博士和社会表演学艺术硕士；更重要的是创立了该学科的中国学派——社会表演学。从2010年开始，上戏与美国常青藤盟校联合举办夏季学院和冬季学院，面向全球大学招生。由此，上戏每年都会吸引一批名校本科毕业生慕名而来，从而使得上戏的学术研究和人才培养越来越国际化。上海戏剧学院还将与美国音乐剧学院（AMDA）进行联合招生。这个

上海戏剧学院与美国音乐剧学院联合举办的音乐剧班

学院有 60 多年的音乐剧办学经验，百老汇上约 30% 的演员出自这个学校。音乐剧班通过 1 年国内学习、3 年美国学习的“1+3 方式”，以中英文双语培养音乐剧表演人才。这是国内音乐剧领域第一次中美联合培养音乐剧专业演员。

上海戏剧学院先后与美国纽约理工大学与纽约电影学院开展国际化合作办学。上海戏剧学院与美国纽约大学的合作项目包括广告公关技术、传播与媒体制作等 7 个科系。

上海音乐学院在推进世界一流艺术院校的进程中，积极推进与美国一流艺术院校的战略合作。美国茱莉亚学院是上海音乐学院建设的重要标杆，双方建立了校际合作关系，2017 年 1 月，又续签了校际合作协议。2017 年 5 月，上海音乐学院与美国伯克利音乐学院决定，建立深入合作的战略学术伙伴关系，成立上音-伯克利现代音乐院。美国伯克利音乐学院创立于 1945 年，以爵士乐、摇滚乐、电影音乐、电吉他演奏、歌曲创作、电子音乐创作等专业享誉国际，该学院拥有 114 位格莱美奖、275 位拉丁格莱美奖、5 位奥斯卡奖、19 位艾美奖、5 位托尼奖等获奖校友。而上海音乐学院已建设成为以传统学科为主干，积极发展新兴学科的综合音乐艺术教育机构，作为中国的专业音乐院校，在如今古典音乐、传统音乐、世界音乐、应用音乐等多元素音乐交汇碰撞的时代，不断保持着对现代音乐、流行音

上海音乐学院与美国伯克利音乐学院签订合作协议

乐、实用音乐领域的研究与探索。新的音乐院成立后，双方校长及相关专业负责人将共同担任现代音乐院理事会成员，从联合培养、音乐职业培训、产学研开发、音乐会巡演及夏令营等方面多层次展开，培养具有世界眼光、专业水准、开创能力和职业观念的新型音乐人才。新的学院将通过5至10年的建设，让上音现代音乐的创研完全融入世界音乐学科前沿，吸引、培养和发现未来能开创、引领当代音乐发展潮流的优秀人才，实现未来中国音乐产业人才的国际性培养和国际性储备。

第六章

人才流动　建构世界一流教育的人才高原高峰

新中国成立以来，沪美之间的人才流动过程大致经历了三个阶段。第一个阶段，从新中国成立至20世纪60年代，是留美学子大批回国效力，即留学人才的流入和回归（brain gain）时期，基本上是由美国向中国国内的单向流入。但之后相当长时间，双方的人才流动除了少数美籍华裔学者来沪探亲外，基本处于中断状态。第二个阶段，改革开放后至20世纪末期这20多年，总的态势是大批中国学子留学美国，学成后留在了美国，虽然也有一些优秀人才学成回国，但人才流动出现严重失衡情况，即人才流失。直到进入21世纪，随着中国经济持续迅猛发展，国家实力不断提升，越来越多的家庭有条件支持孩子出国留学，留学生总量增加了。与改革开放初期不同的是，更优厚的吸引人才政策向留学海外的优秀学子倾斜，虽然海归的比例仍只占三分之一左右，但人才回流绝对数迅速增长，回国创业和就业的专业人才越来越多，中美之间的交流也从单一流出发展到有来有往的双向互动，人才流动呈现出第三个阶段特点——人才的互动。

第一节　新中国成立初期留美学生应召回归祖国

由于一些原因，中美两国学者相互隔绝近30年，美国著名汉学家费正清为此曾感慨道：“从1950年到1978年，华盛顿送上月球的人比派往中国的人还多，虽然后者离我们更近，旅途也更为安全、省钱。”时代造就的结果是，1949 年后，留学教育领域首要的事务，是争取滞留海外的留学生归国服务。

20 世纪 40 年代，大批中国留学生赴欧美学习，是民国时期留学教育的又一个高潮。听到新中国成立的喜讯，大批留美学人响应国家号召，突破重重阻碍而毅然返回国内投身新中国的建设。他们为贫弱而百废待兴的祖国带来了先进的科学技术和建设智慧。上海是中国工商业和教育文化最发达的沿海城市，也是民国时期出国留学人员集中的区域。新中国成立之初，上海为争取留学生回国采取了各种措施。

一、多效并举争取留美学生回国

据新中国教育部统计，截至 1950 年 12 月，我国在国外的留学生共有 5096 人，其中大部分是在 1946 年至 1948 年出国的，在美国 3065 人。1949 年新中国成立后，虽然国民党当局败逃台湾，但仍不遗余力地争取海外华裔学者，重点争取留学美国等西方国家的高层次专家学者。当时国内一批著名学者如傅斯年、钱穆等人迁台，为国民党当局争取海外留学生起到了一定的作用。20 世纪 50 年代初胡适闲居美国时，国民党当局曾借助他的个人影响笼络了一批在美留学的华裔学者。在国际上，美国政府为了封锁新中国，对留学生回国采取了阻挠措施。1950 年春，美国政府向中国留美学生表示，将不欢迎同情共产党政府的留学生，并将他们列为无国籍人。朝鲜战争爆发后，在美国各地出现监视中国留学生活动，收回一些留学生的护照，甚至对留学生传讯问话、扣留拘捕，百般刁难留学生，禁止他们申请出境，甚至威胁谁违反此命令将被判处 5000 美元以下罚款或五年以下徒刑，或同时施予两种惩罚，凡是在美国受过像火箭、原子弹以及武器设计这类教育的中国人，均不得离开美国。最多时有 120 名中国留学生被阻止离美，有的学生受到移民局长达 4 个小时的盘问，并且不允许他们聘请律师。

但是朝气蓬勃的新中国依然强烈吸引着海外留学生归国之心。新中国党和政府高度重视海外留学生境况，明确要求争取尚在资本主义国家留学生回国，指出他们大都是高级知识分子，具有专门知识，不少人已经是科学家和高级技术人员，争取他们回国参加社会主义建设，在目前有重要的意义。1949年12月10日中央教育部高教司成立第四处，负责留学生回国事宜。其间政务院文化教育委员会还召集有关部门组成了办理留学生回国事务委员会，统筹留学生归国事务。1951年2月22日，周恩来总理审批了争取留学生回国工作组的报告并以中共中央名义转发报告，提出年内至少争取1000人回国，重点放在美国的工作。

上海解放后，首先成立了登记工作联合小组，对全市的留学人员家属进行登记，并动员他们与海外留学人员保持经常的密切的联系，向海外留学人员反映家庭情况和祖国的发展状况，消除他们回国的顾虑。据不完整的登记统计，1956年，上海市留美学生家属（包括留学英、法、西德等资本主义国家）约有1400余户。①1957年9月16日，上海市成立了留美学生家属联谊会，各区县成立了留美学生家属联谊小组。根据当时已登记的材料统计，上海地区留学生在美国的有1398人，占留学生总数的87.9%。且美国政府对中国留学生回国服务的阻碍较大，争取留学生回国包含着国际斗争的意义。

通过留学生家属和归国留学生的共同努力，从1959年至1963年5年中，共争取了60名留学生回国（家属不在上海的除外）。其中从美国回来37人。在回国的留学生中，不少是经过家属或亲友的努力争取而促成回国的。如1957年回国的留美工程理学博士罗祖道，其父亲和姐姐发挥了很大作用；1958年回国的留美物理学教授黄国祥，则是通过他岳父做了很多工作；1958年回国的留美土壤力学博士钱寿易，从与科学家钱学森的通讯联系中得到了启发，加上他姐姐、爱人和家庭的动员而回国；1959年回国的留美物理、机械硕士冯永祥，是在老师张霭墨（联谊会副主任委员）的推动下，由其父亲请回来的。②

二、留美人才对上海建设作出杰出贡献

在艰苦的物质条件和特殊的政治环境下，留美归国学人无条件地接受

① 上海市欧美同学会·上海市留学人员联合会：《上海市欧美同学会百年史志》，2013年11月，第16页。

② 上海市欧美同学会·上海市留学人员联合会：《上海市欧美同学会百年史志》，2013年11月，第16—19页。

了国家的安排，成为各行各业的骨干力量。以我国自然科学最高学术机构——中国科学院为例，中国科学院成立于 1949 年，集中了新中国最优秀的科技人才，代表着中国知识界的最高水平。1950 年 5 月，政务院公布的中国科学院首批 15 个研究机构和 3 个筹备处，加上地质研究所和古生物研究所，其中有 6 个设在上海，这些研究所和分支机构的所长中 5 位有留学美国的经历（见表 6-1）。①

表 6-1　设在上海的中科院研究机构中有留美背景的负责人

序号	部　门　及　职　务	姓　名	留学背景
1	物理化学研究所（1952 年底迁往长春）所长	吴学周	加州理工学院博士
2	有机化学研究所　所长	庄长恭	芝加哥大学博士
3	生理生化研究所　所长	冯德培	芝加哥大学硕士
4	水生生物研究所　所长	王家楫	宾夕法尼亚大学博士
5	工学实验馆　馆长	周　仁	康奈尔大学硕士

据统计，1955 年中国科学院院士（学部委员）自然科学各学部共 172 人，其中留美者 83 人，超过留学出身院士人数的一半。1957 年增聘 21 名学部委员，其中自然科学学部委员 18 人，留美者 10 人。“文革”结束后，1980 年选出了 283 名新学部委员，留美者 128 人，占 64%。1991 年增选中国科学院院士（学部委员）209 人，留美者 22 人，留学生比例和留美学生所占比例明显下降，留苏学生的人数首次超过了留美人数，成为人数最多的留学群体。1993 年新增院士 59 人，留美者 5 人。1995 年新增选院士 59 人，留美者 3 人。1997 年新增院士 58 人，留美者 3 人。1999 年新增院士 55 人，留美者 7 人（见表 6-2）。

① 本节相关数据均摘自田涛、刘晓琴：《中国留学通史新中国卷》，广东教育出版社 2010 年版。

表 6-2 1955—1999 年中国科学院院士（学部委员）人数、留学人数和留美人数

时间＼人数	总数（人）	留学人数（人）	留美人数（人）	留美人数 / 留学人数（%）
1955 年	172	157	83	52.9
1957 年	18	18	10	55.6
1980 年	283	200	128	64.0
1991 年	209	63	22	34.9
1993 年	59	17	5	29.4
1995 年	59	15	3	20.0
1997 年	58	11	3	27.3
1999 年	55	17	7	41.2
总计	913	498	261	52.4

在具有留美背景的中央委员中，1949 年前留学者为 7 人，多数是科学家、院士，如钱学森、邓稼先、谢希德、严冬生、朱光亚。1978 年以后具有留学背景的中央委员以留美最多，主要在第十六、十七届中央委员会任职。

表 6-3 历届有留学经历的中央委员留美情况

	留学生人数	第七届	第八届	第九届	第十届	第十一届	第十二届	第十三届	第十四届	第十五届	第十六届	第十七届
留学生总数（人）	183	34	53	23	26	25	41	39	41	36	25	22
留美人数（人）	22		1	2	2	2	6	3	3	5	8	10
所占比例（%）	12.0	0	1.9	8.7	7.7	8.0	14.6	7.7	7.3	13.9	32.0	45.5

三、新中国第一位大学女校长谢希德

谢希德是中国著名物理学家、教育家，被誉为中国半导体物理学和表面物理学的先驱与奠基人之一，也是新中国大学女校长第一人。1921 年生，福建泉州人。1946 年从厦门大学数理系毕业后，曾在上海沪江大学数理系任教。1947 年考入美国著名的史密斯女子文理学院攻读硕士学位，专注于

复旦大学校长谢希德

碳氢化合物吸收光谱中氢键信息的课程，并且在1949年获硕士学位。而后到世界一流的高等学府麻省理工学院攻读博士学位。在著名物理学家阿利斯和莫尔斯教授的指导下做理论研究，并选择理论物理作为主攻方向，进行了半导体锗微波特性的理论研究。慢慢地对半导体物理研究产生了相对浓厚的兴趣。1951年秋，顺利通过论文答辩，获得理学博士学位。毕业后，应著名物理学家斯莱特的邀请，在麻省理工学院的固体分子研究室任博士后研究员，从事半导体锗微波性的理论研究。

1949年，谢希德从继母和弟弟们的信中得悉新中国的诞生，解放军官兵执行“三大纪律，八项注意”，不欺压老百姓，政府官员为人民服务，物价比较稳定，1949年后回国的一些留学生正在发挥很大的作用，等等，希望她早日归国。1951年获麻省理工学院博士学位后，即积极谋划回国。但在菲律宾的父亲反对她回国，希望她留在美国从事科研工作。一些好友也不断劝她留下来继续搞研究，有人为她的安全表示担心，劝她不必冒风险

1981年6月谢希德获美国纽约学院荣誉博士

提出离境申请。但谢希德此时已决意回国报效祖国。

为了躲避美国政府限制中国科学家回国的禁令，谢希德同正在英国剑桥大学的未婚夫曹天钦相约，经英国著名科学家李约瑟教授的帮助，得以离开美国，来到英国，同曹天钦举行婚礼，便一起乘船于1952年回到了祖国。谢希德晚年在回忆当年决定回国的心情时，激动地说："在校的中国同学大多接到家人来信，相互转告，为祖国的振兴感到衷心喜悦。在这段时间里，我的心情难以自抑，巴不得马上能飞回祖国，飞到北京。"①

回国后谢希德先去上海交通大学任教，后来转到复旦大学，任物理系教授。短短5年间，一共开设了固体物理、量子力学等8门课程。后被国务院调到北京大学联合筹建半导体专业组，为我国半导体事业发展作出重要贡献。1958年，受命创建上海技术物理研究所，并担任所长至1966年。1962年晋升为教授。

1976年"文革"结束后，谢希德重新回到学术研究岗位。短短几年，编写了《半导体集成电路的物理基础》，开展了半导体表面钝化和半导体电荷耦合器件的研究。1978年至1982年任复旦大学副校长兼现代物理研究所所长。复旦大学现代物理研究所人才辈出，硕果累累，一年内即发表论文150多篇。在学术领域取得杰出成就，受到国际物理学家的公认。被国际性学术刊物《表面科学》和《电子显微术和电子能谱》聘为编委。1983年，

1984年谢希德校长代表复旦大学向美国总统里根赠送图书

① 沈飞德：《谢希德海外归来报效祖国》，《档案春秋》2005年第10期。

被任命为复旦大学校长，成为新中国成立以来第一位大学女校长。于1980年当选为中国科学院学部委员（院士），还先后获美国史密斯学院、美国纽约学院、美国南哈德莱—荷约克学院、美国贝洛特学院、美国纽约州立大学奥尔巴尼分校荣誉博士学位。1990年当选为美国文理科学院外国院士。

1985年谢希德说服美国有关机构拨款在复旦大学成立美国研究中心，并兼任该中心主任。由于1989年的政治风波，美方一度停止拨款。经过谢希德的不懈说服工作，美国研究中心终于落成使用。

谢希德是国际公认的理论物理学的权威，每年3月都要参加美国物理学年会这一国际物理学界的盛会。是为把国际物理学的最新发展动向介绍给国内的研究者，通过这个场合，为复旦、为中国争取更多的支持者。她说："学术界的发展太快，稍不留意我们就落后了。"1984年，当时的美国总统里根曾到复旦访问。谢希德校长代表复旦向他赠送了一套《中国历史地图集》。时隔一年，当复旦迎来八十华诞的时候，里根总统发来了贺电。1998年在谢希德患重病期间，美国半导体工业协会专门出资在复旦大学美国中心设立谢希德奖学金。这是来自美国民间团体对一个中国科学家多年致力于中美文化交流的赞赏与敬意。许多美国科学家曾说过，谢希德是在美国人中知名度最高的三位中国人之一。20世纪80年代初，美国著名科学家、两次诺贝尔物理学奖获得者巴丁教授率团访华，他回国后称赞说："在中国科学界中，谢希德教授是属于最有影响的人士之一。"①

谢希德还曾当选为中国共产党第十二、十三届中央委员，第九届全国政协常委，上海市第七届政协主席，上海市第三届科协主席，并担任第四、五届上海市欧美同学会会长。

四、中国的"摩尔根"谈家桢②

谈家桢是中国著名生物学家、中国现代遗传科学奠基人。1909年生，浙江宁波人，因中学学业优秀，1926年被免试保送进入东吴大学。用三年

① 潘国驹主编：《追思：谢希德教授纪念文集》，八方文化企业公司2003年版，第47—49页。
② 方鸿辉：《真理令人获得自由——谈家桢的科学人生》，《自然杂志》2009年第5期；张光武：《"中国的摩尔根"谈家桢》，《世纪》1999年第1期。

半时间修满了大学四年的学分，东吴大学决定将他保送至燕京大学继续深造。谈家桢到达燕京大学后，首先拜访了知名昆虫学权威胡经甫教授，由此下决心从事遗传学研究。他只用了一年半时间就完成了硕士论文，并通过答辩，获得硕士学位。当时他就立志要成为“中国的摩尔根”。

摩尔根（Thomas Hunt Morgan）是美国加州理工大学教授，现代遗传学奠基人，诺贝尔生理学或医学奖获得者。谈家桢将自己的研究论文寄往摩尔根实验室。当年已 68 岁的摩尔根教授仔细审阅了谈家桢的论文，非常欣赏，于是将论文推荐给其助手，即国际遗传学界颇负盛名的群体进化遗传学家杜布赞斯基教授。经摩尔根和杜布赞斯基的共同推荐，谈家桢的论文在美国发表。

1935 年谈家桢与导师摩尔根院士

1934 年，谈家桢登上“胡佛总统号”游轮前往美国留学，进入美国加州理工大学，师从摩尔根和杜布赞斯基。摩尔根的指导方法是“教而不包”，研究课题由学生自己确定，导师只在关键点上予以指导；研究路线及文献资料全由学生自己搜集与探索。这样的科研思想和方法能让学生的主动性和创新思维得以充分展现和发挥。

当时正值染色体遗传学的全盛时期，谈家桢决定开辟以果蝇为材料的进化遗传学领域。他利用当时刚发现的果蝇巨大唾液腺染色体研究的最新成果，细致地分析果蝇在种内和种间的染色体结构的变异情况，探讨它们不同种的亲缘关系，深化对进化机制的理解，并发表十多篇有影响的论文，分别刊载于美、英、德等国的专业杂志。1936 年，被授予博士学位，那年 27 岁。1937 年谢绝摩尔根和杜布赞斯的挽留，应浙江大学校长竺可桢邀请出任浙江大学生物系教授，并将“基因”一词带入中文。不久抗战全面爆发，浙大被迫内迁。1940 年秋，浙大理学院和农学院迁往距贵州遵义 75 公里的偏僻小县城，谈家桢在简陋的实验室继续进行科学实验，获得重要发现。

1945 年至 1946 年，谈家桢应美国哥伦比亚大学邀请，赴美任客座教授，并参加国际重要学术会议。1948 年谈家桢准备回国，众多友人劝其留下。当时中国国内战争激烈，国民党败局已定，共产党即将赢得政权。而同时，苏联开始批判摩尔根学说，一批杰出的遗传学家受到残酷迫害，人们担心谈家桢回国后的命运。但谈家桢义无反顾地回到浙江大学。

谈家桢教授

新中国成立后，谈家桢教授出任浙江大学理学院院长。1952 年院系调整后任复旦大学生物系主任。由于苏联持续开展对摩尔根学说的批判，1957 年之后国内“反右”运动中，遗传学问题又与两种不同世界观、两条道路和两个阶级问题搅和在一起，一些大学和科研机构开展“拔白旗”、批判资产阶级思想运动，又一次掀起了批判持摩尔根观点的学者和摩尔根遗传学说的高潮，使遗传学这门科学在中国险遭扼杀的厄运。但毛泽东多次接见谈家桢，明确表示过去我们学习苏联有些地方不对头，应该让大家来搞嘛！他鼓励谈家桢一定要把遗传学工作搞起来，要坚持真理，不要怕。毛泽东的一席话使谈家桢在思想上获得了解放。1958 年 1 月 6 日深夜，毛泽东邀请谈家桢等在杭州西湖边的一个庭院里共进晚餐，一起商讨科学技术赶超世界水平问题。毛泽东问谈家桢：“把遗传学搞上去，还有什么障碍和困难?”谈家桢直言：“双百”方针提出后，虽然复旦大学开设了与米丘林遗传学并行的摩尔根遗传学说课程，并成立了教研室，自己也可以开课讲授了，但是有些人把这看成是“统战的需要”，是对“高级知识分子的照顾”，在思想上并没有尊重摩尔根遗传学派，要进一步进行研究，进一步开展研究工作仍阻力重重。毛泽东了解这一情况后，给予了坚定的支持，他鼓励谈家桢：一定要把遗传学搞上去，有困难，我们一起解决嘛。这次被称之为“西湖佳话”的会谈，直到凌晨两点才意犹未尽地结束。①1961 年后，谈家桢担任了复旦大学副校长，建立了中国第一个遗传

① 尚同:《毛泽东与上海民主人士》，中央文献出版社 2004 年版，第 303 页。

学专业、第一个遗传学研究所、第一个生命科学院。

改革开放后，谈家桢继续活跃于国际国内学术和社会活动舞台，1980年当选为中科院院士，1985年当选为美国国家科学院外籍院士和第三世界科学院院士，1999年当选为纽约科学院名誉终身院士，把毕生精力贡献给了遗传学事业。还担任上海市第八、九、十届人大常委会副主任，第五届上海市政协副主席，民盟中央名誉主席，民盟上海市委名誉主委。

2008年，为纪念谈家桢教授百年诞辰，经国家科技部批准，由上海市生物医药行业协会负责设立了“谈家桢生命科学奖”。这是我国生命科学领域的最高奖项，被誉为中国生命科学的“诺贝尔奖”。该奖每年评选一次，奖励为从事生命科学事业并作出成就的科学家、取得创新研究成果的青年学者以及对生命科学科技成果产业化过程有突出贡献的人士。“谈家桢生命科学奖”下设“谈家桢生命科学成就奖”“谈家桢生命科学产业化奖”“谈家桢生命科学创新奖”三个奖项。

五、杰出的材料科学家严冬生

严东生，我国著名的材料科学家，中国无机材料学主要奠基人和开拓者之一。1918年2月10日出生在上海一个知识分子家族，刚满月即随父迁

1992年严东生在实验室与学生们交流

往北京。1935年考入清华大学理学院，1937年转入燕京大学化学系，1939年毕业留校任教，1941年获燕京大学理学硕士学位。

1946年9月，严东生与夫人双双获得燕京大学留美奖学金并出国攻读博士学位，他的夫人因孩子拖累未能成行，严东生只好只身前往美国。他从上海乘“梅格将军”号船直航旧金山，12天后到达美国。他先在纽约大学研究院化学系学习，后转入伊利诺伊大学研究院主修无机材料（陶瓷），辅修无机化学，并攻读博士学位。1949年春，他的博士论文《高温氧化物系统相平衡的研究》顺利通过答辩，并被授予四个荣誉学会的“金钥匙奖”，这在毕业生中是罕见的。毕业后留在伊利诺伊大学做博士后，继续从事陶瓷等无机材料的研究。

正当严东生科研走上一片坦途时，祖国的政治局势牵动了游子的心弦。严东生和华罗庚、殷之文等十几名同学加入了留美中国科学工作者协会伊利诺伊大学分会，每两周聚会一次，谈论中国政局。聚会上，他们看了毛泽东的著作，还在《华侨日报》上看到解放军进入上海后睡在街头的报道，都深受感动，萌生了回国参与建设的想法。那时，严东生已经获得了优厚待遇，对于他想解除博士后合约的念头，许多美国朋友表示很不理解，劝他不要走。当时严东生正处在科研的“黄金期”，一旦回到内战刚结束的中国，科研生涯势必受到影响。但在严东生看来，他走上科研道路，就是为了“科学救国”，而他赴美留学，也正是为了“科学救国”。他必须回到祖国的怀抱。

1950年，严东生克服了美国当局设置的困阻乘船途经香港回到了祖国。1950年，我国钢铁工业亟待恢复，严东生担任了开滦化工研究所副所长，着手耐火材料的研究，并前往鞍钢参加制定新中国首个耐火材料的生产、检验、测试标准，严东生出众的科研实力和管理能力得到了充分释放。1954年底，严东生被任命为中国科学院上海冶金陶瓷研究所研究室主任，主持无机材料研发。

20世纪中叶，国际上对新型无机材料的研制不断取得新的突破，严东生的回国，让中国人掌握了该领域的前沿动态，而且他多次获得国家自然科学奖。在“两弹一星”工程中，无论是火箭发动机还是导弹，都需要穿上特制的“防热外衣”，否则它们在高速飞行进入大气层时，会因与大气层摩擦而遭损毁。严东生带领团队发明了金属—陶瓷过渡型复合涂层，并将其应用于多种火箭发动机上。他主持研制的耐高温烧蚀材料，使我国第一代洲际导弹完好无损地落入预定海域，试射取得圆满成功。这种用于洲际导弹的碳纤维补强陶瓷基复合材料完全不同于国外的碳 / 碳复合材料，是中国的独创，这是继我国原子弹、氢弹研制成功以后，在国防尖端科学领域取得的又一重大成就。同时，这种材料还作为飞船和卫星天线窗的框架材料，应用在我国发射的各种类型人造卫星和“神舟”系列飞船上，在我国的航天领域发挥了重要作用。

严东生一贯倡导科学研究要进入国际舞台，积极参加国际交流与合作，迎接世界新技术革命的挑战。在他的影响和直接参与下，从 20 世纪 80 年代起，上海硅酸盐研究所的研究水平在相关研究领域一直处于国际前列。从 1983 年开始，严东生与美国诺贝尔奖获得者丁肇中合作，协助丁肇中在西欧核子研究中心筹建高能实验物理探测器，研制大尺寸锗酸铋（BGO）晶体，无论是晶体的质量、数量还是性能，均居世界第一位，在国际高能物理界树立了极高的声誉。

1980 年严东生当选为中国科学院院士，1994 年当选中国工程院院士。1978 年，被任命为中国科学院上海硅酸盐研究所所长兼中国科学院上海分

2007 年美籍华裔科学家丁肇中夫妇看望严东生

院副院长，1981 年至 1987 年，任中国科学院副院长、党组书记。

20 世纪 40 年代留学美国的时候，严东生在学习之余还身兼伊利诺伊大学中国同学会主席。回国之后，他将这种与同胞学友之间的情怀一以贯之，和诸多学成归国、图强富国的学者加入了欧美同学会。严东生十分重视欧美同学会的工作。在北京，他常年兼任欧美同学会·中国留学人员联谊会副会长，并任留美分会会长达十年之久。①

第二节 赴美留学迎来开窗时期

改革开放以后，邓小平要求扩大留学生派遣规模；要求不能把留学生圈起来，要放开手，让他们接触派往国的社会和群众；留学生不能光学习科技知识，还要广泛了解国外经济社会状况。② 邓小平的这一指示，是继教育领域恢复高考后又一个重大决定，奠定了此后留学教育的政策基石。1978 年 10 月，以全国科协代主席周培源为团长的中国教育代表团应邀访问美国，就中美互派留学生、研究生和进修人员问题进行会谈，达成 1978—1979 学年派遣留美学生的谅解，留美教育的之窗由此打开。在此大背景之下，上海与美国高等教育机构的教育合作也更加密切。留学生的性质逐渐从数量较少的公派生向自费出国留学发展，留学人数快速增长。

一、改革开放初期开启赴美留学

1979 年，上海交大率先派出 300 多名中青年教师到美国进修学习，拉开了新时期我国大规模派遣留学人员的序幕。

1979 年后，中国实施了第一个留美项目即中美物理类研究生培养计划，简称 CUSPEA 项目。该项目先后执行 11 年，选拔 900 多人。该项目

① 欧美同学会留美分会（上海市欧美同学会）:《沉痛悼念我会老会长严东生院士》；董佳琦:《严东生院士：行百里者　兢兢业业终不止》,《今日科苑》2016 年第 12 期；俞陶然:《严东生：无机材料大师的有情人生》,《中国科学报》2014 年 9 月 19 日。谢安邦、王志中、张元兴:《上海研究生教育改革发展 20 年》，上海交通大学出版社 1999 年版，第 51 页。

②《见证留学新时代的开启》，新华网 2008 年 6 月 22 日。转引自田涛、刘晓琴:《中国留学通史新中国卷》，第 247—248 页。

倡导者是李政道教授。CUSPEA 项目涉及的高校和研究机构达 42 个，前三甲分别是中国科技大学、北京大学和复旦大学，人员占 60.8%，其中复旦大学的 CUSPEA 项目留学生占总人数的 13.79%。

继 CUSPEA 留学项目后，美国哈佛大学化学系主任、美国科学院院士威廉·多林提出了中美化学研究生培养规划（简称 CGP 项目）。这一项目的主要目的是为中国培养出新一代的学术带头人，以改变“文革”十年造成的中国教育与科学事业青黄不接的状况。该项目自 1981 年起，每年选拔 40 名化学专业大学毕业生到美国近 20 所著名大学攻读博士学位。中方委托复旦大学主办，由谢希德负责，来自 11 所大学的著名化学教授组成 CGP 项目中方工作小组，负责申请者的专业审查和推荐工作，选拔范围为 11 所高校录取的出国预备研究生。

两届 CGP 项目取得了良好的效果，进入美国大学的“几乎都是最好的学生，中国的 CGP 考试已为美国许多大学所尊重”。此 CGP 项目持续到 1986 年。CGP 项目派遣人员总计人数应当在 200 人左右。实施之初，多林教授就希望提出措施以保证这些学生学业完成后回国。通过 CGP 项目赴美留学人员中，后来有不少人回国，在化学领域作出了重要贡献。

二、广纳海归学子的欧美同学会

1905 年 7 月 1 日，时任复旦大学校长的李登辉教授在上海创立了寰球中国学生会，此为欧美同学会前身。1913 年上海成立欧美同学会，会长即是李登辉。归国学友不定期地联谊聚会，亲切地称同学会为“谊集”，英文是“Mayflower”，并创作了会歌，以“奉献至亲至爱我邦”为主题。孙中山、宋庆龄等历史名人曾热心参加上海市欧美同学会活动，并在讲话中号召学友“运用学识的威权，以再造中国”。

1984 年上海市欧美同学会恢复成立，并于 2007 年第八届会员代表大会上正式增冠新会名“上海市留学人员联谊会”（英文简称 SORSA）。上海欧美同学会还接纳李政道、贝聿铭、陈省身、林同淡等 80 余名海外知名学者为海外会员。这是上海市留学归国学人自愿组织的民间团体，也是一个覆盖面广的高层次人才团体。其宗旨是广泛团结海内外学人，增进友谊，交流学术，沟通信息，开展协作，发挥纽带和桥梁作用。1985 年上海市长

欧美同学会成立之初的成员合影

江泽民参加同学会成立一周年大会，并发表热情讲话，还亲笔填写入会申请表。上海市欧美同学会已设立了 53 个分会。① 其中留美分会共成立了 11 个大学校友会，分别是哈佛大学校友会、麻省理工学院校友会、哥伦比亚大学校友会、康奈尔大学校友会、伊利诺伊大学校友会、伯克利加大校友会、杜兰大学校友会、西弗吉尼亚大学校友会、米勒思维尔大学校友会、宾夕法尼亚大学校友会和明尼苏达大学校友会。各校友会之间建立了联席会议制度，以构建各校友会之间合作交流的平台。

上海市欧美同学会大家庭中，几代留学美国的不是个别的。欧美同学会副会长、上海交通大学教授向隆万一家三代百年留学美国，② 几乎是百年留学史的缩影。向隆万的父亲，是东京审判中的中国检察官向哲浚。他 1921 年考入美国耶鲁大学法学院，后获国会图书馆奖学金资助，转到乔治·华盛顿大学法学院，专攻英美法、国际公法、国际私法。在当年东京审判法庭上，向哲浚用大量的事实资料和证据，有力驳斥日本战犯对侵华罪行的抵赖。1980 年，向隆万当时还是西安交通大学的一名青年教师。一

---

① http://www.china-sorsa.org/shtxh/node14/node15/index.html。

② 张骏：《一家三代的百年留学之路：访欧美同学会原常务副会长向隆万》，见 http://newspaper.jfdaily.com/jfrb/html/2013-12/01/content_1121816.htm。

天，他接到一个电话，通知他参加国家公派留学选拔考试，他的第一反应是别人在和他开玩笑。“我从来没有想过自己能出国留学。”他当时每个月工资才50元，而留学来回的机票钱就要4000元，自费留学对他来说几乎是不可能的事情。最后，他通过层层选拔，进入美国哥伦比亚大学学习了一年半，后又在麻省理工学院学了半年。1982年留学生涯结束后，他毫不犹豫地选择回国，投身中国数学教学与研究的工作。向隆万后来成为上海交通大学数学系教授。现在他虽然已经退休，但仍在用英语讲学，并继续父亲的事业，多次到美国搜集东京审判的第一手资料。2003年，向隆万家又一名成员踏上出国留学之路。毕业于上海交大计算机专业的向隆万的小儿子向宇明赴阿肯色州立大学学习信息管理专业。

习近平总书记2013年在纪念欧美同学会成立100周年大会上的重要讲话中要求，欧美同学会应成为“留学报国的人才库、建言献策的智囊团和民间外交的生力军”。自上海欧美同学会恢复活动以来，会员人数已超过12000人，其中包括海外会员。会员中有中国科学院院士78人，中国工程院院士27人。上海市欧美同学会通过举办学术讲座、论坛、研讨会，以及各种联谊活动，发挥了跨学科、跨行业、跨部门优势，建言献策，提供服务咨询，协助引进人才、技术和资金，对上海的社会经济发展发挥了重要作用。

三、20世纪80年代留美的上海高校海归人才

改革开放后留学美国的一大批专业人才，在学成归国后活跃在上海各行各业，充分展示了他们的才华，在各自领域取得卓越的成就。

1. 同济大学裴钢研究员

细胞生物学家，分子药理学家，中国科学院院士，第三世界科学院院士，上海市欧美同学会会长，原同济大学校长。

裴钢1987年在美国北卡罗来纳州立大学学习。1991年获博士学位后在美国杜克大学医学中心从事博士后研究，师从诺贝尔化学奖得主罗伯特·莱夫科维茨教授，经常为了某个问题与教授争论，有时声音还很响，走廊里的人都能听到他们的“吵架”声。罗伯特教授还经常用此事教育新人。

同济大学裴钢研究员

裴钢于1995年回国，担任中科院和德国马普学会共同支持的青年科学家小组组长。之后还先后担任中科院上海生命科学研究院院长、同济大学校长。2017年5月当选为上海市欧美同学会会长，中药全球化联盟副主席。在生命科学领域取得一系列重大科研成果，先后获国家杰出青年科学基金、教育部科技进步一等奖、陈嘉庚生命科学奖、谈家桢生命科学成就奖等国内外大奖。

2．复旦大学金力教授

金力，著名人类遗传学家，复旦大学副校长，中科院院士。1981年高考前，在报刊上读到谈家桢教授的预言：“21世纪将是生命科学的世纪。”因为这一“预言”，使原本打算选择数学和物理专业的金力改变了志向，考入复旦大学生物学系遗传学专业。在完成了在复旦的本科和硕士学位后，赴美国得克萨斯大学生物医学／遗传学继续攻读学位，1994年获博士学位。先后任得克萨斯大学公共卫生学院副教授和美国辛辛那提大学医学院教授。

复旦大学金力教授

这一年冬天，85岁高龄的谈家桢教授飞赴美国，找到正在做博士后研究的金力，希望他将来能够回国工作。

博士后出站时，金力拿到了五个美国大学的职位，他与校方一一商谈，提出每年至少要回复旦大学工作3个月的条件，当时仅有得州大学同意。1997年1月，金力前往得州大学正式工作，4月下旬便回到复旦大学参与实验室建设，也由此开启了长达数年频繁“两边飞”的生活。

2002年，复旦大学启动生命学院院长全球招聘工作，在校友力荐下金力受聘出任，每年回国工作时间从半年延长至9个月。2005年，中科院副院长陈竺负责筹建中科院与德国马普学会的合作研究所。金力受邀担任“中科院—马普学会计算生物学伙伴研究所”所长一职。至此，金力辞去美国大学教职，携全家回国。按照美国规定，维持绿卡必须保证每年都有一定的在美时间。“我有点烦了，就决定把绿卡交上去。”金力的举动让美方感到非常惊诧，说从来没有人这么干过。

金力开展的研究受到国际关注。他曾率中美两国的遗传学家，从东亚各地获得1.2万人的血样，检查了V染色体（男性染色体）。V染色体被认为是追踪人类进化史最有力的分子工具之一，因为它在父子相传的世世代代中一直保持不变。根据这一特点，金力等学者发现，每个男子都可以把自己的祖先追溯到3.5万年到8.9万年前生活在非洲的前辈们那里去，他们把这一成果发表在《科学》杂志上，印证学术界的“走出非洲”假说。金力认为，从基因变异中发现，10万至20万年前，现代人的共同祖先出现在非洲。大约在6万至10万年前，走出非洲的后代向东沿印度洋迁入东南亚和中国。金力教授的观点在古人类学界引发激烈的争论。①

2007年，金力出任复旦大学副校长，2013年12月当选为中国科学院院士。曾获教育部长江学者、教育部和上海市科技进步一等奖。

3．上海财经大学田国强教授

田国强，上海财经大学经济学院院长、高等教育研究院院长。1983年至1987年在美国明尼苏达大学攻读经济学博士学位。明尼苏达大学的经济学博士学位要求非常严苛，一般要5年至7年才能拿到，而且三分之二的博士生在求学期间要被淘汰。1987年获得博士学位，博士论文还获得斯隆博士论文奖，该奖每年全美只评25位，授予经济学和数学前25位的博士候选人。之后，在美国得州农工大学任教。1991年任副教授并获得终身教职，1995年成为具有终身任期的正教授。1998年他被农工大学授予杰出人

① 王方辰：《人类起源之谜》，《科技潮》2002年第7期；吴天明：《中国神话研究》，中央编译出版社2003年版，第382页。

才奖。还曾担任中国留美经济学会会长、中国留美社会科学教授协会首届主席。

上海财经大学田国强教授

2004年始，上海财经大学进行高教改革，田国强接受邀请出任上海财经大学经济学院院长。上任伊始，便提出“求实创新、打造一流”的发展战略，积极实施学校教育教学和人才培养体系改革、人事薪酬等管理体制改革，从美国等各国一流大学引进了一批高水平教授，在全国和上海高等教育界产生了广泛影响。领衔建设了国家级“经济学创新平台”建设项目。近年来，还发表了大批的研究成果，并被国际著名商业媒体《华尔街电讯》评为中国十大最具影响力的经济学家。

第三节 从单向交流到双向互动

进入21世纪，我国留学工作取得突出成绩，形成了以自费出国和来华留学为主体，以中国政府奖学金来华留学和公派出国留学为主导的新局面，呈现出国留学、学成回国、来华留学人数三者同步增多的态势。

一、为留学归国人员搭建创新创业平台

改革开放以来，上海派出留学人员约占全国的六分之一，来沪工作和创业的留学人员约占全国的四分之一，平均每月引进海外留学人员近400人。在沪留学人员中，所学专业主要集中在信息技术（含IT）、生命科学、法律等，其中70%以上来自发达国家，20.5%来自美国。

在国家总体出国留学政策框架下，上海现阶段的出国留学政策主要涉及国家公派出国留学、单位公派出国留学、自费出国留学和留学回国这四方面的政策。为加快推进上海“四个中心”和现代化国际大都市建设，上海出台一系列政策，吸引海外留学归国的高端人才，通过提供优惠政策，

完善留学人员归国后的管理和服务，搭建吸引留学生来沪就业和创业的平台。

实施的主要项目包括：一是“海外人才集聚工程”，重点聚焦汽车（新能源）、通讯、航空、隧桥等重大工程，以及创意产业、自主品牌、文化艺术等紧缺型海外人才的引进。二是“三年引智行动计划”，引进处于行业前沿、具有国际影响力的科学家、技术专家、企业家等国际领军人才。三是“雏鹰归巢计划”，2010年至2014年，共吸引536名全球排名前100位大学（包括美国哈佛大学、耶鲁大学、斯坦福大学、麻省理工学院，英国牛津大学、剑桥大学等）的中国留学博士和全球500强企业优秀海外留学人才进入人才库，通过掌握信息、建立联系、加强合作、提供服务等多种形式，不断跟踪，加强培育，积极引进。四是“浦江人才计划”，资助回国的高层次留学人员和团队来沪从事科技项目研发、技术创新、课题研究、文化艺术创作等方面工作和创业，缓解留学人员来沪工作创业初期启动经费困难的问题。五是“上海留学人员创业园”，分别在张江、嘉定、漕河泾、虹桥临空等地建设创业园，其中张江和嘉定园区被科技部、教育部等认定为国家级留学人员示范园区。

为更好地服务海归人才，上海市构建多层次的组织服务机构。建立上海市协调海外人才工作联席会议，成员单位由市科委、市教委、市公安局、市工商局、市外资委、市质量技监局、市财税局、市地税局、市劳动和社会保障局、市信息委、市医保局、市人口计生委、上海海关、中国人民银行上海总部、国家外汇管理局上海分局等部门相关单位组成，以解决留学人员工作中的重大问题。建立上海海外人才服务中心，为留学人员来上海工作、创业提供咨询等服务。建立上海国际人才交流协会，不断拓宽对外交流渠道、广交朋友，多渠道、多形式、多角度提供国际人才交流服务。

二、年轻一代留美归国人才建功立业

在科研领域，许多留学归国人员放弃在海外优越的生活及学术条件回到上海，凭借科研能力推动各自学科领域的发展，或填补国内在某些科研领域的空白，一些研究项目还对我国的工业建设和社会经济发展具有直接推动作用。

赵国屏院士

中科院上海生命科学研究院植物生理生态研究所研究员、中科院院士赵国屏，其父亲是早期留美、曾担任国民党溃退时的上海代理市长和解放后的上海市副市长赵祖康先生。赵国屏院士 1990 年获美国普渡大学博士学位。1992 年回国后，任中科院上海生命科学研究院副院长、国家人类基因组南方研究中心执行主任、生物芯片上海国家工程研究中心主任。领导的科研团队在《自然》杂志上发表了钩端螺旋体基因组测序、功能注释以及进化、生理与致病机理分析的成果，是这项历时 3 年研究工作的领军人物。2003 年，为了研究中国“非典”流行过程中 SARS 冠状病毒的进化规律，和同事多次冒着被感染的危险奔赴疫区，调查情况，开展研究，将中国“感染性疾病基因组”的工作不断提高到新的层次。2015 年 11 月，获第八届“谈家桢生命科学奖”。

上海科技大学物质学院院长杨培东，是国际著名的纳米材料学家，一度成为诺贝尔物理学奖的得奖热门人选。1997 年在美国哈佛大学获得化学博士学位，后在美国加利福尼亚大学圣芭芭拉分校从事博士后研究工作。1999 年，年仅 28 岁就成为加州大学伯克利分校化学系的助理教授，独立负责一个实验室的科研工作。而在美国大学里，从助理教授升到终身正教授，通常要花 10 年左右时间。2004 年，在进入伯克利分校的第 6 个年头，就受聘化学系终身教授。在伯克利历史上，化学系只聘过两位华人科学家当终身教授，前一位是诺贝尔化学奖得主李远哲博士。2003 年被美国《技

上海科技大学杨培东教授

术评论》杂志列入“世界100位顶尖青年发明家”行列，2004年获得美国材料学会（MRS）青年科学家大奖，这一奖项每年只有一位获奖者，杨培东是第一位获得该奖的中国人。2012年4月，他当选为美国艺术与科学院院士。当年，在一次上海科技大学于美国加州大学伯克利分校的宣讲会上，学校与杨培东进行接触，让他深入了解并高度认同上科大的办学理念和发展前景。那天上科大副校长与杨培东边喝咖啡边深入交流，杨培东最终答应来上科大。2014年杨培东受聘担任上海科技大学物质学院院长，2016年当选为美国国家科学院院士。上科大始终坚持从海外引进高层次专业人才，2016年已选聘380多位专任教师中，其中有4位美国国家科学院院士。除了研究所所长、课题组长，全校四大学院全部聘请来自校外的国际知名学者和资深业界专家担任院长，包括加州大学伯克利分校杨培东担任物质学院院长，耶鲁大学林海帆担任生命学院院长，上海纽约大学原副校长李玫担任创业与管理学院院长。

由武平等几位留学归国人员创办的上海展讯通信技术有限公司为支持中国自己的3G标准，自主研发世界首枚TD-SCDMA/GSM/GPRS双频手机核心芯片，标志着展讯已拥有完全自主知识产权的、代表着国际领先水平的3G手机核心技术。

留美博士常兆华利用在微创伤低温冷冻手术方面的专有技术创办微创医疗器械有限公司，生产用于高科技微创伤诊疗的血管导管等设备，并替代了国外进口产品。①

留美博士胡雪桦现任上海戏剧学院电影电视学院院长，曾担任2010年中国上海世博会上海馆总导演兼艺术总监，创意设计的上海馆获上海文艺创作特别贡献奖、上海舞台美术学会创意奖，2011年入选上海市“千人计划”特聘专家，多次获得包括意大利Calabria国际电影节、摩纳哥电影节在内的国际级大奖。

随着国家和上海重大项目的推进，还有大批优秀人才被源源不断地派往美国进行专业培训，他们回到上海后在各条战线都成为栋梁。2017年5月，我国首架国产大飞机——C919飞机在上海成功首飞，这标志着我国民用航空领域的一次重大跨越。C919首飞机组由5位年轻人组成，机长蔡俊是中国商飞试飞中队中队长、首席试飞员，曾被评为美国国家试飞学校优秀学员、中国商飞十大杰出青年。1995年考入上海工程技术大学航空运输学院（飞行学院）航空经营管理专业。大二时参加东航招飞，并成功被录取，之后就读于中国民航飞行学院。毕业后成为中国东方航空公司飞行员。2011年中国商飞试飞中心成立，参加试飞员的选拔并成功入选。到商飞后，首先到美国国家试飞员学校进行了为期一年的学习培训。当时，我国

国产C919机长蔡俊

① 张励：《建国以来上海吸引留学归国人员工作的历史回顾及其现实意义》，《上海党史与党建》2007年第1期。

民航飞机的试飞工作没有专门的试飞员。蔡俊和同事在美国的一年学习堪称魔鬼式训练。老师都是来自世界各地具备丰富试飞经验的教员，口音多种多样，所有学员都必须英语流畅、体检合格，而且至少要有 750 小时的飞行经验和在有效期内的商用执照。C919 飞行组中的副驾驶吴鑫、观察员钱进也同样毕业于美国国家试飞员学校。

三、招募在美留学人员来沪创业

目前，来沪工作和创业的留学归国人员已达 14 万余人，留学人员在沪创办企业 4900 余家，注册资金超过 7 亿美元。为实施“海外高层次人才集聚工程”等计划，上海市各政府部门加大了对在美留学人员回国创业招募的力度。

一是组织上海高等院校、企业赴美参加“在美留学人员回国创业和回国发展交流洽谈大会”。由中国驻美大使馆支持，国家教育部神州学人编辑部和在美中国学联联合举办的“在美留学人员回国创业和回国发展交流洽谈大会”吸引了美国各大高校留学人员等参加，经过与高层次海外人才详细洽谈，达成一批聘用意向。2017 年 10 月，由上海市教委牵头，复旦大学、上海交通大学等沪上 12 所高校首次以组团的方式赴美国招聘海外高层

赴美国招聘海外高层次人才现场

次人才。部分沪上高校在第一场招聘活动中就“猎”到不少理想的英才，双方当场就达成初步意向。美国布朗大学医学院骨科博士、南新英格兰地区学联负责人之一高云，从哈佛大学微信公众号上得知上海12所高校首次组团赴美招聘，于是从波士顿以南的罗得岛州府驱车一小时，准时出现在哈佛会堂招聘现场。“相比地方高校独立为营，上海团很立体地给同学们展现出沪上高校全貌，体现高效率协作，增强祖国、政府和高校归属感。”经过在美国东北部海岸约5天的紧张行程，复旦、交大、上大、中医大等十余校，已与高云那样的世界一流大学博士、博士后累计几百人达成加盟意向。

二是举办“英美名校中国留学人员上海职业见面会”。2015年8月，由上海市外国专家局组织，上海国际人才交流协会驻英国伦敦联络处承办的“2015英国、美国名校中国留学人员上海职业见面会”在上海举行。当天美国麻省理工学院、哈佛大学、哥伦比亚大学等六所名校约600名博士、硕士和学士来到上海，与在沪国有大中型企、事业单位和跨国公司等进行人才对接交流活动。27家国有大型企事业单位和24家跨国公司前来参加“见面会”，其中包括中国商飞公司、中航商用航空发动机有限责任公司、海通证券、通用汽车、联影、上海电气、毕马威、麦根麦肯立、联合利华、苹果公司等。

四、在美工作的上海留学生

改革开放后留学美国的上海学子，一部分留在了美国继续他们的事业，有的在美国各个领域取得骄人的成绩。

1. 从上海天才少年到最有希望冲击诺贝尔物理学奖的张首晟

1963年出生于上海的张首晟是美国斯坦福大学教授。1978年，他还只有15岁，正在读初中。当时恰好赶上国家恢复高考，而且接受不同年龄层的人报考。父亲给他一套数理化自学丛书，他读了一个暑假，得出的结论是“高中生懂的东西太简单了”。

这一年张首晟考入复旦大学物理系。因在复旦成绩出色，所以只读了一学期，就被派到德国柏林自由大学留学，1983年获硕士学位。80年代的中国留学生普遍对学习物理等基础科学的前途感到渺茫，不少留学生转学

张首晟教授

到了偏应用学科领域。正当张首晟迷惘之际，1981 年的一个夏天，他和同学去哥廷根大学旁边的一片墓地，那些伟大的物理学家和数学家就埋葬于此。他们的墓碑简单却特殊，上面刻着他们的名字、出生年月和一行文字。他们一生的最高成就被浓缩成了一个公式。张首晟感到自己的心灵受到震撼，于是下定决心要为世界作出自己的贡献。毕业后，他赴美国纽约州立大学石溪分校深造，在杨振宁教授门下攻读物理学博士。杨振宁是高能物理大师，张首晟想跟随杨振宁研究高能物理的统一场论，追求爱因斯坦的梦想，把宇宙中所有的作用力都统一起来。

然而杨振宁却劝张首晟不要研究高能物理，而应注意当时刚崛起的“凝态物理”。杨振宁告诉他，在物理学的发展过程中，实验非常重要，而凝态物理领域中，有许多非常奇妙的实验值得关注。张首晟的强项在理论物理与数学，他认为数学中最有发展的是拓扑学，因此致力于以拓扑学解决凝态物理的问题。1987 年张首晟获博士学位，毕业后在加州大学圣芭芭拉分校从事博士后研究工作。后前往 IBM 担任高级研究人员。1993 年起任教于美国斯坦福大学。32 岁时，被聘为斯坦福大学教授，成为该校最年轻的终身教授之一。1999 年被聘为长江学者讲座教授，任清华大学高等研究院客座教授。2004 年出任 IBM—斯坦福自旋电子学研究中心主任。2015 年 4 月，张首晟新增为美国国家科学院院士。

张首晟教授在研究中预言，厚度超过 6.2 纳米的碲化汞薄膜可以形成“拓扑绝缘体”，让电子无功耗地前进，就像跑车在高速公路上行驶一样。第二年德国乌兹堡大学的莫伦坎普（Laurens A. Molenkamp）就把这种材料制作出来，成为 2007 年权威学术期刊《科学》杂志选出的十大重要发现之一。主导全球半导体发展方向的“半导体国际科技蓝图”（ITRS）更是宣布，拓扑绝缘体应该成为未来几年各半导体公司重要的研发方向。2017 年 7 月 21 日，张首晟与他的实验团队在《科学》杂志上公布了一项重大

2016 年张首晟教授在上海市科协演讲

发现：他们已经找到了正反同体的“天使粒子”——马约拉纳（Majorana）费米子。为了寻找这一神秘粒子，国际物理学界已经花费了整整 80 年的时间。张首晟团队的这一发现，也验证了意大利理论物理学家埃托雷·马约拉纳（Ettore Majorana）在 80 年前提出的预测——存在一类没有反粒子的粒子。同时，张首晟团队的发现也证明了存在一种比量子还小的单位，这也将对现在的量子理论带来巨大的改变。国际同行纷纷表示，张首晟团队的这一发现是一项里程碑式的发现，或将开启一个新的时代。

这是国际物理学界长达 80 年追寻的神秘粒子，这项物理学界的重大突破，有助于量子计算发展。张首晟于 2010 年获欧洲物理奖、2012 年获国际理论物理学中心狄拉克奖、2012 年获美国物理学会的巴克利奖。2017 年获 2016—2017 年度“影响世界华人大奖”提名。近年来，他包揽了物理界几乎所有重量级奖项。早在 2006 年，张首晟就被国际同行视为诺贝尔物理学奖的热门人选，可惜最后失之交臂。杨振宁预言，张首晟“获得诺贝尔奖只是时间问题”。

张首晟还潜心培育学生，其众多学生任教于美国一流大学，并在学术界崭露头角。2012 年北京清华大学为杨振宁庆贺 90 大寿，张首晟应邀致辞：“中国有一句古话：青出于蓝而胜于蓝，对杨振宁的学生来说，这不可能实现，因为在学术上不可能超过他；但我预言有一件事我可以超过他，就是我的学生会比他的学生优秀！”

张首晟也是一位非常成功的风险投资人，他创办了自己的风投基金丹华资本。“丹”取自“Stanford University”（斯坦福大学）中的“tan”音，“华”即中华。取这个名字的寓意是，但愿能把斯坦福大学的研究成果与整个中国的创新大发展紧密结合起来。他成功投资了一批高科技企业，其中他投资的高科技公司VMWare市值已达440亿美元。在他的沟通推动下，Qeexo的触摸屏技术应用在华为的P8手机上，GraphSQL则成为支付宝和中国国家电网的技术提供商。他的投资公司在创立半年之后，就将资金规模从2000万美元扩展到近1亿美元，迅速成为硅谷成长最快的风投公司之一。

2. 从上海走出的世界顶尖华人科学家骆利群

骆利群，1981年从华东师范大学第一附属中学毕业后，考取中科大少年班。1986年被中科院上海生化所免试录取为研究生。1987年赴美国布兰迪斯大学生物系留学。

著名的美籍华人分子生物学家吴瑞先生于1982年发起创办了生物学领域首个大型国家公派留美博士生项目——中美生物化学联合招生项目（CUSBEA），在短短8年内共招收400余名顶尖的中国学子赴美留学，骆利群便是其中之一。与其他美国大学相比，布兰迪斯大学算是“小而富有特色”，学生相对也不多，每个学生因此能得到老师更多的关注和指导，这使初来乍到的骆利群受益匪浅，导师给了他很多独立创新的空间。以“果蝇神经学”为研究方向的骆利群，在深入研究中偶然从果蝇身上发现了一种与老年痴呆症有关的名为Amyloid的蛋白质。

骆利群教授

1992年骆利群获得博士学位，之后赴加州大学旧金山分校从事博士后研究。1996年12月，进入斯坦福大学任助理教授，从事神经生物学研究和教学。现为斯坦福大学生物系教授、美国霍华德休斯基金会（HHMI）研究员、美国文理学院院士、美国科学院院士。他的实验室培养了25名博士生和35名博士后，其中有很多成了世界名校的教授。

2001年至2008年期间，骆利群每年都会回上海给中科院上海分院研究生上课。他的《神经生物学原理》已于2015年出版，并被全世界一百多所大学采用为教科书。其中文译本也在2018年初由高等教育出版社出版。骆教授对此特别欣慰，希望《神经生物学原理》能激励更多的中国学生、学者从事神经生物学的研究和应用。

3．致力于中美文化交流的邱辛晔

邱辛晔现为美国纽约法拉盛图书馆副馆长、纽约易文出版社社长。近年来他为弘扬和普及中华文化开展了富有成效的工作。邱辛晔曾就读于上海零陵中学、复旦大学，后赴美国求学。经历过留学打工的艰苦岁月，他秉承服务华人和新移民的“服务哲学”，为中美民间文化、教育交流搭建平台。

1990年，邱辛晔来到美国纽约圣约翰大学攻读“亚洲研究”，获硕士学位后继续攻读世界现代历史博士学位。留学期间邱辛晔依靠半工半读支撑生活，而法拉盛是每天必经之地。邱辛晔后放弃即将完成的博士课程，以硕士学位毕业，转学图书馆专业。一年后，在新泽西州立罗格斯大学，他拿到第四个硕士学位。

从罗格斯大学拿到图书馆的硕士学位后，邱辛晔进入了历史可追溯到19世纪的法拉盛图书馆任职，该馆是皇后图书馆系统的分馆之一，也是规模最大的分馆，位于华人聚集的纽约皇后区。该图书馆也是美国公立图书馆里中文藏书较为丰富的一家，拥有中文藏书十多万种、中文杂志八十余种。邱辛晔在这里确立了服务华人和新移民的“服务哲学”。在他的组织下，法拉盛图书馆常年举办各类文化、艺术、公益活动，探索出了一条用文化服务社区之路，为纽约华人开辟了一个精神家园。自2015年起，中国驻纽约总领馆与皇后区多家图书馆合作开启了“今日中国”系列文化活动，由总领馆提供形式多样的中国文化活动，包括中国非遗展示、中国主题摄影展、名家艺术讲堂、中国电影展映、中国传统民乐表演，在皇后图书馆的总馆和各分馆尤其是最大的分馆法拉盛图书馆里陆续举办。邱辛晔和文化领事商议，建议在“今日中国”文化系列活动中纳入中文教学，因为社区的多族裔居民对中文很感兴趣，常常表达学习的愿望。他认为，汉字、汉语言蕴藏的中国文化元素最为丰富，教中文是传播中国文化的最佳途径。在中国领事馆的支持下，他于 2017 年开设了五期初级和中级班，通过中文教学，促进了中美文化的多层次交流，让美国社区民众能够近距离了解和体验中国文化。

邱辛晔在社区耕耘多年，对于新移民文化敏感性较强。他发现，华人之中喜欢写作的越来越多，一批作家落地法拉盛社区。相对于以前为个别作家举办新书发表会，他决定深入开发这一文化交流的资源，发起了“华裔作家新书发表系列”，并邀请皇后图书馆新移民服务部加盟，与服务部副总监陈曦一起推动这个项目。结果，2016 年 11 月发轫的这个系列，仅仅一年内，就举办活动 19 次之多，包括：华裔二代作家鲍嘉璐的英文科幻小说系列月球三部曲之一《月球人》、麻省理工学院教授郑洪的英文小说《南京不哭》，这两种英文书籍都已经出版了中文译本；华文文学大师王鼎钧新著《灵感》，著名诗人黄翔电子版诗集，诗人、作家王渝新作《碰上的缘分》，耶鲁大学资深讲师、旅美作家、文学批评家苏炜的小说《磨坊的故事》，罗慰年散文集《六度空间看美国》；纽约桃花传记体作品《上海浮生若梦》等，缤纷多彩，目不暇接，展现了华人移民社区的文化风景线。栽得梧桐树，引来金凤凰。值得一提的是，邱辛晔创办的这一系列很快打出了名声、建立了品牌，以至于法拉盛以外的华裔作家，纷纷联系前来。如美籍华裔作家王晓丹出版的回忆录《雅线意彩》，追溯三十多年前与国画大师董欣宾的交往，叙述董师的艺术，即来到法拉盛图书馆发布新书，而且董师的弟子还专程从上海飞到美国，在发布会作演讲。海外文轩的作家主要在纽约之外，但其主办人海云邀请了来自多伦多、波士顿、新泽西、马里兰等地的 7 位作家在法拉盛图书馆发布 10 本著作。邱辛晔对此回应说：在大家的共同努力下，法拉盛逐渐超越单纯的地理概念，而具备了作为文化概念的元素，其内涵是新华人融汇中西文化和教育；汉语写作、交流，需要一个合适的平台。

此外，苏州大学中文系原主任、纽约华文作家协会宣树铮先生，20 世纪 60 年代初毕业于北京大学，学富五车。他多次在图书馆开设谈汉语和中

邱辛晔馆长

国文化的讲座，讲座很受欢迎。法拉盛图书馆的中文书会，一年举办9次，之前由图书馆馆员主持，近几年邱辛晔邀请苏州大学教授汤振海担纲。几年下来，汤振海的专题讲座吸引了一批“铁杆粉丝”，他们盯着图书馆讲座日程表来听课。实际上，法拉盛图书馆在中美教育交流方面，确实引起了彼岸的关注。著名作家、复旦大学教授王安忆曾经到纽约大学做访问学者，但她特意提出要到法拉盛图书馆举办活动，以此和华人近距离接触。邱辛晔为此举办了一场作家讲坛，亲自主持，和听众一起与王安忆对话，三个小时活动引起了轰动，媒体纷纷报道。此外，著名文化学者、同济大学教授朱大可，上海大学客座教授、宋瓷专家程庸也先后应邱辛晔邀请，前来开办讲座；复旦大学教授、书法家晏海林，在图书馆举办个人书法展。

生活在华人文化日益蓬勃的法拉盛，邱辛晔感到中国文化给每天的生活带来的激情。除了在任职的图书馆举办各类文化教育活动，也参与社区文教事业。受美国中文电视邀请为电视文献纪录片《法拉盛故事》撰稿并担任主持人。多年来一直业余从事法拉盛地方历史研究，深感法拉盛历史丰富，但未为民众了解，十分可惜。主持十集纪录片，把法拉盛400多年的历史呈现在银幕上，获得很大的影响。自2017年8月首播以来，这部文献纪录片，创下美国中文电视的最高收视率。

进入2017年冬季，邱辛晔开始筹备另一项重大文化活动。除了担任《世界周刊》专栏作家，撰写随笔散文，还提出举办海外华人社会首个诗歌节，命名为“2018法拉盛诗歌节”，计划每年4月在“国家诗歌月”举办。他说：打造海外文化、文学创意项目，发挥海外华人汉语母语的优势，扶持华裔作家、诗人的创作，既是我们的责任，也是热情所在。能够在法拉盛这个伟大的移民社区开展这一活动，有着深远的中国文化的意义。希望通过这个推断，展示海外诗人的才华，提升海外华人对于汉语的关注，并对华裔下一代学习汉语的兴趣，有所助益。①

4．专注于中文教育的马立平②

出生在上海的马立平，现任美国加州斯坦福中文学校校长，是美国华人界家喻户晓的中文教育专家。她曾在江西农村插队，祖祖辈辈没有文化的当地农民找马立平，当民办小学老师教育他们的孩子。1980年马立平录取为华东师范大学教育系硕士研究生，师从著名教育家刘佛年教授。1989年马立平进入美国密歇根州立大学教育学院攻读博士学位，开始海外华裔儿童中文教学实验。后转学斯坦福大学教育学院，师从美国国家教育学术委员会前主席舒尔曼（Lee Shulman），继续攻读学位，并获得课程和教师教育博士学位。

1994年春，马立平在斯坦福大学校园里创办以中国留学生子女为主要对象的周末中文学校，结合中国传统语文教学法和现代课程理论，研发和编写海外儿童中文教材，进行“直接认字”的教学实验，并且坚持在其创办的中文学校执教。还作为资深学者在卡耐基教育发展基金会任职。1999年，出版产生广泛影响的《小学数学的掌握与教学——中美教师对基础数学的理解》一书，该书成为美国数学教育界的畅销书，先后被翻译成朝鲜

马立平博士

① 中国驻纽约总领事馆网站，2017年3月1日，http://www.fmprc.gov.cn/ce/cgny/chn/。

② 王星：《数学教育和中文教育的“两栖人”——记斯坦福中文学校创办人马立平》，上海市美国问题研究所、上海市海外交流协会主编：《在美国的上海人》第一卷，上海社会科学院出版社2016年版，第219—226页。

文、葡萄牙文、西班牙文和中文出版。创办的斯坦福中文学校，编撰了全美中文学校最受欢迎的中文教材，广泛传授中文和中国文化，成为硅谷华人圈的“名校”。还曾以数学教育专家的身份接受美国联邦教育部部长提名，被纳入小布什总统的决策顾问团。

第七章

理念互鉴　深耕精耘中美教育人文合作沃土

新中国成立之初的中美教育交往基本处于阻隔状态，美国学者的教育思想和美国教育模式受到中国官方和教育界的批判，双边公开教育交流交往处于完全中断状态。相应地，上海与美国地方的教育交流交往也近乎空白，仅仅在内部参考和批判资料中，中国教育界尚可依稀阅读到美国教育思想上的只语片言。1978 年改革开放特别是 1979 年中美建交之后，美国教育思想和经验迅速在国内得到传播，而上海教育界和学术界是最先与美国教育新理念相遇的。进入 21 世纪特别是近年来，上海教育在“一流城市一流教育”的目标引领下，坚持开放、改革，世界影响力迅速提升，在一些重要领域开始超越美国。由此，上海与美国的教育交流交往正在进入相互学习、借鉴的双向对等交流新阶段。美国教育界、新闻界乃至政界都开始高度关注上海教育，甚至发出了“超越上海”的声音。

第一节　对美国教育思想从批判清算到研究、引进、实验

在经历了 20 世纪 50 年代对杜威等美国教育家教育思想的猛烈批判和彻底清算，同时也批判了受到美国教育思想启蒙影响的陶行知、陈鹤琴等本土教育家后，美国的教育思想在上海已经没有传播和生长的土壤。改革开放以后，这种局面迅速改变。

一、编译并传播美国著名教育家的教育名著

在中美关系对立和未建之时，上海研究美国等西方教育理论的机构主要是华东师范大学“西欧北美教育研究室”。“文革”中西欧北美教育研究室停办，直到 1971 年才重新复室，名称改为“外国教育研究室”。1972 年 5 月，华东师范大学、上海师范大学、上海教育学院、上海体育学院、上海半工半读师院五校合并，更名为“上海师范大学”，研究室也更名为“上海师范大学外国教育研究室”。该研究室集聚了五校教育系中精通外语的教研人员，共同致力于外国教育研究，其中知名教授有刘佛年、赵祥麟、邵瑞珍等。但他们的研究大多仅作为内部资料，供小部分专业人员用。

到 20 世纪 80 年代后，美国教育著作得到大量翻译传播，这是得益于当时中国社会与中国教育开放改革的宏观历史背景。当时中国学者开始关注西方教育特别是美国教育发展，从中找寻中国教育改革的方向和灵感。

在这一时期，上海的高校及研究机构专家、学者编译了大量美国著名教育学家、心理学家的名著，对美国教育思想在中国的传播起到了重要的“推手”作用。其中，影响较大的译著有：美国教育家杜威著，赵祥麟等编译的《明日之学校》；美国心理学家布鲁纳著，邵瑞珍翻译的《教育过程》；美国心理学家布卢姆著，罗黎辉翻译的《教育目标分类学 · 第一分册：认知领域》；美国心理学家克拉斯沃尔、布卢姆等编，施良方、张云高

刘放桐教授主编的 38 卷中文版《杜威全集》

美国国家教育和经济中心、匹兹堡大学编著，胡育、谭晓玉等翻译的《美国中小学学科能力表现标准》(小学、初中、高中三册)

翻译的《教育目标分类学·第三分册：动作技能》；华东师范大学瞿葆奎教授主编的《教育学文集·美国教育改革》；美国教育学家拉夫尔·泰勒著，施良方等翻译的《课程与教学的基本原理》；美国心理学家 L. W. 安德森等编，谭晓玉等翻译的《布卢姆教育目标分类学——40 年的回顾》；美国心理学家罗森塔尔、雅各布森著，唐晓杰、崔允漷翻译的《课堂中的皮格马利翁——教师期望与学生智力的发展》；美国教育学家 R. J. 斯腾伯格著，俞晓琳翻译的《成功智力》；美国教育学家威廉·G. 坎宁安、保拉·A. 科尔代罗著，赵中建翻译的《教育管理：基于问题的方法》；美国国家教育和经济中心、匹兹堡大学编著，胡育、谭晓玉等翻译的《美国小学学科能力表现标准》《美国初中学科能力表现标准》《美国高中学科能力表现标准》；美国心理学家安德森编著，皮连生翻译的《布卢姆教育目标分类学（修订版）》（简缩本）；以及复旦大学哲学学院刘放桐教授主编的《杜威全集》共 38 卷。①

二、布鲁纳的《教育过程》翻译与传播

20 世纪 70 年代后，中国教育学界注意到美国教育学界的新学说，首先是布鲁纳的教育理论，特别是他的名著《教育过程》。

杰罗姆·布鲁纳教授

杰罗姆·布鲁纳（Jerome Seymour Bruner，1915—2015），美国著名心理学家、教育学家，在西方心理学界和教育界都享有很高的声誉。1959 年，美国科学院在伍兹霍尔召开美国教育改革讨论会，布鲁纳担任大会主席。会议着重讨论了如何改进中小学学科，特别是数学和科学教学，以提高教学质量。布鲁纳在大会上作了题为“教育过程”的总结发言。会议结束后，他以自己的结构论思想为主导，综合了专家们在会上发

① 刘放桐：《〈杜威全集〉的出版翻译及其价值》，《中国社会科学报》2014 年 10 月 9 日。

表的意见，撰写了《教育过程》(1960年)。这本重要著作自问世以来，迅速传播到全世界，被列为“最重要和最有影响的教育著作之一”，并被誉为“教育理论的一个里程碑”。在布鲁纳看来，学校教育的根本任务即使受教育者了解、体认和通达学习科目内在的基本结构，甚至从某种程度上来说，知识的有效迁移与创造性转化就奠基于对学科内在结构的深刻理解和洞察，而不是停滞于对表层化、零碎化、散乱性知识点或操作性技巧的硬性记忆与机械掌握。布鲁纳提出，任何学科知识都可以用正确的教学方式授予年幼的学生，这种方式就是让学生掌握学科的基本结构。儿童与科学家的思维在本质是上相同的，他们虽然不能使用逻辑思维，但却可以用直觉思维去发现和探索。发现对科学家来说是对人类未知的探索，但对儿童来说，只要是通过亲身体验和探索得出的结论，都属于发现。布鲁纳的意图是从小培养学生的科学家品质。

布鲁纳与中国的联系最早可溯源到1946年。当时美国心理学会曾为征求组织国际社会科学家团体意见向中国心理学家丁攒先生发来一封信件，发函人正是团体组织者、原美国社会事件心理研究协会主席布鲁纳。《教育过程》出版之时中美两国正处于敌对状态，其教育思想不可能得到传播。但当时上海的华东师范大学首任教育系主任曹孚教授等就开始关注布鲁纳的《教育过程》。曹孚教授所撰《美国“教育改革”剖视》一文对此作了介绍，该文1963年刊登于《教育资料》第23期。之后，上海师范大学外国教育研究室组织人员研究布鲁纳的《教育过程》，1973年，上海人民出版社出版了布鲁纳的《教育过程》，但仅作为内部发行。

1976年由刘佛年组建的上海师范大学教育系编译组编订的《外国教育发展史资料（近现代部分）》一书出版，书中较为详细地介绍了布鲁纳的教育思想，而所借鉴的参考文献便是1973年中译版的《教育过程》一书。《外国教育发展史资料》将布鲁纳《教育过程》的思想内容打碎，综合了布鲁纳《发现活动》中的内容，统一以“发现法”来概括布鲁纳的思想，具体介绍了布鲁纳的“结构课程”“发现法”“直觉思维”等教育思想。

1979年，《教育研究》杂志陆续翻译发表布鲁纳的《论教学的若干原则》(1972年)，《〈教育过程〉再版序言》(1977年)，以及研究布鲁纳教育思想的论著，如《布鲁纳“课程论”初探》《布鲁纳的教学论及其现实意义》《"发现学习"的界说与评议》，直至1989年他的另外两部著作《教学论探讨》(1971年)、《教育的适合性》(1973年)的中译本出版，布鲁纳的教育思想受到中国教育学者的普遍关注。

在《教育过程》思想传播中，华东师范大学心理学教授邵瑞珍作为1973年《教育过程》中译本的译者，在1973年中译本基础上进行复校修订，增加了布鲁纳1977年写的新序——《〈教育过程〉再版序言》一文，1982年由文化教育出版社出版，使该书公开出版发行。

布鲁纳的教育理论传播促进了中国基础教育课程改革。新课程改革下的"研究性学习""发现法"成为教学改革核心理念。进入20世纪90年代，我国教育界更加关注布鲁纳教育思想中的动机、兴趣、直觉思维的重要价值，改变过去以"结构教学""发现法"作为布鲁纳标签的定式思维。

三、布卢姆的《教育目标分类学》在中国的传播和实践

对中国教育界影响最大的当代美国教育家还有布卢姆(J.S. Bruner)。他是美国哈佛大学教授，著名心理学家、教育学家。他强调学习时"结构"(structure)的重要性，认为教材的结构与学生的认知结构必须互相配合。他提倡"发现学习"(learning by discovery)，鼓励学生个人自己去思考、比较、对照、运用各种策略，以发现教材所含的重要概念。他的理论深深影响了中小学科学课程的发展及教学。

布卢姆教授

1956年，布卢姆发表文章《教育目标分类：认知领域》。60年代，美国以布鲁纳的结构主义课程理论为指导，进行了轰轰烈烈的课程改革，旨在为美国社会培养未来的科学家，以提高美国的科学技术水平。然而，这场改革因为过分强调理论化，导致美国教育质量下降，学校出现了大量不能掌握课程内容的"差生"。面对这样的现实，布卢姆提出"掌握学习"学说，形成了《教育目标分类学》。

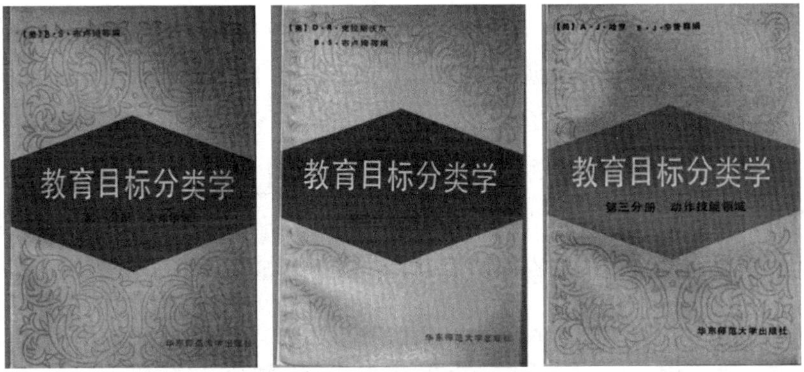

布卢姆的《教育目标分类学》第一、二、三分册

1987年9月，华东师范大学校长刘佛年教授邀请布卢姆来上海讲学，来自全国各地近500人参加了这次讲学会议。为迎接布卢姆的到来，华东师范大学瞿葆奎教授组织研究生翻译了《教育目标分类学·第一分册：认知领域》，由华东师范大学出版社赶在布卢姆来华之前出版。之后，瞿葆奎又组织了《教育目标分类学·第二分册：情感领域》的编译工作，并于1989年5月出版。

布卢姆在华东师范大学讲学为期6周，并被聘为华东师范大学名誉教授。瞿葆奎曾请教布卢姆何时出版教育目标分类学有关动作技能领域的标准，布卢姆十分谦逊地说，自己搞认知领域的分类学已经耗尽精力，可能没有精力继续搞更为复杂的动作技能领域的研究了。为了比较完整地向中国读者介绍布卢姆教育目标分类学，瞿葆奎组织研究生根据哈罗（A. J. Harrow）的《动作技能领域教育目标分类学》（1972年）和辛普森（E. J. Simpson）的《动作技能领域教育目标分类学》（1965年），翻译合编为《教育目标分类学·第三分册：动作技能领域》，由华东师范大学出版社于1989年出版。

因此，世界上只有中国才有教育目标分类学的第三分册，并构成了比较完整的三个领域（认知—情感—动作技能）的布卢姆教育目标分类学体系。经典著作的出版推动了教育目标分类学在我国的应用和普及。

1986年10月，西安市教科所、西安市教委教研室制定西安市《九年制义务教育目标教学与常模参照性测试》课题规划，标志着目标教学在中国的诞生。从 80 年代起，全国各地纷纷举行目标的教学研讨会、教学观摩会，有的全国性的教学观摩会参加者达数千人。目标教学研究作为一项群众性的教学改革，从最初的上海、山东、陕西、江苏、辽宁等省市部分地区发展到全国各地，就其规模、效果以及对我国中小学教学改革产生的广泛影响而言，目标教学改革堪称新中国成立后自上而下学习凯洛夫教育学以来的又一次影响深远的自下而上群众性教学改革。①

第二节　双向交流借鉴，互惠合作共促

上海与美国地方教育交流从理念影响走向现实互动，各项交流项目正在全面推进，促进彼此间的相互理解，也促进各自教育改革的深入推进。

一、上海赴美取“他山之石”

1. 中国上海—美国加州影子校长项目

“中国上海—美国加州影子校长项目”是上海市普教系统名校长名师培养工程一个重要的境外延展，项目在上海市教育委员会和加利福尼亚州学校董事联合会于 2005 年 11 月签订的教育合作备忘录框架内执行。

2008 年，上海市普教系统首次推出“影子校长”项目。项目采用开放式、主动式培训模式，选派首批 10 位校长赴美，在加州做 5 周的美国校长的“影子”，近距离“跟岗实习”。2009 年，又有 16 位上海校长参加“影子校长”项目，进行为期 8 周的学习。“影子校长”项目又有“升级版”，上海创立海外校长教师培养基地。在总结以往两期“影子校长”项目实施经验的基础上，在美国加州设立“上海双名工程（名校长名师）培养基地”。2013 年 9 月 28 日，第六期 20 位中小学校长和第三期 20 位中小学教师赴美国加利福尼亚州开展为期 8 周的“影子项目”研修，包括 3 周在美国加州大学洛杉矶分校的“教育领导方法培训”和“现代教育方法培训”专题集训以及在美国加州学区的“影子校长”“影子教师”实习。上海一批又一批优秀校长、教师用两个多月的时间，在美国加州跟随当地校长和教师

---

① 张志勇等：《我国目标教学研究的回顾与展望》，《教育研究》1997 年第 10 期。

“贴身”式学习，参与学校事务。① 带着“美国经验”和独到的观察，返回上海后，他们也为上海校园带来了新的变化。

该项目具有三大特点：一是问题导向，增强学习针对性。参训学员带着自身学校的实际问题去学习，促使学员充分利用有限的学习时间，重点着眼研究事前确定好的问题，增强境外学习的针对性。二是“浸润式”学习，改变“走马观花”现象。学习期间，学员全身心浸润到美国基础教育现场，观摩基地校长、教师的管理和教学行为，深入课堂听课，参加学校及学区各级各类的会议、活动，观察、随访影子校长的领导管理和影子教师的授课。三是“住家”体验，感受美国教育文化。学习期间，参训学员住宿于当地的美国家庭，学员可就各种话题与住家成员进行深入交流，一方面可深入了解美国文化以及美国的家庭教育观；另一方面，可向美国人介绍中国文化及中国的教育现状。

2013 年 9 月新学期开始后，徐汇区中国中学 8 楼的“未来教室”正式启用。原先闲散地摆放着几台健身器、几个沙发的职工之家，如今被改造成了一间间颇具现代感的学生活动中心。学生可以在展示区展示自己的各类作品，也可以在专用教室完成自己的机器人设计，学生社团或兴趣小组可以在如同企业会议室般的小型会议室内，开展头脑风暴。一间专为平板电脑教学设计的“云课堂”也完成了调试。各科教师已把传统教学的“你说我听”的模式，变为主动思考和大胆交流。各科教师已经根据学科要求录制了一批微视频课程上传至校园网，学生可以在家收看后，带着问题来到课堂，和老师、同学展开讨论。这些新变化，是该校校长王亦群参加“中国上海—美国加州影子校长、影子教师”海外研修项目返沪后，根据在美国亲身观察到的做法加以改造而来的。

2012 年，王亦群来到加州 South Hills 中学当“影子校长”。在加州大学，影子校长接受了集体培训，遇上需要发言亮出观点的时候，不少同行也习惯于躲在后面。美国课堂对学生个性的鼓励给她留下深刻印象，在崇尚自我探究的美国教育环境中，孩子们的能力得到极大提升。学校举行大型活动，甚至看不到老师的踪影，全由学生自己当家。回国后，“未来课

① 上海—加州影子校长项目组：《碰撞与融合》，上海三联书店 2011 年版。

堂”的蓝图在她脑海里渐渐清晰。让每个学生都能找到适合自己的学习路径，发现兴趣所在。王亦群认为，学校必须提供时间和空间，让学生找到未来的可能。

2．上海各类优秀校长和教师赴美培训

2011年7月19日至8月1日，“上海市普教系统名校长名师培养工程刘彭芝卓越校长培养基地”的14位上海校长来到美国，走访美国顶尖学校，走进哈佛大学的讲堂，传递中国校长的办学理念，展现上海校长开放、睿智、勤奋的风采。该培训基地设于中国人民大学附属中学，主持人为该校校长刘彭芝，是上海市教育委员会在外省市设立的第一个校长培养基地，目的是集聚全国和北京优质资源，培育上海卓越校长。这是上海“双名工程”中高端校长培训项目——卓越校长培养基地两年多来的一次“海外展示”，也是观察、思考、记录、实践，彼此分享智慧、交流经验的一次密集型培训学习。在14天的培训中，学员访问了美国伊利诺伊理科高中、埃克塞德学校、安多福学校、杰弗逊理科高中等学校，并参与座谈交流，还出席了哈佛大学中美基础教育高峰论坛，并在哈佛大学参与分组演讲。

上海各区县也启动了与美国的交流和校长培训项目。自2014年起，浦东新区教育局启动了“中小幼优秀教师赴美交流研修项目”。项目以海外研修为契机，通过中美教育理念和实践的碰撞，帮助教师改变思维方式，转变教育理念，在教育教学的本土化实践中改进教与学的方式，提升专业水平。三年中，来自78所学校的78名教师参与了此项目，覆盖了所有的学段，涉及语文、数学、英语、物理、化学等13门学科。在每年为期一个月的海外研修中，教师通过观察、访谈、调研、跟岗、课题研究等方式，全

（左）对话互动（中）体验性合作学习（右）与教师交流互动

美国学生在游戏中学习冰激凌的均匀融合

方位、多角度地总结和学习美国中小学教育的实践经验。

很多教师实际感受了美国学校教育的特征。一位教师在第一大道中学跟岗期间，观摩了一节制作冰激淋的家政课。当每个小组将原料盛入球形器皿中后，为了让大家将里面的原料混合均匀，教师让学生将装着原料的球形器皿拿到操场，放到地上滚来滚去。在活动过程中，学生看似嘻嘻哈哈、松松散散，校长则在一旁帮着计时——整整 15 分钟。中国老师不禁疑惑：花费如此多的时间，只是为了将原料混合均匀，这究竟带给学生什么收益和长进？校长笑答，这个活动是让学生体验冰淇淋的老式做法，他们分组在操场上滚动盛冰淇淋的容器更像是一个游戏，这会让他们学得更开心。他说，在学生进入高中之前，要重视培养学生阳光自信的心态、积极探索的意识、团队合作的能力，这是学生可持续发展的保障，这比让学生记住很多知识更为重要。[①]

3．引进美国 STEAM 课程

几个发光二极管、几根导线、几只彩色小灯泡，加上开关、门铃、木板、小车轮、各种各样的装饰材料……老师在黑板上画了一张串联电路图，十一二岁的孩子们就忙不迭开始鼓捣起来。一节课下来，可以挂在门上的

① 孙伟菁、孙丽杰：《零距离观察美国课堂——美式“慢”课堂上，学生收获了什么？》，《第一教育》2017 年 7 月 29 日。

美国 STEM+（STEAM）课程

圣诞节松柏装饰花环、门铃，会跑会“相扑”的简易遥控小汽车……五花八门的作品堆满了“工作台”。这是上海市一所小学的一节信息技术课——中小学 STEAM 教育课程。如今这个教育课程已经走进了上海中学、上海外国语大学附中等在内的国内 600 余所中小学课堂。①

“STEAM”是五个单词首字母的缩写：Science（科学）、Technology（技术）、Egineering（工程）、Arts（艺术）、Maths（数学），由 20 世纪 80 年代美国为提升国家竞争力、劳动力、创新力而提出的“STEM”教育战略衍生而来，旨在打破学科领域边界，培养学生的科学素养。2011 年，美国弗吉尼亚科技大学学者亚克门（Yakman）第一次在研究综合教育时提出将“A”（艺术）纳入进来，这个“A”，广义上包括美术、音乐、社会、语言等人文艺术。因此，目前该课程有 STEAM、STEM、STEM+ 等不同的名称。STEM+ 逐渐发展为包容性更强的跨学科综合素质教育。STEM+ 教育理念强调打破常规的学科界限，实现跨界教育和学习。比如，技术和工程结合、艺术和数学结合，让学生在“做中学”，建立跨学科的创新思维和

① 《中国中学引入美国 STEAM 教育培养“少年创客”》，澎湃新闻网（上海）2015 年 10 月 31 日。

应用能力。STEM+ 教育注重实践、注重动手、注重过程，正是受到了建构主义教育理论的影响，希望让孩子们通过制作自己喜欢的东西，在制作的过程中建构起关于科学、技术、工程、艺术和数学的知识。STEM+ 是对基于标准化考试的传统教育理念的转型，它代表着一种现代的教育哲学，更注重学习的过程，而不是结果。所以 STEM 教育不是在桌椅整齐的教室上课，而是在充满木板、锉刀、画笔、电线、电路板、芯片、3D 打印机，以及各种奇怪教育科技产品的工作坊。

STEM 教育被誉为美国的“素质教育”。2008 年至 2013 年，美国国家年度教师奖 6 位获奖者中有一半是 STEM 教师。美国总统奥巴马在 2013 年的国情咨文中提出两个教育目标，重点就是“培育新一代的 STEM 人才”。

STEM 教育传入中国后受到广泛关注。2015 年教育部发布《关于“十三五”期间全面深入推进教育信息化工作的指导意见》，制定出未来 5 年教育信息化规划，提出学校要探索 STEM 教育、创客教育。上海探索实践 STEM+ 教育十分活跃，并成为上海从幼儿园到高中整个基础教育综合改革的重要内容之一。

上海中小学探索 STEM+ 课程内容主要以科学实验为主，但不同于以往学生做实验是为了证明课本上的理论和结果，用相同的方法和仪器，希望得出相同的结果。一次 STEM+ 项目的课程，是工程思维的贯穿，是跨学科的多种素养协作。这样的课程设计，不仅让学生在基于项目的学习过程中，掌握跨学科的知识和能力，还潜移默化地理解学习和生活是息息相关的。有专家将 STEM+ 课程概括出五大基本特征：一是跨学科，二是项目学习，三是积极学习的过程，四是合作学习，五是解决与生活相关的实际问题。各学校和教师在实践中感受到，STEM+ 是学习方法的一次革命：形象地说，一个杯子，就涉及 S、T、E、M。什么材料做的杯子没有毒，就是 S（科学原理）；把杯子做成椭圆形，是 T（技术）；做杯子的过程，就像 E（整个工程）；做杯子涉及各类数据汇总与计算，就是 M（数学运用）。思路的顺理、数据的规整与分析、所得结论的实践与再改进。“杯子”的完整成品，就好似体现了 STEM 的整个过程。

上海 2014 年成立“上海 STEM 研究中心”（上海市史坦默国际科学教育研究中心），承担为期十年的长周期实证教育研究项目，选择区域与学校开展STEM+教育实践探索、课程设计、师资培训。同时还成立“上海STEM教育联盟”，为青少年提供线上线下的STEM学习资源。

上海各区和学校结合实际探索和试验STEM课程。徐汇区作为全市首个STEM教育本土化试验区，于2014年在世界外国语小学、高安路一小、徐汇一中心小学等8所小学开展试点。普陀区华东师范大学四附中、兴隆中学等7所中学于2015年试点推行STEM课程。奉贤区依托教育综合改革在全区大力推进STEM教育，为每所中小学培养3至5名STEM教育培训教师，通过试点科学学科教师专用教室上课制、依托区内外前沿科技企业共建“创新实验室”、建设STEM样本课程共享资源库等方式，摸索更科学有效的STEM教育实现形式。2016年8月，中福会少年宫STEM科技夏令营赴美展开科技文化之旅。小营员参观了Intel、Google等世界知名企业，与科学家对话，访问了斯坦福大学和加州州立大学波莫纳分校。

二、美国来沪寻找上海教育的“洪荒之力”

1. 上海教师集体备课模式落户美国田纳西

教师集体备课，互相听课、评课，这是上海中小学教师早已习以为常的教学习惯。但对美国教师而言，集体校本教研却是非常新鲜的事。自来上海考察后，这个“上海模式”在美国田纳西州的6个学区18所中小学里“安营扎寨”，课堂教学质量和效率都有所提高。[①] 美国中小学教师的教学和备课基本属于“各自为政”。美国中小学采用“包班制”教学方式：一位教师负责这个班级的所有课程。除了国家统一的评估体系外，怎样教、教什么完全由教师个人决定。在美国学校文化中，很少有教师愿意开放个人的教室给其他教师，他们更多的是按照自己的想法和风格进行教学。在与上海基础教育同行的交流中，美国不少学校和教师也开始意识到这种教学方式的弊端。校长们开始走进课堂听课，以提高对课堂质量的掌握和调控。

2009年和2013年的全球PISA（国际学生能力评估计划）测试中，上

---

① 张嘉欐：《集体备课替代个人备课“上海模式”落户美国田纳西》，《文汇报》2014年11月6日。

海学生两次获得第一的成绩，美国教育界为此受到震动，开始踏上了向上海同行“取经”的旅程。美国范德堡大学也与所在田纳西州的中小学联手，邀请华东师范大学学术团队加盟，申请到美国联邦的教育改革项目——提升校长教学领导力。2013 年，18 位田纳西州的中小学校长来到中国，在上海市闵行区 9 所中小学考察课堂教学、集体备课和听评课活动，在与这些学校的教师进行座谈的过程中，深受启发。回美国后，美国校长们将“上海模式”在 18 所学校付诸实践。起初，许多美国教师并不适应，一位校长转述其学校一位教师的描述：第一次邀请同事站在教室的一面玻璃墙外观察他上课时，他强烈感觉到自己是“一条正在鱼缸里游动的金鱼”。

“集体备课”所带来的实实在在的成效让美国教师接受了“上海模式”。试点一年，一所美国中学的学生达标率从 50% 上升到 83%。美国田纳西州教育助理专员保罗·弗雷明表示，“上海模式”试点区域将扩大，田纳西州某些学区将全部采取美国化的上海教学模式，将其更快融入美国教育文化模式中。“上海模式”在田纳西进行“本土化发酵”，美国教师加以改造，使“上海模式”更具可复制性、可操作性。

2．PISA 测试引发的美国教育的自我反省与对上海教育秘密的探究

长期以来，美国教育一直是中国的标杆，但 PISA 测试成绩让美国感到了教育危机。

PISA 测试，即国际学生能力评估计划（Programme for International Student Assessment，PISA），是由经济合作与发展组织（OECD）组织的对全世界 15 岁学生学习水平的测试计划，最早开始于 2000 年，每三年进行一次。该计划旨在发展教育方法与成果，是世界上最具影响力的国际学生学习评价项目之一。2009 年，全球 47 万名 15 岁学生，代表了 65 个国家和地区参加了测试。2015 年超过 53 万名 15 岁学生代表 72 个国家和地区参与测试。

2009 年，中国上海学校 15 岁的初中生首次参加 PISA 国际测试，便一举拿下阅读、数学和科学成绩的世界第一。三年之后，上海学生在 PISA 国际测试中再次获得三项世界第一。相比之下，美国学生在 PISA 历届的各项测试中的成绩都居于中下游。上海 2012 年在数学和科学项目的分数分别是

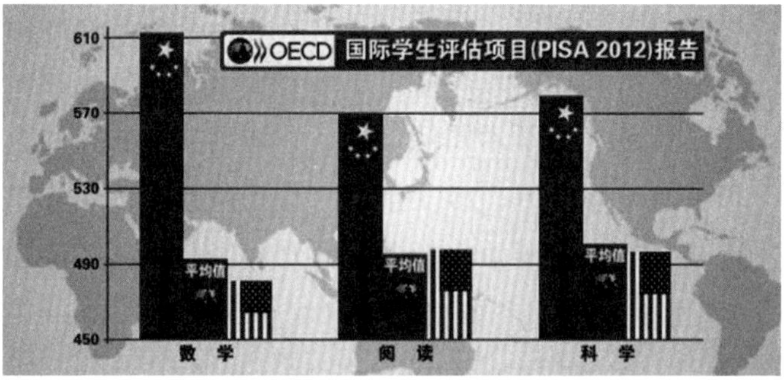

PISA2012 中国上海与美国的成绩比较

613 和 580。相比起来，美国的成绩徘徊在平均线，在这两个项目上的平均得分为 481 和 497，与上海相差有 100 分之多。

OECD 研究学者指出，美国学生的成绩比高水平国家学生的成绩要落后两个半年级。美国的政界和教育界因此大为震惊，美国教育部长也为此大声疾呼：美国的又一场教育危机爆发了——美国的教育停滞不前，亟需向高水平的国家学习教育经验!《超越上海》一书主编、美国教育和经济研究中心主席马克·塔克（Marc Tucker）明确提出：美国教育改革要以上海教育作为标杆。①

上海在 2009 年 PISA 测试中的成绩之所以会“震惊”美国，原因之一，是这些国家之前很少关注中国及上海的基础教育，或者对中国基础教育有所误解，认为中国是应试教育，学生只会死记硬背，学校无法关照每一个孩子的成长和能力发展；原因之二，是中国教育很长一段时期的改革都是在追赶欧美，但在不知不觉的学习和借鉴中，在一些领域已经超过了欧美。

也有美国学者为美国在 PISA 测试中的成绩进行了辩解。纽约大学教育学系教授黛安·里威奇（Diane Ravitch）在《赫芬顿邮报》发表了评论文章，认为许多媒体就此成绩批评美国的教育体制已经陷入“停滞”“落后”“乏善可陈”的状态，在这样的国际测验上，美国理应领先全球；这样的观点其实是错误的。从历史的纪录看，在任何国际性的测验中美国从来

① 王蔚:《一个美国人眼中的上海教育》,《新民晚报》2013 年 8 月 21 日。

就没有站上世界第一，往往只能位居中等，因此美国学生在 PISA 测试上的成绩，只不过是维持美国一贯的水准而已；更何况，上海无法代表全中国。美国还有专家认为，达到特定水准的教育成就，只能作为国家获得成功的平台，但一旦建构了这个平台，其他因素的重要性就会比取得优异的测验成绩来得更重要。对于一个国家来说，若要在经济、文化及科技方面取得成功，最重要的可能还是某些特定的“精神”，如“抱负”“好奇心”“独立性”。因此“站在国际测验的积分榜上是毫无意义的”。

个别美国学者对上海 PISA 测试的成绩提出了质疑。美国布鲁金斯学会在其网站上刊发了汤姆·拉夫莱斯教授的文章，质疑上海参加 PISA 测试的学生样本有问题。拉夫莱斯教授提出的一个重要观点是：上海官方提交的 10.8 万名 15 岁学生数是错误的，漏掉了“12 万或者更多的”打工者子女。上海专家学者和媒体立即予以了正面回应，指出拉夫莱斯教授在上述文章中犯了一个很天真的错误。他在列举了中国香港、奥地利、捷克等 10 个发达地区和国家 PISA 测试对应的 15 岁人口数及总人口数的数据后，简单作出推论：这些地方的 15 岁人口数与上海应该是相近的，而上海的总人口数是这些地区的 2 至 4 倍。因此，上海的 15 岁人口至少应该有 23 万。在经过各种猜测之后，他抛出了最终结论：“唯一可能的解释是上海官方仅统计了有上海户口的孩子，他们的人数是 10.8 万。”但事实是，根据 2010 年第六次全国人口普查数据，上海的常住人口（包括户籍人口及在沪居住六个月以上的暂住人口）为 2301.9 万。分年龄统计中，当年为 13 岁（2012 年为 15 岁）的人数为 108056 人，其中外来人口为 29966 人，占 27.73%。这一数字也是上海向 OECD 的 PISA 协作组织提交的 2012 年上海 15 岁学生人数统计数据。

可见，除了上海提供的 10.8 万这一数字外，拉夫莱斯所谓的上海还有“12 万或者更多的”15 岁学生是根本不存在的，是无端猜测。上海的外省来沪常住人口的年龄分布并不均衡，低龄段儿童和青壮年段比例最高。拉夫莱斯将发达国家（地区）的人口年龄比例简单套用到上海，显然是不科学、不合适的。从 2009 年上海第一次参加 PISA 测试开始，外来人口子女就是样本的重要组成部分，并且随着时间的推移，这部分“新上海人”学生的比例在逐渐增大，他们在数学、阅读和科学方面的平均得分分别为

594分、555分和565分，尽管分数稍低于上海本地人，但与其他几个地区和国家相比，仍存在较大的优势。①

自上海学生在PISA2009惊艳亮相后，全世界教育人士的眼光就再也无法离开这个城市。美国政府、教育组织和专家学者纷纷试图探寻上海教育背后的“秘密”。安德里亚斯·施雷彻（国际学生测评项目负责人）说，2003年上海的教育系统还是非常“普通”的，但十年后，上海的教育系统已经在世界领先。进步背后的原因是，在中国最好的学校里，教师很大一部分时间用在同事之间的相互学习和个人职业发展。而在美国，教师在学校的大部分时间都是用来教学。在上海，整个教育系统有本事把原来一般的教师，变成非常有工作效率的教师，再把最好的教师派到最具有挑战性的课堂上去。

2011年，哈佛大学教育出版社出版《超越上海：美国应该如何建设世界顶尖的教育系统》。该书主编、美国教育和经济研究中心主席马克·塔克指出，美国学生的生均GDP为47495美元，远超上海11361美元。但高投入并没有在PISA测试中获得相应的回报，反而是低投入的上海教育成效更加显著。2014年3月1日，塔克在华东师范大学参加“学习科学国际大会”

主编马克·塔克及其《超越上海》

① 张民选：《是什么导致了对PISA结果的误读》，《文汇报》2013年12月16日。

时接受媒体专访，直言上海的基础教育有很多方面值得美国学习，最为重要的是中美两国基础教育阶段教师在专业性上的差距。在上海，小学教师普遍具备较高的专业素养，他们在大学修读相关专业，对所教学科了如指掌。而美国的小学教师则不分科目，进行全学科授课，他们只修读过“小学教育”，缺乏不同学科的专业知识背景。和上海的数学教师擅长数学相比，不少美国的小学教师自己就很畏惧数学、自然科学，因此他们的教学质量是很难有保障的。

其次，便是教师培养模式的差异。多年来，上海的师范类毕业生在走上教师岗位时，会有一位经验丰富的前辈教师作为师傅带教。上海的教师还有系统的教育培训机制，新教师有大量机会学习其他教师的经验和技巧，互相听课更是促进水平提升的有效手段。相比之下，从美国大学毕业的教师普遍缺乏一线实践经验，只具有课本上学习的理论知识，参加工作后，也没有机会从前人那里学习如何教学，更没有机会进行交流和改进。

如何提高薄弱学校的办学水平，是一个困扰世界众多国家的难题。上海有一套非常好的经验，就是通过让好学校接管差学校、派遣好学校的校长和员工到差学校从事管理岗位、把差学校的骨干教师送到好学校培训等方法，提高了本地学校的总体办学水平。放眼全球，很难再找出一个地方有类似的教育制度能够如此充分地保证基础教育的相互促进发展。

上海有科学的教师职称体系，从新入职到高级教师甚至特级教师，有完整的晋升通道。由于中小学教师职称制度的存在，上海的教师就会更加严格地自我要求，在每个阶段都尽力表现得足够称职；而美国第一天就职的教师和最后一天退休的教师没有区别，因为不存在所谓职称。职称制度有效地激励了教师积极认真地对待自己的工作，从制度上保证了教学质量。①

美国《新闻周刊》作了一个报道，不仅将上海的公立学校称为“世界上最好的公立教育”，还指出纽约、洛杉矶等美国重视教育的大型城市，应

① 基于上海教师教育对全球教师教育的贡献，2017 年 11 月 4 日，在联合国教科文组织（UNESCO）第 39 届全体大会上，100 多个国家和地区会员代表以“无辩论”通过的方式，决议在中国上海设立联合国教科文组织教师教育中心。上海市人民政府与联合国教科文组织已达成合作协议，它成为落户上海的首家联合国二类机构。参见：《联合国教科文组织在中国上海设立“教师教育中心”》，《解放日报》2017 年 11 月 5 日。

该向上海学习。

2013年，“为美国而教”（Teach For America）组织的创始人温蒂·柯普和教育项目“美丽世界”的多名领导者一道，来华探寻上海学生在PISA考试中独占鳌头的秘密，考察团来自英、美、法、比利时、西班牙、印度、南非等12个国家，《纽约时报》专栏作家托马斯·弗里德曼随行，这位三届普利策新闻奖获得者的结论是：“上海的小学办得好。”2013年10月21日，弗里德曼一行来到上海闵行区一所普通小学蔷薇小学，并撰写了“The Shanghai Secret”（《上海的秘密》）一文，刊登在《纽约时报》，引起广泛关注。蔷薇小学是闵行区梅陇镇南市郊接合部的一所普通小学，40%的学生是外来务工者的随迁子女。1999年建校时只是一所村校：7个班、20余名教师和200多个孩子。在考察团来之前，蔷薇小学的校长沈珺不知道具体有哪些成员，也不知道他们究竟想了解些什么，只知道他们想来听几节课，做一些交流。由于语言问题，考察团决定旁听数学、英语和音乐三堂课。教师的确定很简单，就是各个教研组开会报名。直到来访前一天才想起教案是中文的，紧急译出了英文版。课后，考察团和学生进行了交流，他们对学生在学习中表现出的专注、积极的课堂参

《纽约时报》著名记者弗理德曼在上海闵行区蔷薇小学听课采访

与、教师对学生深度思维的启迪表示惊讶。①

弗里德曼在文章中首先感叹，每次造访中国，他总是惊叹于外界对于中国未来的预测反差这样大。与“做空”中国的观点不同，对中国乐观者认为，中国只是刚刚开始崛起，我们将要看到的是，中国过去三十年在基础建设和教育领域的投资，终于要获得回报了。为什么这些乐观者并不完全是在说疯话？如果你想要一些证据，那么你或许应该去参观一所上海的小学。他介绍上海蔷薇小学一至五年级共有 754 名学生，59 名老师。访问之后，“我觉得我找到了那个秘密”。其实根本就没有什么秘密。当你坐进蔷薇小学的教室，跟学校校长和老师见了面，你会发现，他们无止境地强调那些造就优质学校的根本原则。这些根本原则我们都很清楚，但是想要在整个教育系统里持续地推广则非常有难度。它们是：下大决心给教师进行培训，教师之间相互学习，在职业上不停地发展，在小朋友的学习过程中提高家长的参与度，学校领导坚持以最高标准要求学校，并且营造出重视教育、尊重老师的学校文化。

上海成功的秘诀很简单，就是在于有更多的学校在更多的时间里执行这些基本原则。以教师职业发展为例。通过十年的努力，学校校长沈珺见证了学校由差变好的转变——特别是考虑到 40% 的学生都是没有受到过良好教育的外来务工人员的子弟。沈校长说，她的教师每周有 70% 的时间用在教学上，30% 的时间用在发展教学技能和备课上。而这个比例要比一所典型的美国学校要高得多。他最后说，中国也有很多一般的学校，有很多问题亟待解决。不过好消息是，通过坚持那些中美教育者都明白且肯定会奏效的基本原则，上海用十年时间，提高了学校的教育质量，一些学生已经在阅读、科学和数学技能方面处于世界领先地位。当然，他们在坚持基本原则方面相当系统，义无反顾。②

3. 美国教育部长访沪感受上海教育

上海教育的成就同样引起了美国教育部长的高度关注。2016 年 8 月，

---

① 周修怡：《蔷薇小学：〈纽约时报〉上的“上海秘密”》，《新民晚报》2013 年 11 月 13 日。

② 托马斯·弗里德曼：《上海的小学办得好，The Shanghai Secret》，纽约时报中文网，2013 年 10 月 24 日。

美国教育部长约翰·金（John B. King，Jr.）等访问上海，希望通过此次实地访问，了解上海教育闻名世界的体制和做法，了解为什么上海学生能在科学、科技、工程和数学这些学科达到世界排名领先地位。这次访问也是美国教育部在全世界范围展开的国际策略研究“如何最高效地教育育人”。[①]他访问了上海市教育委员会、上海师范大学及部分中小学校，走访了社会教育机构。

他在上海师范大学听取了上海中小学教师培训体系和培训项目的介绍，了解了上海参加教师教学国际调查（TALIS）取得优异成绩背后的原因所在，即上海“三位一体的教师政策体系”：教师专业职务台阶、绩效评估与表彰和教师在职进修三个相互关联的子系统。

这位教师出身的部长在上海美国文化中心与来自上海市10所中学的50名学生展开了一场零距离的对话。

美国教育部长约翰·金与上海中学生代表交流

部长询问上海同学：我听说上海的学校竞争十分激烈，那在你们的学校中，学生之间的竞争也很激烈吗？你认为这是一件好事还是坏事？上海学生告诉金部长：我认为竞争激烈是一件好事，因为我们可以在竞争中互相学习。我觉得竞争就像一面镜子，就和考试一样。我们可以在这面镜子中看见好与坏、看见我们的长处和劣势，我们可以从中获得进步。部长又问上海学生，那些想要

① 上海师范大学国际交流处：《美国教育部部长访问我校》，http://webofied.shnu.edu.cn，2016年8月11日。

去美国读大学的同学们，美国学校最吸引你们的一点，或者你最感兴趣的地方是什么？学生回答，我觉得我们大多数孩子在小的时候都不知道自己将来会做什么。我觉得进入美国大学学习可以更好地探索新的事物、发现自己的潜力。在美国大学就读可以获得更多的机会，美国的大学会替你寻找实习机会，让你去真正地学习如何采访、如何当记者。所以我认为我们是在为未来做准备，而不只是为了学习而学习。①

4．孔子学院：上海与美国教育交流的靓丽名片

为推动汉语加快走向世界，提升中国语言文化影响力，从2004年开始，中国政府在借鉴英、法、德、西等国推广本民族语言经验的基础上，探索在海外设立以教授汉语和传播中国文化为宗旨的非营利性教育机构“孔子学院”。

上海与美国在孔子学院（课堂）合作方面成效显著。截至2016年，上海在美国开设的孔子学院达10所（见表7-1）。比如，上海中医药大学的中医文化活动、东华大学的中国服饰文化、同济大学的中国创新设计、上海交通大学的中国武术等既传播了中国文化，又能使当地受众学以致用，促

上海中医药大学原院长严世芸教授向美国佐治亚瑞金斯大学中医孔子学院赠送卷轴

① 《对话美国教育部长，上海中学生问了哪10个问题？》，外滩教育公众号2016年8月15日。

表 7-1　上海高校在美国举办的孔子学院

城　市	承办机构	合作机构
奥古斯塔	佐治亚瑞金斯大学	上海中医药大学
纽约	华美协进社	华东师范大学
爱荷华城	爱荷华大学	华东师范大学
尤金	俄勒冈大学	华东师范大学
康威	中阿肯色大学	华东师范大学
新奥尔良	杜兰大学	华东师范大学
西拉法叶特	普渡大学	上海交通大学
洛杉矶	加州大学洛杉矶分校	上海交通大学
列克星顿	肯塔基大学	上海大学
密苏里	密苏里大学	上海师范大学

资料来源：上海市教委国际交流处（本表数据截至 2016 年）。

进当地经济的发展，具有中国特色且体现出更高的层次和更优的品质，为中外文化交流提供了平台和契机。上海还推出了独具特色的项目，每年组织学生艺术团到各孔子学院巡演，举办“上海暑期学校”项目，促进了中国文化的传播。孔子学院也组织了各种访华团，开展中外文化对话与交流项目，为世界了解中国搭建桥梁。在孔子学院（课堂）的发展中，其功能逐渐丰富，汉语课程向“多、精、尖”发展，不仅从事汉语教学，还向当地教育机构输出汉语言文化相关学科的专业课程教材；与外方合作院校联合开展本科以上学历教育，并纳入当地教育体系等。

上海高校与美国合作的孔子学院（课堂）在美国影响力日渐凸显。① 华东师范大学与美国合作的美国中阿肯色大学孔子学院，除开设汉语课程外，还与阿肯色州教育厅和各学区合作，在全州公立中小学开展汉语项目，已先后在 9 个校区开设汉语课程，涵盖从零起点到高级班的 6 个班级。2015 年，在中阿肯色大学孔子学院学习汉语的中小学生达 4300 人。至 2015 年

① ［美］詹姆斯·利兹卡（James Liszka）：《孔子学院在美国》，中国社会科学网，2016 年 11 月 20 日。

美国温泉高中孔子课堂举办中国文化活动参与者获奖中国脸谱

11 月，这家孔子学院在大学本部举办文化活动 30 多场，在学区举办文化活动 40 多场，参加人数超万。孔子学院 14 名中文教师获得州教育厅授予的“阿肯色文化大使”称号。2014 年中阿肯色大学孔子学院与克林顿公共行政学院合作，邀请华东师范大学校务委员会主任、党委书记童世骏教授在克林顿总统中心为公众作了一场题为《多元民主理念》的讲座。童教授通过对比中西哲学，阐述了民主的内涵，“和而不同”“重叠共识”等理念，并从个人经历解读中国民主的发展历程。来自阿肯色州政府官员、大学教授、学生、研究机构人士、社区居民、当地华人、留学生等约 200 名听众聆听了这场讲座。

上海与美国高校合作举办孔子学院，也带动了美国中学的孔子课堂建设。2011 年，由美国普渡大学孔子学院倡导和促成，在普渡大学孔子学院合作院校上海交通大学协助下，美国印第安纳州拉法耶学区与上海交通大学附属中学建立了双向开展友好合作的孔子课堂项目。双方学生建立了合作学习的机制，并通过定期交流促进双方教育的进步和提高。上海交通大学附属中学选拔教师赴该学区开展汉语教学工作，以推广汉语言和中华文化。华东师范大学与美国中阿肯色大学合作举办的孔子学院下设温泉高中（Hot Springs High）孔子课堂，2017 年 4 月积极参加该学区举办的国际文化节。中国文化展台吸引了广大学生及家长前来。中国文化展台开设了包括汉语学习体验、传统游戏体验、美食体验等项目在内的多种中国传统文化体验活动，大家纷纷聚集而来，现场气氛热烈。

“汉语学习初体验”区，教授体验者学习简单的中文常用语及数字；“中国文化知多少”竞答区，邀请体验者抢答关于汉语知识和中国文化的各类问题，优胜者可获得面具、乒乓球拍等奖品；“中国游戏”区设有五子棋比赛，连胜三局可获得奖励，学生及家长踊跃参加；“中国食物”区准备了美味的中国菜肴，甚至还有学生亲自动手实践，学会了做中国炒面。

为了缓解美国从幼儿园至十二年级专职中文教师日益紧缺的状况，纽约华美协进社孔子学院2006年组织了首批16名来自纽约州的在职教师，在华东师范大学举办了第一期中国语言与文学硕士课程培训班，成为全球首个孔子学院研究生班。从最初的课程培训班到现在的“未来汉语教师”项目和“优化课堂教学”短期课程，华美协进社孔子学院已专门设计符合纽约州教师执照要求的课程内容，以适应国际汉语教育领域发展要求。

2016年12月2日，在由中共上海市教育卫生工作委员会、上海市教育委员会指导，上海外国语大学主办的“自信、自觉、自洽：中华文化海外传播论坛”上，“上海孔子学院工作联盟”正式揭牌。该联盟的成立将有效实现上海地区校际资源共享，提升上海教育国际化水平。

上海学校举办的孔子学院和孔子课堂的实践成果充分证明，孔子学院和孔子课堂是世界认识中国的一个重要平台，是中外语言文化交流的窗口和桥梁。孔子学院和孔子课堂为美国民众学习汉语和了解中华文化发挥了积极作用，也为推进中国同美国人文交流、促进多元多彩的世界文明发展作出了重要贡献。

大事记

- 清道光廿三年（1843 年）11 月 17 日，上海正式开放为通商口岸。
  同年，美国圣公会派格兰德女士来华传道，成为首位来华传教的女教士。
- 道光廿五年（1845 年）6 月 17 日，美国基督教圣公会牧师文惠廉一行抵达上海，将上海作为自己的传教起点。
- 道光廿六年（1846），文惠廉在虹口苏州河北岸王家码头创办第一所男塾。
- 道光廿七年（1847 年）6 月 23 日，美国基督教公理会传教士裨治文抵达上海。
  同年，美国基督教怀恩堂在上海四川北路创办怀恩中小学。
- 道光卅年（1850 年）4 月 15 日，格兰德夫人创办裨文女塾。
- 咸丰元年（1851 年），美国传教士琼司女士在虹口创办文纪女塾。
- 咸丰三年（1853 年），王家码头教会学塾塾生吴虹玉赴美国留学，为上海第一个出国留学生。
- 咸丰四年（1854 年），容闳毕业于耶鲁大学。
  同年，上海人颜永京赴美国留学。
- 咸丰五年（1855 年），文纪女校学生人数增加到 40 人。
- 咸丰九年（1859 年）7 月，美国传教士施约瑟来到上海。
  12 月，美国传教士林乐知携夫人奉派来华，于 1860 年 6 月到达上海。

- 咸丰十年（1860 年），美国传教士范约翰创办清心书院。
- 咸丰十一年（1861 年），颜永京毕业于美国俄亥俄州肯阳学院。
- 同治二年（1863 年）3 月 28 日，清政府批准设立上海学习外国语言文字学馆（即上海同文馆，1869 年改名为上海广方言馆），次年起陆续聘请美国人林乐知任英语教习，美籍英国人傅兰雅任法语教习，美国人金楷理任德语教习。
- 同治四年（1865 年），美国基督教圣公会中国布道区第一任主教文惠廉创办培雅书院。
- 同治五年（1866 年），文惠廉创办度恩书院。
- 同治六年（1867 年）4 月，上海同文馆再聘林乐知为英文教习。
- 同治七年（1868 年）5 月 31 日，江南制造总局延请傅兰雅在局翻译。

  6 月中旬，江南制造局翻译馆正式开馆，是年延请林乐知、金楷理在馆翻译。

  7 月 28 日，中国特使蒲安臣（美国人）与美国国务卿签订《中美天津条约续增条款》，世称《蒲安臣条约》，为美国人在华办学和中国派遣留学生赴美学习提供依据。
- 同治九年（1870 年）1 月，江南制造局广方言馆建成。2 月 28 日，广方言馆从城内移至江南制造局新址。
- 同治十年（1871 年）8 月 18 日，曾国藩、李鸿章会奏：拟选幼童留学。
- 同治十一年（1872 年）8 月 5 日，留美学生监督陈兰彬等带领首批赴美留学的幼童谒见美国驻沪总领事雾颜。8 月 11 日，第一批幼童 30 人由上海起程，赴美留学。
- 光绪二年（1876 年）2 月 8 日，格致书院于上海北门外西北隅八仙桥北、英租界正丰街之西竣工。
- 光绪三年（1877 年）10 月 31 日，成为圣公会中国布道区第三任主教的施约瑟提出设立教会大学。
- 光绪五年（1879 年）4 月 14 日，圣约翰书院举行奠基仪式。
- 光绪七年（1881 年）3 月 5 日，出使美国、西班牙、秘鲁的大臣陈兰彬奏请撤回留学生。6 月，清政府电令留美学生全部撤回。8 月 21 日起，94 名留学美国的幼童分三批启程回到上海。9 月 24 日，美国监理会传教士林乐知创办中西书院，自任监院。11 月，圣约翰书院设英文部，开英文课。

同年，美国圣公会将原上海文纪、裨文两所女校合并迁入梵皇渡，名为圣玛丽亚书院。

- 光绪八年（1882 年）1 月 30 日，中西书院举行入学考试。3 月 9 日，中西书院八仙桥第一分院正式开院。
- 光绪九年（1883 年），清心书院校长范约翰回国，由薛思培接任校长。
- 光绪十二年（1886 年）12 月 21 日，卜舫济受美国圣公会派遣抵达上海，在圣约翰书院兼职教授英语。
- 光绪十四年（1888 年），卜舫济任圣约翰书院院长。
- 光绪十六年（1890 年）5 月，在上海举行“在华基督教第二届传教士大会”，决定将 1877 年设立的基督教学校教科书编纂委员会改组为中华教育会。
- 光绪十七年（1891 年）3 月 26 日，中西女塾举行开学典礼，海淑德女士任校长。
- 光绪十八年（1892 年），圣约翰书院增设大学程度的正科，正科分文理、医学、神学三科。
- 光绪廿一年（1895 年），圣约翰书院首批大学生三人毕业。
- 光绪廿二年（1896 年）11 月，美国美以美会传教士、北美青年会总干事穆德来华，在上海成立中国基督教学塾幼徒会（中华基督教青年会前身）。

同年，盛宣怀在沪创设南洋公学，聘美国人福开森为监院。

- 光绪廿三年（1897 年）4 月 23 日，美国南浸礼会柏乐缇女士和吉慧丽女士在上海老北门浸会堂创办桂秀女学，后迁四川路改名晏摩氏女校。
- 光绪廿七年（1901 年）3 月 20 日，中西书院的上海与苏州两校合并，改称东吴大学，校址在苏州。
- 光绪廿八年（1902 年），圣约翰书院与南洋公学举行足球对抗赛，为上海第一次足球比赛。
- 光绪卅一年（1905 年）5 月，中西书院创办人、美国传教士林乐知短期回国，受到美国总统西奥多·罗斯福的接见。8月1日，寰球中国学生会在上海成立。9月2日，清廷宣布废除科举制度。12月30日，圣约翰大学在美国注册。

- 光绪卅二年（1906年）10月16日，美国传教士万应远、柏高德分别代表基督教美国南北浸礼会将原拟建在杭州的两校合并在上海建校，改名上海浸会道学书院。
- 光绪卅五年（1909年），《教育杂志》在上海创刊，当年即刊载介绍美国教育的文章。
- 光绪卅六年（1910年），西门夫人（晏马太之女）出资建造桂秀女塾校舍，为纪念其父母，学校改名为晏摩氏女校。
- 1911年，中国第一届运动会举办，圣约翰书院捧得田径赛冠军。
- 1912年9月17日，美童公学在北四川路开学。11月，傅兰雅与其子傅步兰创办上海盲童学校。
- 1913年，圣约翰大学开设大学院，开始招收文科研究生，为上海现代研究生教育之始。同年2月，中华民国临时大总统孙中山来圣约翰大学参观并发表演讲。
- 1914年，上海浸会道学书院改名为沪江大学。
- 1915年9月，东吴大学法科在上海成立。1919年改称东吴法学院。
- 1916年9月，黄炎培在位于上海的江苏教育会下设立职业教育研究会，是我国第一个省级职业教育研究团体。
- 1917年5月6日，黄炎培与蔡元培、张謇等48人在上海发起成立中华职业教育社。次年成立了中国近代教育史上的第一所职业学校——中华职业学校。
- 1919年5月4日，五四运动爆发，北京的青年学生为抗议列强无视中国的权益、企图瓜分山东而上街游行示威，继而全国各个城市群起响应，持续抗议。
- 1920年，圣约翰大学成立报学系，为国内大学创办新闻教育院系之始。
- 1921年，由留美学者郭秉文任校长的南京高等师范大学与东南大学合并后，其商科扩充改组并迁址上海，成立东南大学分设上海商科大学（即今上海财经大学的前身）。

- 1922 年，中国政府以美国学制为基础制定中国的新学制（即小学 6 年、初中 3 年、高中 3 年、大学 4 年），这一学制基本延续至今。
- 1925 年 5 月 30 日，上海爆发五卅惨案。6 月 3 日，圣约翰大学师生升国旗抗议，遭到学校当局阻挠，500 多名师生宣誓脱离圣约翰大学。后另建光华大学。
- 1926 年，傅兰雅在上海创办傅兰雅聋哑学校。
- 1928 年，沪江大学校董会聘请留美学者刘湛恩为第一任中国籍校长。
- 1929 年 1 月 8 日，美国海上大学旅行团第一批教授、学生 42 人抵沪。同年，复旦大学与美国华盛顿大学教育学院达成互换教授协议，复旦大学选派章益君教授前往交流。
- 1929 年，经上海市教育局核准立案，清心书院改名为清心中学。
- 1932 年 10 月 1 日，陶行知在上海宝山创办山海工学团。
- 1938 年 4 月 7 日，因拒绝与日伪政府合作，沪江大学校长刘湛恩被暗杀。
- 1942 年初，日军强占沪江大学，后改名为沪江书院。
- 1943 年 2 月 18 日，迫于日伪当局压力，圣约翰大学英美籍教员均被解雇。
- 1945 年 12 月 20 日，美国总统特使马歇尔到上海。圣约翰大学等 43 所大中学校学生 4 千余人集会，递交《全市大中学生给马歇尔特使的公开信》，要求撤退驻华美军，停止援助政府进行内战。这是抗日战争胜利后上海第一次学生示威游行。
- 1946 年，远东国际军事法庭在东京审判日本战犯。国民政府点名要求东吴大学（法学院）出专家，担任中国赴远东军事法庭的法官、检察官、顾问等。同年 10 月 27 日，教育家陶行知先生追悼会在震旦大学举行。
- 1947 年 1 月 1 日，上海交通大学等 27 所大学学生 4 万余人游行示威，抗议美军强奸北京大学学生沈崇，要求美军撤出中国。11 月 10 日，中国政府外交部长王世杰与美国驻华大使司徒雷登在南京签订《中美教育交换协议》，正式实施富布赖特计划。
- 1949 年 5 月 24 日，解放上海的人民解放军先头部队进入圣约翰大学校园。27 日，解放军第三野战军司令员陈毅进驻圣约翰大学，选择此处为“解放上海第一宿营地”，并在此与长期坚持在上海的上海局书记刘晓、副书记刘长胜和地下市委书记张承宗等见面。

- 1949 年 5 月 28 日，上海全城获得解放，上海市军管会宣布接管国立和市立学校。
- 1951 年 4 月 12 日，上海市政府接办伯特利中学。该校成为上海市政府接办的第一个接受美国津贴的学校。
- 1952 年，全国开始高校院系调整，美国在沪举办的大学被全部撤并。同年，留美学者谢希德回到上海。
- 1971 年，美籍华裔科学家、诺贝尔奖获得者杨振宁教授飞抵上海，见到在复旦大学任教的父亲杨武之教授。
- 1972 年美籍华裔科学家、诺贝尔奖获得者李政道教授回国，参观一些高校和科研院所。
- 1974 年，李政道教授再次回到上海，参观复旦大学、上海芭蕾舞学校，向中国领导人递交关于改进中国教育的信。毛泽东和周恩来接见李政道教授。
- 1978 年 8 月，上海复旦大学与美国石溪纽约州立大学建立校际联系。9 月 29 日，在邓小平、王震等中央领导直接关心和支持下，新中国成立以来第一个高校访美代表团“上海交大赴美访问团”出访美国。代表团在美国访问 47 天。10 月，中国教育代表团访美，正式宣布互派留学生和访问学者。这是新中国建立后中美之间第一个关于交换留学生和学者的文件。
- 1979 年 10 月，在李政道教授倡议下，“中美联合招收项目物理研究生项目”开始招生。10 月，中美富布赖特项目合作恢复。
  同年，上海交大派出 300 多名中青年教师到美国进修学习，拉开新时期我国大规模派遣留学人员的序幕。
- 1980 年 10 月 20 日，上海交通大学与美国加州大学伯克利分校结成姐妹学校，两校互派学者进行讲学。
- 1982 年，上海交通大学与美国宾夕法尼亚大学沃顿商学院建立全面校际合作关系。交大工业管理系与沃顿商学院开始对口合作。

- 1983 年 5 月，中国教育部、司法部及华东政法学院等高校与美国美中、福特基金会代表，在北京举行会谈，达成中美法学教育合作项目。
- 1984 年 4 月 30 日，美国总统里根访问复旦大学并发表演讲。
- 1985 年 7 月 15 日，第一次中美大学校长会议在北京举行，上海交通大学、上海第一医学院、复旦大学等 10 所大学校长出席会议。
  同年，复旦大学美国研究中心成立，这是中国高校第一个专门从事美国研究的机构。
- 1987 年 7 月 14—17 日，第二次中美大学校长会议在美国马里兰州巴尔的摩市约翰霍普金斯大学举行，上海交通大学、复旦大学等 10 所大学校长出席。
- 1989 年，美国停派富布赖特项目学者来华讲学。中国教委宣布中断该项目合作一年。
- 1991 年，美国开始逐步恢复中美富布赖特项目合作。
- 1997 年 5 月，第三届圣约翰大学世界校友联谊会在学校旧址华东政法学院举行。
- 1998 年 6 月，美国总统克林顿在上海图书馆与谢希德、吴心伯、吴启迪、朱揽叶等上海高校学者及市民对话。希拉里夫人参加上海第二医科大学附属上海儿童医学中心落成典礼。
- 2000 年 4 月 8 日，上海交通大学安泰管理学院揭牌仪式暨安泰教学楼落成典礼举行。上海市政协副主席谢丽娟和美国安泰公司总裁汤姆·麦金纳出席。
- 2004 年 8 月，中国教育部与美国耶鲁大学联合举办首届大学领导高级研讨班在美国康涅狄格州纽黑文市耶鲁大学举行。上海复旦大学、上海交通大学等 10 所大陆高校领导与会。
- 2005 年 11 月，上海市教委和加利福尼亚州学校董事联合会签订教育合作备忘录框架。
- 2006 年 3 月 15 日，华东师范大学与美国爱荷华大学合作设立爱荷华大学孔子学院。4 月，上海交大密西根学院成立。
- 2007 年，华东师范大学与美国中阿肯色大学合作设立中阿肯色大学孔子学院。

- 2008 年，上海市启动“中国上海—美国加州影子校长项目”。
- 2009 年 11 月，美国总统奥巴马访问上海，在上海科技馆与高校师生现场对话交流。
- 2010 年 4 月 29 日，国家主席胡锦涛考察上海世博园准备工作，会见美国学生大使。
- 2011 年 3 月 28 日，上海纽约大学合作协议签约仪式、奠基仪式举行。
- 2012 年 7 月，复旦大学与美国加州大学决定合作成立复旦—加大当代中国研究中心。10 月 15 日，上海纽约大学举行成立仪式。
- 2013 年 8 月，上海纽约大学迎来首届新生，其中中国学生有 150 名，国际学生 145 名，来自美国等 40 个国家。10 月 23 日，《纽约时报》刊登弗里德曼的《上海的秘密》（The Shanghai Secret）一文，上海基础教育改革经验引起广泛关注。
- 2014 年 4 月 3 日，上海中医药大学与美国佐治亚瑞金斯大学合作设立孔子学院。这是中国在北美洲的第一所中医孔子学院。2014 年 9 月，上海七宝德怀特高级中学正式开学。
- 2015 年 5 月 12—14 日，由中美教育部共同主办、上海师范大学承办的第三届中美省州教育厅长对话会议在上海召开。12 月 6、7 日，第十届世界孔子学院大会在上海举行。美国西肯塔基大学孔子学院、夏威夷大学的代表分别在开闭幕式上发言。
- 2016 年 5 月 23—29 日，中美大学生学术论坛在上海师范大学举行。6 月 24—25 日，复旦大学美国研究中心和美国加州大学圣地亚哥分校 21 世纪中国研究中心共同发起的首届“中美对话”在复旦大学举行。8 月，上海市长杨雄率上海市政府代表团访问美国，参观考察哈佛大学、麻省理工学院等美国著名高校。8 月，美国教育部长约翰·金访问上海，与上海学生和学者进行交流。12 月 2 日，“上海孔子学院工作联盟”揭牌。
- 2017 年 5 月 28 日，上海纽约大学首届本科生毕业。11 月 4 日，以美国著名刑侦鉴识专家李昌钰博士名字命名的李昌钰法庭科学博物馆在华东政法大学开馆。

参考文献

著作

1. 黄仁国:《教育与政治、经济的三向互动:1949—1978 年的中美教育交流》,世界知识出版社 2010 年版。

2. 粟高燕:《中美教育交流的推进》,山东教育出版社 2010 年版。

3. 彭小舟:《近代留美学生与中美教育交流研究》,人民出版社 2010 年版。

4. 王介南:《中外文化交流史》,山西人民出版社、人民出版社 2011 年版。

5.《中国近代学制史料》第 1—4 辑,华东师范大学出版社 1983 年版。

6. 王伦信、樊冬梅、陈洪杰、解亚:《中国近代中小学科学教育史》,科学普及出版社 2007 年版。

7. 周川、黄旭主编:《百年之功——中国近代大学校长的教育家精神》,福建教育出版社 1994 年版。

8. 张美平:《民国外语教学研究》,浙江大学出版社 2012 年版。

9. 王庭芳:《美国高等教育史》,福建教育出版社 1995 年版。

10. [美] 费正清:《美国与中国的关系》,张理京译,世界知识出版社 2003 年版。

11. 高时良:《中国教会学校史》,湖南教育出版社 1994 年版。

12. 李沐紫、杨倩、刘兆祥、朔之北、许毕基、穆子月:《学府往事系列》,济南出版社 2015 年版。

13. 田涛、刘晓琴:《中国留学通史新中国卷》，广东教育出版社 2010 年版。

14. 谢长法:《借鉴与融合：留美学生抗战前教育活动研究》，河北教育出版社 2001 年版。

15. 石霓:《观念与悲剧——晚清留美幼童命运剖析》，上海人民出版社 2000 年版。

16. 王辉耀:《中国留学人才发展报告》，机械工业出版社 2009 年版。

17. 柳学智:《中美留学制度比较》，党建读物出版社 2016 年版。

18. [美] 迈克尔·谢勒:《20 世纪的美国与中国》，徐泽荣译，三联书店 1985 年版。

19. 卫道治:《中外教育交流史》，湖南教育出版社 1998 年版。

20. 葛慎平:《新中国对外文化交流 50 年纪事》，文化艺术出版社 2001 年版。

21. 于富增等:《教育国际交流与合作史》，海南出版社 2001 年版。

22. 田正平:《中外教育交流史》，广东教育出版社 2004 年版。

23. 刘海平:《中美文化的互动与关联》，上海外语教育出版社 1997 年版。

24. 王晓德:《美国文化与外交》，世界知识出版社 2000 年版。

25. 张注洪:《中美文化关系的历史轨迹》，南开大学出版社 2001 年版。

26. [美] 斯塔夫里阿诺斯:《全球通史》，吴象婴等译，北京大学出版社 2006 年版。

27. 容闳:《西学东渐记》，中州古籍出版社 1998 年版。

28. 王立新:《美国传教士与晚清中国现代化》，天津人民出版社 2008 年版。

29. 叶维丽:《为中国寻找现代之路——中国留学生在美国（1900—1927）》，北京大学出版社 2012 年版。

30. 王荣华:《上海大辞典》，上海辞书出版社 2007 年版。

31. 许敏:《上海通史　第 10 卷：民国文化》，上海人民出版社 1999 年版。

32. 上海教科院编:《上海高等教育志（1843—2000）》，上海社会科学院出版社 2010 年版。

33. 陈科美、金林祥:《上海近代教育史（1843—1949）》，上海教育出版社 2003 年版。

34. [法] 贝尔纳 · 布里赛:《上海：东方的巴黎》，刘志远译，上海远东出版社 2014 年版。

35. 陈伯海、毛时安、陈超南:《上海文化通史》第 1 卷，上海文艺出版社 2001 年版。

36. 汤志钧:《近代上海大事记》，上海辞书出版社 1989 年版。

37. 任建树:《现代上海大事记》，上海辞书出版社 1996 年版。

38. 上海市美国问题研究所编:《上海影像——见证中美关系发展百年史》，上海人民出版社 2011 年版。

39. 上海市美国问题研究所主编:《上海与美国地方交流年度大事记》，上海远东出版社 2015、2016 年版。

40. 上海中山学社:《近代中国》第 15 期，上海社会科学院出版社 2005 年版。

41.《上海地方史资料》，上海社会科学院出版社 1985 年版。

42. 上海市档案馆:《上海档案史料研究》，上海三联书店 2007 年版。

43. [美] 马克 · 塔克:《超越上海：美国应该如何建设世界顶尖的教育系统》，柯政译，华东师范大学出版社 2013 年版。

44. 杭侃:《收藏上海》，学林出版社 2005 年版。

45. 陶行知:《陶行知文集》(3 卷本)，教育科学出版社 2011 年版。

46. 周洪宇:《陶行知画传》，山东教育出版社 2011 年版。

47. 黄炎培:《八十年来——黄炎培自述》，文汇出版社 2000 年版。

48. 潘序伦:《潘序伦回忆录》，中国财政经济出版社 1986 年版。

49. 朱坚强、何佩莉:《立信往事》，立信会计出版社 2013 年版。

50. 陈鹤琴:《我的一生》，岳麓出版社 1998 年版。

51. 人民音乐出版社编辑部编:《中国近现代音乐家的故事》，人民音乐出版社 1987 年版。

52. 陈强:《上海教育国际化》，同济大学出版社 2013 年版。

53. 上海市美国问题研究所、上海市海外交流协会主编:《在美国的上海人》第一卷，上海社会科学院出版社 2016 年版。

54. 陈理、郭卫平、王庆仁主编:《潘光旦先生百年诞辰纪念文集》，中央民族大学出版社 2000 年版。

55. 杨伟人:《上海市示范性中外合作办学风采录》，华东师范大学出版社 2014 年版。

年鉴和大事记

1. 上海教育年鉴。

2. 上海高等教育年鉴。

3. 上海基础教育年鉴。

4. 上海年鉴。

5. 上海文化年鉴。

6. 上海交通大学、华东政法大学等学校大事记。

期刊

1. 忻平:《现代教育: 20—30 年代上海人社会化的主渠道》,《教育评论》1996 年第 3 期。

2. 景晓萍:《略论近代美国新教传教士在华的教育活动》,《浙江师范大学学报》(社会科学版) 2006 年第 4 期。

3. 上海社会科学院:《上海研究论丛》1998 年第 12 期。

4. 熊月之、周武:《“东方的哈佛”——圣约翰大学简论》,《社会科学》2007 年第 5 期。

5. 沈鉴治、高俊:《圣约翰大学的最后岁月(1948—1952 年)》,《史林》2006 年增刊。

6. 王立民:《中国租界的法学教育与中国法制现代化——以上海租界的东吴、震旦大学法学教育为例》,《法学杂志》2016 年第 7 期。

7. 夏泉、曾金莲:《教会大学学生民族意识的觉醒——以五四运动中的上海圣约翰大学学生运动为个案的考察》,《民国档案》2009 年第 3 期。

8. 孙伟:《近代中国最著名的法学院——东吴法学院之研究》,《江西社会科学》2010 年 11 月。

9. 马建强:《试论近代中国特殊教育学校的历史沿革与发展——以傅兰雅父子与上海盲聋哑学校为例》, 中国教育学会教育史分会第十四届年会, 2013 年。

10. 梁晨、任韵竹、王雨前、李中清:《民国上海地区高校生源量化刍议》,《历史研究》2017 年第 3 期。

11. 郑国民:《道尔顿制教育在中国实验的启示》,《北京师范大学学报》(社会科学版) 2003 年第 3 期。

12. 单中惠:《杜威:"西方孔子" 在中国》,《中国教育报》2007 年 6 月 8 日。

13. 封喜桃:《中美教育交流与合作的历史分期》,《洛阳师范学院学报》2004 年第 4 期。

14. 李灵革、赵文远:《建国初期争取海外留学生归国工作的回顾》,《天中学刊》2003 年第 6 期。

15. 张励:《建国以来上海吸引留学归国人员工作的历史回顾及其现实意义》,《上海党史与党建》2007 年第 1 期。

16. 张嘉欐:《集体备课替代个人备课 "上海模式" 教育落户美国田纳西》,《文汇报》2014 年 11 月 6 日。

17. 刘菁菁、杨勇:《从 PISA 看中美基础教育差异》,《外国中小学教育》2014 年第 8 期。

18. [美] 詹姆斯·利兹卡 (James Liszka):《孔子学院在美国》, 中国社会科学网 2016 年 11 月 20 日。

19. 卿素兰、王洪礼:《布鲁姆掌握学习理论对中国中小学教学的影响》,《贵州师范大学学报》2002 年第 20 期。

20. 张申生:《引进创新走向一流——上海交大密西根学院的工程教育改革探索》,《高等工程教育研究》2011 年第 2 期。

21. 刘燕吉、杨艳春、祝洛佳、陈瀚、戚培源、蔡思伟:《工科院系毕业生满意度网络调查——基于交大密西根学院的数据分析》,《生涯发展教育研究》2015 年第 3 期。

22. 徐倩:《上海七宝德怀特高级中学: 有中国特色的中外合作办学新

探索》,《上海教育》2015 年第 1 期。

23. 尹后庆:《全球化时代，用国际视野去推进基础教育的改革与发展》,《上海教育》2014 年第 9 期。

24. 周一妍:《中国“芯”探访“高中版上海纽约大学”》,《新民周刊》2014 年第 34 期。

25. 金忠明:《关于中外合作办学运行机制的思考——以上海纽约大学为例》,《教育发展研究》2012 年第 7 期。

26. 徐瑞哲:《C919 首飞梯队机长如何从飞行员摇篮起飞？蔡俊大三时开启飞行模式》,《上观新闻》2017 年 5 月 4 日。

报刊

《申报》1872—1949 年。

网站

1. 上海教育网站，http://www.shmec.gov.cn/。

2. 上海地方志办公室网站，http://www.shtong.gov.cn/newsite/node2/index.html。

3. 上海通志馆网站，http://www.shhistory.com/tongzhiguan/jsp/index.jsp。

4. 上海市人民政府外事办公室网站，http://www.shfao.gov.cn/。

5. 中国国际交流协会网站，http://www.cafiu.org.cn/web/index.asp。

6. 中国教育部网站，http://www.moe.gov.cn/。

7. 上海国际教育交流协会网站，http://www.seaie.org/。

8. 上海交通大学档案馆网站，http://jdxiaoshi.sjtu.edu.cn。

9. 复旦大学美国研究中心网站，http://www.cas.fudan.edu.cn/。

10. 国家汉办 / 孔子学院总部网站，/http://www.hanban.edu.cn。

11. 上海地方志办公室网：http://www.shtong.gov.cn。

后　记

在人类文明的历史长河中，中华文化及中国教育有着极为灿烂的篇章。在有文字记载并可查证的历史档案中，中国曾长期处于世界经济、文化、教育等的领先位置，对亚洲直至欧洲诸国有着多方面的重要"输出"。

但封建社会后期的闭关锁国，导致中国与西方近代化进程失之交臂。近代中国积贫积弱，包括教育在内的各个领域全面落后于西方列强，但中国的开明人士，特别是先进知识分子始终在学习、借鉴欧美各国的思想、制度，开启了中国的近代化进程。1949年之后，中华民族走出低谷、重振雄风。特别是改革开放以来，中国再次以自信的胸怀拥抱世界。

在中国与世界各国的交流和交往中，美国一直是重要的对象国，教育一直是人文交流的重要领域，而上海这座近代以来快速崛起的大都市始终扮演着开拓者和桥头堡的重要角色，见证了近代以来中美教育交流的跌宕起伏。

在中美建交40周年之际，上海市美国问题研究所策划编撰出版"上海与美国地方百年交往史丛书"，上海市教育科学研究院承担了编写丛书教育卷的任务。由时任市教科院党委书记吴强牵头，副书记陆勤和教科院高教所、教育史志办公室的同志承担撰写任务。

各章撰写人依次为：总论，吴强；第一章，吴强、罗东海；第二章，陆勤、罗东海；第三章，罗东海；第四章，谭晓玉；第五章，刘月园、董秀华、吴强；第六章，李丽桦、吴强；第七章，谭晓玉；大事记，罗东海、谭晓玉。吴强对书稿的各章节进行了修改补充，并最后统稿。

在此书正式出版之际，我们要真诚地感谢关心、指导本书撰写和出版工作的各位领导。上海市教育发展基金会理事长、上海市第十届政协副主席、原上海市教育卫生工作党委书记王荣华教授欣然为本书撰写了序言；上海市教委原主任、现市人大教科文卫委员会主任委员苏明教授亲自交办了本书的撰写任务并始终关心本书的撰写进程；上海市欧美同学会常务副会长、原市教委主任张伟江教授为本书撰写提供了宝贵的资料；上海市美国问题研究所常务所长胡华同志是本书的策划者，并对本书的撰写和修改给予了具体指导。

我们还要真诚感谢在本书撰写过程中默默付出心血的诸多专家、同事和学生。复旦大学美国研究中心吴心伯主任、上海市教委国际交流处芦琍琍副处长和上海政法学院国际交流处魏传成副院长提供了权威性的资料和图片，书中提及的骆利群、邱辛晔先生亲自修改了相关内容，市教科院原高教所所长谢仁业研究员、科研处处长孙崇文研究员对本书的修改完善提出了重要意见。上海教科院陈颖慧、钟云芬、黄志勇和上海政法学院教育政策与法治研究中心的李坤等同志为本书的撰写收集整理了大量档案资料与照片，并提供了资料查询、综合保障等方面的服务，华东师范大学在读研究生王伟、朱威丽协助查找了《申报》资料与现当代上海与美国教育交流的相关史料，华东政法大学研究生刘月园承担了部分章节的撰写，并对书稿进行了认真的校对。还要特别感谢上海市美国问题研究所李奕昕、上海人民出版社沈骁驰等同志为本书的撰写和出版给予的帮助。

此书撰写注重史论结合、以史代论，注重可读性。撰写中由于时间跨度大，史料收集梳理任务重，有些具体史料及评述观点在各类文献和当事人的记载表述中各不相同，给撰稿造成相当的困难。撰写工作自 2015 年初正式启动以来，为保证书稿质量，撰稿团队与上海市美国问题研究所专家数度讨论交流，广泛听取各方面专家的修改意见和建议，数易其稿，但疏漏和不当之处仍难以避免，敬请读者批评指正。

吴　强

2018 年 3 月 22 日

作者及分工

（按照章节排序）

吴　强　总论、第一章、第五章、第六章

陆　勤　第二章

罗东海　第一章、第二章、第三章、大事记

谭晓玉　第四章、第七章、大事记

刘月园　第五章

董秀华　第五章

李丽桦　第六章

图书在版编目(CIP)数据

沪风美雨百年潮:上海与美国地方教育交流/上海市教育科学研究院编.—上海:上海人民出版社,2018
(上海与美国地方百年交往史丛书)
ISBN 978-7-208-15289-2

Ⅰ.①沪…　Ⅱ.①上…　Ⅲ.①地方教育-国际交流-教育史-中国、美国　Ⅳ.①G523.3

中国版本图书馆 CIP 数据核字(2018)第 143137 号

责任编辑　沈骁驰
封面设计　夏　芳

上海与美国地方百年交往史丛书
沪风美雨百年潮
——上海与美国地方教育交流
上海市教育科学研究院 编

出　版　上海人民出版社
(200001　上海福建中路 193 号)
发　行　上海人民出版社发行中心
印　刷　常熟市新骅印刷有限公司
开　本　720×1000　1/16
印　张　19.5
插　页　4
字　数　295,000
版　次　2018 年 10 月第 1 版
印　次　2018 年 10 月第 1 次印刷
ISBN 978-7-208-15289-2/D·3240
定　价　75.00 元